精细化学品生产技术专业（群）重点建设教材
国家骨干高职院校项目建设成果

药品生产质量管理

（第二版）

主　编　饶君凤

副主编　胡建春　孙　川　刘　华

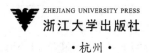

ZHEJIANG UNIVERSITY PRESS
浙江大学出版社
·杭州·

图书在版编目（CIP）数据

药品生产质量管理 / 饶君凤主编. —2 版. —杭州：
浙江大学出版社，2023.10
ISBN 978-7-308-24250-9

Ⅰ.①药…　Ⅱ.①饶…　Ⅲ.①制药工业—产品质量—
质量管理—高等职业教育—教材　Ⅳ.①F407.763

中国国家版本馆 CIP 数据核字（2023）第 182554 号

药品生产质量管理（第二版）

饶君凤　主编

责任编辑	石国华
责任校对	王同裕
封面设计	周　灵
出版发行	浙江大学出版社
	（杭州市天目山路 148 号　邮政编码 310007）
	（网址：http://www.zjupress.com）
排　　版	杭州星云光电图文制作有限公司
印　　刷	广东虎彩云印刷有限公司绍兴分公司
开　　本	710mm×1000mm　1/16
印　　张	18.75
字　　数	330 千
版 印 次	2023 年 10 月第 2 版　2023 年 10 月第 1 次印刷
书　　号	ISBN 978-7-308-24250-9
定　　价	58.00 元

本书编委会

主　　编　饶君凤
副 主 编　胡建春　孙　川　刘　华
参编人员　（按学校和姓名的笔画排序）

高晓慧　长沙卫生职业学院

孙　川　乐山职业技术学院

胡建春　贵州工业职业技术学院

于文博　杭州职业技术学院

王　利　杭州职业技术学院

朱　军　杭州职业技术学院

陈　郁　杭州职业技术学院

张惠燕　杭州职业技术学院

饶君凤　杭州职业技术学院

刘　华　黑龙江农垦职业学院

王禹力　黑龙江职业学院

梁世霞　榆林职业学院医学院

冯敬骞　衢州职业技术学院

前　言

　　"药品生产质量管理"是高职制药类专业的必修课程,第一版项目化教材于2015年出版,极大地促进了本课程教学做一体化模式的开展。鉴于新法规的不断出台、信息化应用的深化普及,以及课程思政融入教学的新要求等因素,我们对本教材进行了更新与完善,保留第一版教材中取自企业实际的教学内容,新增课程思政教学内容,对于课程内容中最主要的知识点以二维码形式提供教学视频,同时将新法规通过二维码链接同步更新,确保我们的教材能够与时俱进。为了方便教学的开展,新编的第二版教材还设有项目介绍、思维导图、主观题和客观题的题库,方便教与学双方更好地使用本教材。通过本教材的学习,学生能更好地理解抽象的法规条款内容在制药企业的实际应用,提高岗位适应能力。

　　本教材将学生必须掌握的教学内容融进了十五个教学项目,每个教学项目包括一个或数个目标任务,学生通过完成目标任务来掌握教学项目所要求的教学目标。本教材共分三个模块。模块一是制药类专业学生学习GMP和进入药厂工作前必须掌握的基础知识;模块二以现行GMP为基础,重点介绍GMP的主要内容;模块三是岗位拓展知识,重点介绍诊断试剂生产企业的质量管理内容。本教材共分十五个项目,分工如下:高晓慧老师编写模块一中项目一、王禹力老师编写模块一中项目二、刘华老师编写模块一中项目三和模块二中项目八、王利老师编写模块二中项目一、胡建春老师编写模块二中项目二和项目七、饶君凤老师编写模块二中项目三、于文博老师编写模块二中项目四、朱军老师编写模块二中项目五、孙川老师编写模块二中项目六和项目十、陈郁老师编写模块二中项目九、梁世霞老师编写模块二中项目十一、张惠燕老师编写模块三中项目一,冯敬骞老师负责各项目思维导图的制作与审核。全书由饶君凤统稿。

　　本教材拥有的线上教学资源在微信公众号"药材智慧教学平台"中的GMP

教学栏目中,本教材的线上教学资源将一直处于动态更新中,力求做到与市场同步。

　　本教材在编写过程中得到了浙江维康药业股份有限公司、浙江康恩贝中药有限公司、浙江康莱特药业有限公司和华东医药股份有限公司相关人员的关心与帮助,同时在此谨表示衷心的感谢。

　　限于作者的学术水平,错误与不妥之处在所难免,敬请读者批评指正。

铙君凤

2023 年 3 月

目　　录

模块一 药品生产质量管理基础知识

项目一 药品的分类与识别

项目介绍

本项目主要认识药事管理上的药品分类和批准文号,内容包括现代药与传统药、新药及其分类、国家基本药物、特殊管理药品、处方药与非处方药和医院制剂等。通过完成2个教学任务,能知晓药品分类,并识别药品,熟悉药品的批准文号。通过任务1和任务2的案例学习,同学们能区分药品与非药品、药品与保健食品、处方药与非处方药、甲类非处方药与乙类非处方药、内服药与外用药、普通管理药品与特殊管理药品;能分辨进口药品和国产药品;能区分中成药、化学药、生物制品。同时培养协作互助精神和知法守法的法治素养。

思维导图

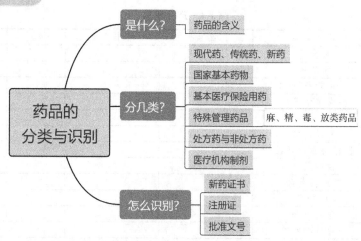

教学视频

任务 1 认识药事管理上的药品分类知识

任务目标

• 掌握药品的概念及药品的分类知识,熟悉药品相关的管理知识;

• 能区分药品与非药品、处方药与非处方药、甲类非处方药与乙类非处方药、内服药与外用药、普通管理药品与特殊管理药品;

• 通过分组参与讨论,培养学生分工合作与协作互助精神;通过相关案例的分析,培养学生知法守法的法治素养。

课程思政

通过活动内容,完成仿真模拟教学项目,培养学生按规范操作的职业素养和协作互助精神。

活动内容

【活动 1】 请通过阿里健康大药房或其他相关药品官网信息,任意选择其中一种代表性产品,填写表 1-1。

表 1-1 产品信息

序号	药品类别	产品名称	批准文号	类别	判断依据
1	现代药				
2	传统药				
3	新药				
4	国家基本药物				
5	基本医疗保险用药				
6	麻醉药品				
7	医疗用毒性药品				
8	精神药品				
9	放射性药品				
10	处方药				
11	非处方药				
12	医疗机构制剂				

知识链接

一、药品的概念

药品(drug,medicine)：是指用于预防、治疗、诊断人的疾病,有目的地调节人的生理机能并规定有适应证或功能主治、用法、用量的物质,包括中药、化学药及生物制品等。

二、药事管理上对药品的分类

(一)现代药与传统药

现代药(modern drugs)：19世纪以来发展起来的化学药品、抗生素、生化药品、放射性药品、血清疫苗、血液制品等。它是用合成、分离、提取、化学修饰、生物工程等现代科学方法得到的物质,并且用现代医学的理论和方法筛选确定其药效。

传统药(traditional drugs)：指各国历史上流传下来的药物,主要是动、植物和矿物药,又称天然药物。我国的传统药主要是中药,其治病的理论、药物加工的原则和选药的依据都是受中医辨证理论的指导。我国的传统药还包括各民族药,如藏药、蒙药和苗药等。

(二)新药

1.新药的含义

新药(new drugs)：系指未曾在中国境内上市销售的药品。已上市药品改变剂型,改变给药途径的、增加新适应证的药品,按照新药管理。"首次在中国销售的药品",是指国内或者国外药品生产企业第一次在中国销售的药品,包括不同药品生产企业生产的相同品种。

2.新药的分类

新药按《药品注册管理办法》实施,分为以下几类。

(1)中药

中药是指在我国中医药理论指导下使用的药用物质及其制剂。中药注册按照中药创新药、中药改良型新药、古代经典名方中药复方制剂、同名同方药等进行分类。

天然药物是指在现代医药理论指导下使用的天然药用物质及其制剂。天然药物参照中药注册分类。

第一类　中药创新药。它指处方未在国家药品标准、药品注册标准及国家中医药主管部门发布的《古代经典名方目录》中收载,具有临床价值,且未在境外上市

的中药新处方制剂。一般包含以下情形:

①中药复方制剂,系指由多味饮片、提取物等在中医药理论指导下组方而成的制剂。

②从单一植物、动物、矿物等物质中提取得到的提取物及其制剂。

③新药材及其制剂,即未被国家药品标准、药品注册标准以及省、自治区、直辖市药材标准收载的药材及其制剂,以及具有上述标准药材的原动、植物新的药用部位及其制剂。

第二类　中药改良型新药。指改变已上市中药的给药途径、剂型,且具有临床应用优势和特点,或增加功能主治等的制剂。一般包含以下情形:

①改变已上市中药给药途径的制剂,即不同给药途径或不同吸收部位之间相互改变的制剂。

②改变已上市中药剂型的制剂,即在给药途径不变的情况下改变剂型的制剂。

③中药增加功能主治。

④已上市中药生产工艺或辅料等改变引起药用物质基础或药物吸收、利用明显改变的。

第三类　古代经典名方中药复方制剂。古代经典名方是指符合《中华人民共和国中医药法》规定的,至今仍广泛应用、疗效确切、具有明显特色与优势的古代中医典籍所记载的方剂。古代经典名方中药复方制剂是指来源于古代经典名方的中药复方制剂。包含以下情形:

①按古代经典名方目录管理的中药复方制剂。

②其他来源于古代经典名方的中药复方制剂。包括未按古代经典名方目录管理的古代经典名方中药复方制剂和基于古代经典名方加减化裁的中药复方制剂。

第四类　同名同方药。指通用名称、处方、剂型、功能主治、用法及日用饮片量与已上市中药相同,且在安全性、有效性、质量可控性方面不低于该已上市中药的制剂。

(2)化学药品

化学药品注册分类分为创新药、改良型新药、仿制药、境外已上市境内未上市化学药品,分为以下5个类别。

第一类　境内外均未上市的创新药。指含有新的结构明确的、具有药理作用的化合物,且具有临床价值的药品。

第二类　境内外均未上市的改良型新药。指在已知活性成分的基础上,对其结构、剂型、处方工艺、给药途径、适应证等进行优化,且具有明显临床优势的药品。

①含有用拆分或者合成等方法制得的已知活性成分的光学异构体,或者对已知活性成分成酯,或者对已知活性成分成盐(包括含有氢键或配位键的盐),或者改变已知盐类活性成分的酸根、碱基或金属元素,或者形成其他非共价键衍生物(如络合物、螯合物或包合物),且具有明显临床优势的药品。

②含有已知活性成分的新剂型（包括新的给药系统）、新处方工艺、新给药途径，且具有明显临床优势的药品。

③含有已知活性成分的新复方制剂，且具有明显临床优势。

④含有已知活性成分的新适应证的药品。

第三类　境内申请人仿制境外上市但境内未上市原研药品的药品。该类药品应与参比制剂的质量和疗效一致。

第四类　境内申请人仿制已在境内上市原研药品的药品。该类药品应与参比制剂的质量和疗效一致。

第五类　境外上市的药品申请在境内上市。

①境外上市的原研药品和改良型药品申请在境内上市。改良型药品应具有明显临床优势。

②境外上市的仿制药申请在境内上市。

原研药品是指境内外首个获准上市，且具有完整和充分的安全性、有效性数据作为上市依据的药品。

参比制剂是指经国家药品监管部门评估确认的仿制药研制使用的对照药品。参比制剂的遴选与公布按照国家药品监管部门相关规定执行。

（3）生物制品

生物制品是指以微生物、细胞、动物或人源组织和体液等为起始原材料，用生物学技术制成，用于预防、治疗和诊断人类疾病的制剂。为规范生物制品注册申报和管理，将生物制品分为预防用生物制品、治疗用生物制品和按生物制品管理的体外诊断试剂。

预防用生物制品是指为预防、控制疾病的发生、流行，用于人体免疫接种的疫苗类生物制品，包括免疫规划疫苗和非免疫规划疫苗。

治疗用生物制品是指用于人类疾病治疗的生物制品，如采用不同表达系统的工程细胞（如细菌、酵母、昆虫、植物和哺乳动物细胞）所制备的蛋白质、多肽及其衍生物；细胞治疗和基因治疗产品；变态反应原制品；微生态制品；人或者动物组织或者体液提取或者通过发酵制备的具有生物活性的制品等。生物制品类体内诊断试剂按照治疗用生物制品管理。

按照生物制品管理的体外诊断试剂包括用于血源筛查的体外诊断试剂、采用放射性核素标记的体外诊断试剂等。

生物制品注册按照生物制品创新药、生物制品改良型新药、已上市生物制品（含生物类似药）等进行分类。

第一类　创新型疫苗，指境内外均未上市的疫苗。

①无有效预防手段疾病的疫苗。

②在已上市疫苗基础上开发的新抗原形式，如新基因重组疫苗、新核酸疫苗、已上市多糖疫苗基础上制备的新的结合疫苗等。

③含新佐剂或新佐剂系统的疫苗。

④含新抗原或新抗原形式的多联/多价疫苗。

第二类　改良型疫苗,指对境内或境外已上市疫苗产品进行改良,使新产品的安全性、有效性、质量可控性有改进,且具有明显优势的疫苗,包括:

①在境内或境外已上市产品基础上改变抗原谱或型别,且具有明显临床优势的疫苗。

②具有重大技术改进的疫苗,包括对疫苗菌毒种/细胞基质/生产工艺/剂型等的改进。(如更换为其他表达体系或细胞基质的疫苗;更换菌毒株或对已上市菌毒株进行改造;对已上市细胞基质或目的基因进行改造;非纯化疫苗改进为纯化疫苗;全细胞疫苗改进为组分疫苗等。)

③已有同类产品上市的疫苗组成的新的多联/多价疫苗。

④改变给药途径,且具有明显临床优势的疫苗。

⑤改变免疫剂量或免疫程序,且新免疫剂量或免疫程序具有明显临床优势的疫苗。

⑥改变适用人群的疫苗。

第三类　境内或境外已上市的疫苗。

①境外生产的境外已上市、境内未上市的疫苗申报上市;

②境外已上市、境内未上市的疫苗申报在境内生产上市;

③境内已上市疫苗。

3.新药的相关管理规定

新药一般在完成Ⅲ期临床试验后经国家药品监督管理局批准,即发给新药证书。持有《药品生产企业许可证》并符合国家药品监督管理局《药品生产质量管理规范》(GMP)相关要求的企业或车间可同时发给批准文号,取得批准文号的单位方可生产新药。药品注册管理遵循公开、公平、公正原则,以临床价值为导向,鼓励研究和创制新药,积极推动仿制药发展。

对于创新药、改良型新药以及生物制品等,应当进行药品注册生产现场核查和上市前药品生产质量管理规范检查。对于仿制药等,根据是否已获得相应生产范围药品生产许可证且已有同剂型品种上市等情况,基于风险进行药品注册生产现场核查、上市前药品生产质量管理规范检查。

药物临床试验期间,用于防治严重危及生命或者严重影响生存质量的疾病,且尚无有效防治手段或者与现有治疗手段相比有足够证据表明具有明显临床优势的创新药或者改良型新药等,申请人可以申请适用突破性治疗药物程序。药品上市许可申请时,以下具有明显临床价值的药品,可以申请适用优先审评审批程序:

(1)临床急需的短缺药品、防治重大传染病和罕见病等疾病的创新药和改良型新药;

(2)符合儿童生理特征的儿童用药品新品种、剂型和规格;

（3）疾病预防、控制急需的疫苗和创新疫苗；

（4）纳入突破性治疗药物程序的药品；

（5）符合附加条件批准的药品；

（6）国家药品监督管理局规定其他优先审评审批的情形。

国务院药品监督管理部门根据保护公众健康的要求，可以对药品生产企业生产的新药品种设立不超过 5 年的监测期；在监测期内，不得批准其他企业生产和进口。

三、国家基本药物（national essential drugs）

（一）概念

基本药物是指满足疾病防治基本用药需求，适应现阶段基本国情和保障能力，剂型适宜，价格合理，能够保障供应，可公平获得的药品。国家基本药物目录是医疗机构配备使用药品的依据，坚持定期评估、动态管理，调整周期原则上不超过 3 年。必要时，经国家基本药物工作委员会审核同意，可适时组织调整。该目录主要分为化学药品和生物制品、中成药和中药饮片三个部分。其中化学药品和生物制品部分包括抗微生物药、抗寄生虫病药、麻醉药等 26 类药品，中成药部分包括内科用药、外科用药、妇科用药等 7 类药品。

（二）遴选原则及调整决定因素

基本药物遴选按照"突出基本、防治必需、保障供应、优先使用、保证质量、降低负担"的功能定位，坚持中西药并重、临床首选的原则，参照国际经验合理确定。

调整的品种和数量应当根据以下因素确定：

（1）我国基本医疗卫生服务需求和基本医疗保障水平变化；

（2）我国疾病谱变化；

（3）药品不良反应监测评价；

（4）药品使用监测和临床综合评价；

（5）已上市药品循证医学、药物经济学评价；

（6）国家基本药物工作委员会规定的其他情况。

（三）不纳入目录遴选范围

下列药品不纳入国家基本药物目录遴选范围：

（1）含有国家濒危野生动植物药材的；

（2）主要用于滋补保健作用，易滥用的，以及纳入国家重点监控合理用药目录的；

(3)因严重不良反应,国家药品监管部门明确规定暂停生产、销售或使用的;

(4)违背国家法律、法规,或不符合伦理要求的;

(5)国家基本药物工作委员会规定的其他情况。

(四)制定程序

制定国家基本药物目录的程序为:

(1)从国家基本药物专家库中,分别随机抽取专家成立目录咨询专家组和目录评审专家组;

(2)咨询专家组根据疾病防治和临床需求,经循证医学、药品临床使用监测、药物经济学等对药品进行技术评价,提出遴选意见,形成备选目录;

(3)评审专家组对备选目录进行技术论证和综合评议,形成目录初稿;

(4)目录初稿送国家基本药物工作委员会各成员单位征求意见,修改完善形成目录送审稿;

(5)目录送审稿经国家基本药物工作委员会审核后,按程序报批,由国家卫生健康委员会对外发布并组织实施。

国家基本药物包括化学药品和生物制品目录、中药目录和儿童药品目录等。化学药品和生物制品主要依据临床药理学分类,中成药主要依据功能分类,儿童药品主要依据儿童专用适用药分类。纳入国家基本药物目录中的药品,应当是经国家药品监管部门批准,并取得药品注册证书或批准文号的药品,以及按国家标准炮制的中药饮片。除急(抢)救用药外,独家生产品种纳入国家基本药物目录应当经过单独论证。

国家根据药品临床实践、药品标准变化、药品新上市情况等,对基本药物目录进行动态调整。基本药物目录管理应当坚持科学、公正、公开、透明,广泛听取社会各界意见和建议,接受社会监督。属于下列情形之一的品种,应当从国家基本药物目录中调出:

(1)发生严重不良反应,或临床诊疗指南、疾病防控规范发生变化,经评估不宜再作为国家基本药物使用的;

(2)根据药品临床综合评价或药物经济学评价,可被风险效益比或成本效益比更优的品种所替代的;

(3)国家基本药物工作委员会认为应当调出的其他情形。

国家卫生健康委员会负责建立完善以基本药物为重点的药品使用监测和临床综合评价体系,制定监测评价管理规范和技术指南,组织开展相关药品临床使用证据、药物政策信息收集和综合分析,为动态优化基本药物目录和完善基本药物配备使用管理政策提供循证依据和技术支撑。

鼓励医疗卫生机构组织开展以国家基本药物为重点的药品临床综合评价,加强评价结果分析应用。对新审批上市、疗效较已上市药品有显著改善且价格合理的药品,可适时启动调入程序。坚持调入和调出并重,优先调入有效性和安全性证据明确、成本效益比显著的药品品种;重点调出已退市的,发生严重不良反应较多、经评估不宜再作为基本药物的,以及有风险效益比或成本效益比更优的品种替代的药品。原则上各地不增补药品,少数民族地区可增补少量民族药。

完善医保支付政策。对于基本药物目录内的治疗性药品,医保部门在调整医保目录时,按程序将符合条件的优先纳入目录范围或调整甲乙分类。对于国家免疫规划疫苗和抗艾滋病、结核病、寄生虫病等重大公共卫生防治的基本药物,政府加大投入,降低群众用药负担。

通过电视、广播、报刊、网络新媒体等多种渠道,充分宣传基本药物制度的目标定位、重要意义和政策措施。坚持正确舆论导向,加强政策解读,妥善回应社会关切,合理引导社会预期,营造基本药物制度实施的良好社会氛围。

四、基本医疗保险用药(essential drugs of medicare)

基本医疗保险用药是指在国家基本医疗保险制度指导下,为了保障城镇职工基本医疗用药,合理控制药品费用,由国家有关部门本着临床必需、安全有效、价格合理、使用方便的收载原则,调整和指定可供职工基本医疗保险需要、市场能够保证供应的药品品种范围。其目的是保障公众获得基本的医疗服务。

基本医疗保险用药范围通过制定《基本医疗保险药品目录》(以下简称《药品目录》)进行管理,符合《药品目录》的药品费用,按照国家规定由基本医疗保险基金支付。《药品目录》实行通用名管理,《药品目录》内药品的同通用名药品自动属于基本医疗保险基金支付范围。《药品目录》由凡例、西药、中成药、协议期内谈判药品和中药饮片等五部分组成。西药部分,收载化学药品和生物制品。中成药部分,收载中成药和民族药。协议期内谈判药品部分,收载谈判协议有效期内的药品。中药饮片部分,收载基本医疗保险基金予以支付的饮片,并规定不得纳入基本医疗保险基金支付的饮片。原则上《药品目录》不再新增 OTC 药品。

国务院医疗保障行政部门建立完善动态调整机制,原则上每年调整一次。省级医疗保障行政部门按国家规定增补的药品单列。为维护临床用药安全和提高基本医疗保险基金使用效益,《药品目录》对部分药品的医保支付条件进行限定。

(一)品种范围

纳入国家《药品目录》的药品应当是经国家药品监管部门批准,取得药品注册证书的化学药、生物制品、中成药(民族药),以及按国家标准炮制的中药饮片,并符合临床必需、安全有效、价格合理等基本条件。支持符合条件的基本药物按规定纳入《药品目录》。

(二)分类与支付

国家《药品目录》中的西药和中成药分为"甲类药品"和"乙类药品"。"甲类药品"是临床治疗必需、使用广泛、疗效确切、同类药品中价格或治疗费用较低的药品。"乙类药品"是可供临床治疗选择使用,疗效确切、同类药品中比"甲类药品"价格或治疗费用略高的药品。协议期内谈判药品纳入"乙类药品"管理。

各省级医疗保障部门按国家规定纳入《药品目录》的民族药、医疗机构制剂纳入"乙类药品"管理。中药饮片的"甲乙分类"由省级医疗保障行政部门确定。

参保人使用"甲类药品"按基本医疗保险规定的支付标准及分担办法支付;使用"乙类药品"按基本医疗保险规定的支付标准,先由参保人自付一定比例后,再按基本医疗保险规定的分担办法支付。"乙类药品"个人先行自付的比例由省级或统筹地区医疗保障行政部门确定。

(三)基本医疗保险用药的管理

基本医疗保险用药管理坚持以人民为中心的发展思想,切实保障参保人员合理的用药需求;坚持"保基本"的功能定位,既尽力而为,又量力而行,用药保障水平与基本医疗保险基金和参保人承受能力相适应;坚持分级管理,明确各层级职责和权限;坚持专家评审,适应临床技术进步,实现科学、规范、精细、动态管理;坚持中西药并重,充分发挥中药和西药各自优势。

不列入《药品目录》药品有:

(1)主要起滋补作用的药品;

(2)含国家珍贵、濒危野生动植物药材的药品;

(3)保健药品;

(4)预防性疫苗和避孕药品;

(5)主要起增强性功能、治疗脱发、减肥、美容、戒烟、戒酒等作用的药品;

(6)因被纳入诊疗项目等原因,无法单独收费的药品;

(7)酒制剂、茶制剂,各类果味制剂(特别情况下的儿童用药除外),口腔含服剂和口服泡腾剂(特别规定情形的除外)等;

(8)其他不符合基本医疗保险用药规定的药品。

《药品目录》内的药品,有下列情况之一的,经专家评审后,直接调出《药品目录》:

(1)被药品监管部门撤销、吊销或者注销药品批准证明文件的药品;

(2)被有关部门列入负面清单的药品;

(3)综合考虑临床价值、不良反应、药物经济性等因素,经评估认为风险大于收益的药品;

(4)通过弄虚作假等违规手段进入《药品目录》的药品;

(5)国家规定的应当直接调出的其他情形。

《药品目录》内的药品,符合以下情况之一的,经专家评审等规定程序后,可以调出《药品目录》:

(1)在同治疗领域中,价格或费用明显偏高且没有合理理由的药品;

(2)临床价值不确切,可以被更好替代的药品;

(3)其他不符合安全性、有效性、经济性等条件的药品。

不得纳入基金支付范围的中药饮片有:阿胶、白糖参、朝鲜红参、穿山甲(醋山甲、炮山甲)、玳瑁、冬虫夏草、蜂蜜、狗宝、龟鹿二仙胶、哈蟆油、海龙、海马、猴枣、蜂胶、羚羊角尖粉(羚羊角镑片、羚羊角粉)、鹿茸(鹿茸粉、鹿茸片)、马宝、玛瑙、牛黄、珊瑚、麝香、天山雪莲、鲜石斛(铁皮石斛)、西红花(番红花)、西洋参、血竭、燕窝、野山参、移山参、珍珠、紫河车。各种动物脏器(鸡内金除外)和胎、鞭、尾、筋、骨。"不得纳入基金支付范围的中药饮片"包括药材及炮制后的饮片。

原则上谈判药品协议有效期为两年。协议期内,如有谈判药品的同通用名药物(仿制药)上市,医保部门可根据仿制药价格水平调整该药品的支付标准,也可以将该通用名纳入集中采购范围。协议期满后,如谈判药品仍为独家,周边国家及地区的价格等市场环境未发生重大变化且未调整限定支付范围或虽然调整了限定支付范围但对基本医疗保险基金影响较小的,根据协议期内基本医疗保险基金实际支出(以医保部门统计为准)与谈判前企业提交的预算影响分析进行对比,按相关规则调整支付标准,并续签协议。具体规则另行制定。

国务院医疗保障行政部门负责编制国家医保药品代码,按照医保药品分类和代码规则建立药品编码数据库。原则上每季度更新一次。同时负责建立基本医疗保险用药管理体系,制定和调整全国范围内基本医疗保险用药范围,使用和支付的原则、条件、标准及程序等,组织制定、调整和发布国家《药品目录》并编制统一的医保代码,对全国基本医疗保险用药工作进行管理和监督。国家医疗保障经办机构受国务院医疗保障行政部门委托承担国家《药品目录》调整的具体组织实施工作。

五、特殊管理药品

根据《中华人民共和国药品管理法》(以下简称《药品管理法》)规定,国家对麻醉药品、精神药品、医疗用毒性药品、放射性药品,实行特殊管理。管理办法由国务院制定。进口、出口麻醉药品和国家规定范围内的精神药品,必须持有国务院药品监督管理部门发给的《进口许可证》《出口许可证》。因此,麻醉药品、精神药品、医疗用毒性药品、放射性药品是法律规定的特殊药品,简称为"麻、精、毒、放",不得在网络上销售。另外,根据国务院的有关规定,对药品类易制毒化学品、戒毒药品和兴奋剂也实行一定的特殊管理。

(一)麻醉药品

麻醉药品指连续使用后易产生生理依赖性、能成瘾癖的药品,包括天然、半合成、合成的阿片类、可卡因、可待因类、大麻类、药用原植物及其制剂等。国家食品药品监督管理总局、公安部、国家卫计委于 2013 年 11 月 11 日联合公布的《麻醉药品品种目录(2013 年版)》共 121 个品种,其中我国生产及使用的品种及包括的制剂、提取物、提取物粉共有 27 个品种。国家建立麻醉药品原料中央储备制度。国务院药品监督管理部门根据麻醉药品医疗需求,加强应对自然灾害等重大突发事件麻醉药品原料物资和生产能力储备,建立动态调整机制。

(二)精神药品

精神药品指直接作用于中枢神经系统,使之兴奋或抑制,连续使用能产生依赖性的药品,包括兴奋剂、致幻剂、镇静催眠剂等。国家食品药品监督管理总局、公安部、国家卫计委于 2013 年 11 月 11 日联合公布的《精神药品品种目录(2013 年版)》共 149 个品种,其中第一类精神药品有 68 个品种,第二类精神药品有 81 个品种。目前,我国生产及使用的第一类精神药品有 7 个品种,第二类精神药品有 29 个品种。

(三)毒性药品

医疗用毒性药品(简称"毒性药品")系指毒性剧烈、治疗量与中毒剂量相近,使用不当会致人中毒或死亡的药品。根据原卫生部的规定,目前我国毒性药品的管理品种中有毒性中药 27 种(指原药材及其饮片)、毒性西药 13 种。

毒性中药品种:砒石(红砒、白砒)、砒霜、水银、生马钱子、生川乌、生草乌、生白附子、生附子、生半夏、生南星、生巴豆、斑蝥、青娘虫、红娘虫、生甘遂、生狼毒、生藤黄、生千金子、生天仙子、闹羊花、雪上一枝蒿、白降丹、蟾酥、洋金花、红粉、轻粉、雄黄。

毒性西药品种:去乙酰毛花苷 C、阿托品(包括其盐类)、洋地黄毒苷、氢溴酸后马托品、三氧化二砷、毛果芸香碱(包括其盐类)、升汞、水杨酸毒扁豆碱、氢溴酸东莨菪碱、亚砷酸钾、士的宁(包括其盐类)、亚砷酸注射液、A 型肉毒毒素及其制剂。

(四)放射性药品

放射性药品是指用于临床诊断或者治疗的放射性核素或其标记药物。

血液制品、麻醉药品、精神药品、医疗用毒性药品、药品类易制毒化学品不得委托生产;但是,国务院药品监督管理部门另有规定的除外。麻醉药品、精神药品、医疗用毒性药品、放射性药品、外用药品和非处方药的标签、说明书,应当印有规定的标志。疫苗、血液制品、麻醉药品、精神药品、医疗用毒性药品、放射性药品、药品类易制毒化学品等国家实行特殊管理的药品不得在网络上销售。进口、出口麻醉药品和国家规定范围内的精神药品,应当持有国务院药品监督管理部门颁发的进口准许证、出口准许证。

麻醉药品、精神药品、医疗用毒性药品、放射性药品在经营和使用中应当专库或者专柜储存,专人管理,严禁与其他药品混合放置。麻醉药品、精神药品异地设库应当经国务院药品监督管理部门批准。国务院对麻醉药品、精神药品、医疗用毒性药品、放射性药品、药品类易制毒化学品等有其他特殊管理规定的,依照其规定。

以麻醉药品、精神药品、医疗用毒性药品、放射性药品、药品类易制毒化学品冒充其他药品,或者以其他药品冒充上述药品。在《中华人民共和国药品管理法》规定的处罚幅度内从重处罚。

六、处方药与非处方药

(一)处方药

处方药是指必须凭执业医师处方和执业助理医师处方方可购买、调配和使用的药品。

(二)非处方药

非处方药是指由国务院药品监督管理部门公布的,不需要凭执业医师或执业助理医师处方,消费者可以自行判断、购买和使用的药品。非处方药在美国又称为柜台发售药品(over the counter drug 简称"OTC 药")。国家实行处方药与非处方药分类管理制度。国家根据非处方药的安全性,将非处方药分为甲类非处方药和乙类非处方药。经营处方药、甲类非处方药的药品零售企业应当配备与处方审核数量、药学服务能力相匹配的执业药师。只经营乙类非处方药的药品零售企业,可以按照规定配备其他药学技术人员。

执业药师或者其他药学技术人员负责本企业的药品质量管理、处方审核和监督调配、合理用药指导和咨询服务、药品不良反应信息收集和报告等工作。

(三)处方药与非处方药销售

药品零售企业应当按规定凭处方销售处方药,处方药应当在封闭货架内放置,不得开架销售,不得以买药品赠药品或者买商品赠药品等方式向公众赠送、促销处方药、甲类非处方药。销售有特殊管理要求药品的,还应当实名登记,限人限量。

OTC 标识为红底白字的是甲类,绿底白字的是乙类。甲乙两类 OTC 虽然都可以在药店购买,但乙类非处方药安全性更高。乙类非处方药除了可以在药店出售外,还可以在超市、宾馆、百货商店等处销售。

药品零售企业通过网络销售处方药的,应当确保处方来源真实、可靠,并经审核后方可调配。对于未通过处方审核的,不得直接展示处方药的包装、标签、说明书等信息。

已批准上市的处方药,药品上市许可持有人经过上市后研究认为符合非处方药条件和要求的,可以向国务院药品监督管理部门提出申请,经评价符合非处方药要求的,可以转换为非处方药。

已批准上市的非处方药,经过不良反应监测及上市后研究认为存在风险隐患,不适宜按非处方药管理的,应当停止上市销售。药品上市许可持有人应当进行充分研究并向国务院药品监督管理部门提出处方药的申请,经审评符合要求的,可转换为处方药;经评估认为风险大于获益的,应当注销药品批准证明文件,并召回已销售药品。

国务院药品监督管理部门可以主动对处方药、非处方药开展评估,按程序进行转换。处方药与非处方药注册、转换程序和评价技术要求由国务院药品监督管理部门制定。

七、医疗机构制剂

医疗机构制剂是指医疗机构根据本单位临床需要经批准而配制、自用的固定处方制剂。

(一)不得作为医疗机构制剂情况

有下列情形之一的,不得作为医疗机构制剂:
(1)含有未经国务院药品监督管理部门批准的活性成分的品种;
(2)已批准活性成分用于未经批准适应证的化学药制剂;
(3)除变态反应原外的生物制品;
(4)中药注射剂;
(5)中药和化学药组成的复方制剂;
(6)医疗用毒性药品等。

(二)注销医疗机构制剂批准文号

具有下列情形之一的,省、自治区、直辖市人民政府药品监督管理部门可以注销医疗机构制剂批准文号,并予以公布:
(1)医疗机构自行提出注销的;
(2)不予再注册或者批准文号有效期届满未申请再注册的;
(3)医疗机构依法终止的;
(4)市场上已有供应的品种的;
(5)其他依法应当注销批准文号的情形。

(三)管理要求

(1)医疗机构配制制剂,应当经所在地省、自治区、直辖市人民政府药品监督管理部门批准,取得医疗机构制剂许可证,并应当标明有效期,到期重新审查发证。无医疗机构制剂许可证的,不得配制制剂。

(2)医疗机构应当自行配制医疗机构制剂。医疗机构配制制剂应当有能够保证制剂质量的设施、管理制度、检验仪器和卫生环境。应当按照经核准的工艺进行,所需的原料、辅料和包装材料等应当符合药用要求。确需委托的,经省、自治区、直辖市人民政府药品监督管理部门批准,可以委托本省、自治区、直辖市内取得医疗机构制剂许可证的其他医疗机构或者具备相应生产范围的药品生产企业配制。具体规定由国务院药品监督管理部门制定。

(3)医疗机构配制的制剂,应当是本单位临床需要而市场上没有供应的品种,并应当按照国务院药品监督管理部门的规定报送有关资料和样品,经所在地省、自治区、直辖市人民政府药品监督管理部门批准并发给制剂批准文号后,方可配制。但是,仅应用传统工艺配制的中药制剂品种,医疗机构按照国务院药品监督管理部门的规定向所在地省、自治区、直辖市人民政府药品监督管理部门备案后即可配制。医疗机构制剂批准文号的有效期为 3 年。有效期届满需要继续配制的,应当按照国务院药品监督管理部门的规定向省、自治区、直辖市人民政府药品监督管理部门申请再注册。

医疗机构配制的制剂应当按照规定进行质量检验;合格的,凭医师处方在本单位使用。经国务院药品监督管理部门或者省、自治区、直辖市人民政府药品监督管理部门批准,医疗机构配制的制剂可以在指定的医疗机构之间调剂使用。

(4)国家鼓励医疗机构制剂向新药转化。医疗机构新增医疗机构制剂配制剂型、变更配制场所等许可事项的,应当在许可事项发生变更 30 日前,向原批准机关申请医疗机构制剂许可证变更;未经批准,不得变更许可事项。原批准机关应当自收到申请之日起 15 个工作日内作出决定。技术审查和评定、现场检查、医疗机构整改等所需时间不计入期限。

医疗机构制剂许可证有效期为 5 年。有效期届满,需要继续配制制剂的,医疗机构应当在许可证有效期届满前 6 个月至 2 个月期间,按照国务院药品监督管理部门的规定申请换发医疗机构制剂许可证。医疗机构终止配制制剂或者关闭的,应当向原发证机关申请核减相应配制范围或者注销医疗机构制剂许可证。

(5)发生灾情、疫情、突发事件或者临床急需而市场没有供应时,经省、自治区、直辖市人民政府药品监督管理部门批准,在规定期限内,医疗机构制剂可以在省、自治区、直辖市内指定的医疗机构之间调剂使用。国务院药品监督管理部门规定的特殊制剂的调剂使用以及省、自治区、直辖市之间医疗机构制剂的调剂使用,应当经国务院药品监督管理部门批准。

（6）医疗机构配制的制剂不得在市场上销售或者变相销售，不得发布医疗机构制剂广告。医疗机构将其配制的制剂在市场上销售的，责令改正，没收违法销售的制剂和违法所得，并处违法销售制剂货值金额2倍以上5倍以下的罚款；情节严重的，并处货值金额5倍以上15倍以下的罚款；货值金额不足5万元的，按5万元计算。

任务2　药品和非药品的分类与识别

📥 任务目标

• 掌握药品注册证的概念和药品的批准文号格式，了解保健食品、普通食品的批准文号格式；

• 能根据药品、保健食品的批准文号区分化药、中药、进口药品、国产保健食品、进口保健食品和普通食品；

• 通过分组参与讨论，培养学生分工合作与协作互助精神；通过相关案例的分析，培养学生知法守法的法治素养。

💗 课程思政

通过活动内容，完成仿真模拟教学项目，培养学生按规范操作的职业素养和协作互助精神。

🧰 活动内容

活动2　指出任务1中活动1所找的12个产品中每个药品的批准文号及类别，并给出判断依据。

📖 知识链接

药品合格证明和其他标识，是指药品生产批准证明文件、药品检验报告书、药品的包装、标签和说明书。药品批准证明文件包括：新药证书、药品注册证、药品注册批件的附件（质量标准、说明书、药品包装）、药品批准文号、营业执照、药品生产许可证、药品所属剂型的GMP证书等。

一、新药证书

新药经临床试验、申请生产等程序，符合规定的由国家药品监督管理局发给新药证书(见图1-1)。批准为试生产的新药，仅供医疗单位在医生指导下使用，不得在零售药店出售，亦不得以任何形式进行广告宣传。

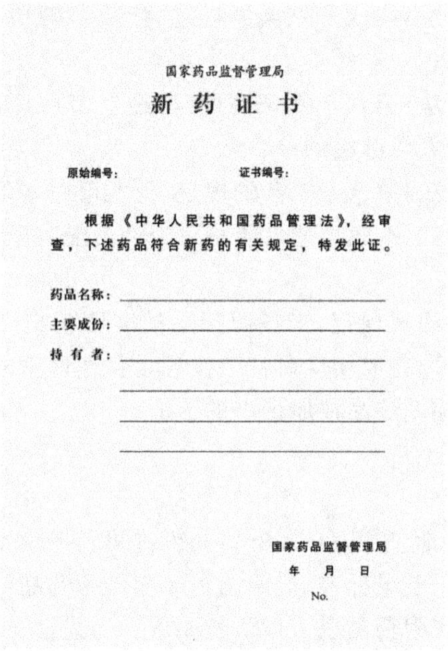

国家药品监督管理局

新 药 证 书

原始编号：　　　　　　　　证书编号：

根据《中华人民共和国药品管理法》，经审查，下述药品符合新药的有关规定，特发此证。

药品名称：

主要成份：

持 有 者：

国家药品监督管理局

年　月　日

No.

图 1-1　新药证书式样

二、注册证

药品注册是指药品注册申请人（以下简称申请人）依照法定程序和相关要求提出药物临床试验、药品上市许可、再注册等申请以及补充申请，药品监督管理部门基于法律法规和现有科学认知进行安全性、有效性和质量可控性等审查，决定是否同意其申请的活动。

药品审评中心根据药品注册申报资料、核查结果、检验结果等，对药品的安全性、有效性和质量可控性等进行综合审评，非处方药还应当转药品评价中心进行非处方药适宜性审查。综合审评结论通过的，批准药品上市，发给药品注册证书。综合审评结论不通过的，作出不予批准决定。药品注册证书载明药品批准文号、持有人、生产企业等信息。非处方药的药品注册证书还应当注明非处方药类别。

（一）注销药品注册证书情况

具有下列情形之一的，由国家药品监督管理局注销药品注册证书，并予以公布：

（1）持有人自行提出注销药品注册证书的；

（2）按照《药品注册管理办法》规定不予再注册的；

（3）持有人药品注册证书、药品生产许可证等行政许可被依法吊销或者撤销的；

(4)按照《药品管理法》第八十三条的规定,疗效不确切、不良反应大或者因其他原因危害人体健康的；

(5)按照《疫苗管理法》第六十一条的规定,经上市后评价,预防接种异常反应严重或者其他原因危害人体健康的；

(6)按照《疫苗管理法》第六十二条的规定,经上市后评价发现该疫苗品种的产品设计、生产工艺、安全性、有效性或者质量可控性明显劣于预防、控制同种疾病的其他疫苗品种的；

(7)违反法律、行政法规规定,未按照药品批准证明文件要求或者药品监督管理部门要求在规定时限内完成相应研究工作且无合理理由的；

(8)其他依法应当注销药品注册证书的情形。

(二)注册证管理

申请人取得药品注册证书后,为药品上市许可持有人(以下简称"持有人")。经核准的药品生产工艺、质量标准、说明书和标签作为药品注册证书的附件一并发给申请人,必要时还应当附药品上市后研究要求。上述信息纳入药品品种档案,并根据上市后变更情况及时更新。

药品注册证书有效期为 5 年,药品注册证书有效期内持有人应当持续保证上市药品的安全性、有效性和质量可控性,并在有效期届满前 6 个月申请药品再注册,如图 1-2 所示。

(a)进口药品注册证(正本)式样   (b)进口药品注册证(副本)式样

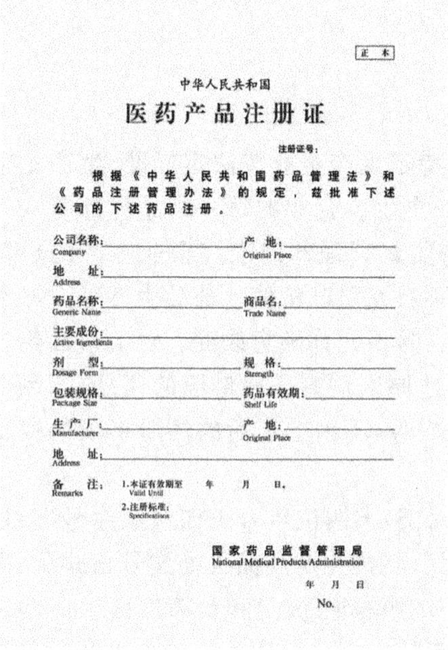

正本

中华人民共和国

医药产品注册证

注册证号：

根据《中华人民共和国药品管理法》和《药品注册管理办法》的规定，兹批准下述公司的下述药品注册。

公司名称：________ 产　地：________
Company　Original Place

地　址：________
Address

药品名称：________ 商品名：________
Generic Name　Trade Name

主要成份：________
Active Ingredients

剂　型：________ 规　格：________
Dosage Form　Strength

包装规格：________ 药品有效期：________
Package Size　Shelf Life

生产厂：________ 产　地：________
Manufacturer　Original Place

地　址：________
Address

备　注：1.本证有效期至　年　月　日。
Remarks　Valid Until
2.注册标准：
Specifications

国家药品监督管理局
National Medical Products Administration

年　月　日

No.

(c)医药产品注册证(正本)式样

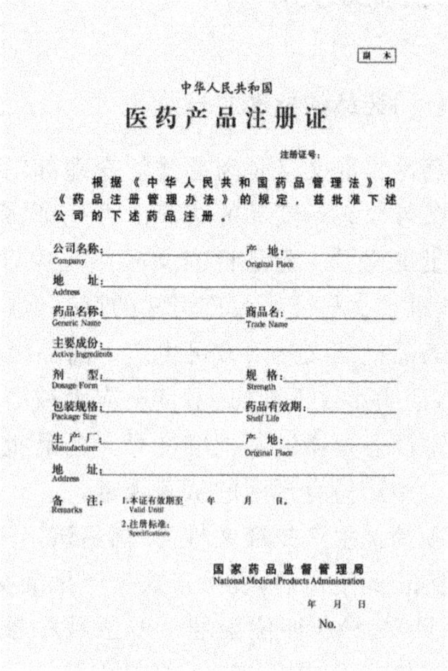

副本

中华人民共和国

医药产品注册证

注册证号：

根据《中华人民共和国药品管理法》和《药品注册管理办法》的规定，兹批准下述公司的下述药品注册。

公司名称：________ 产　地：________
Company　Original Place

地　址：________
Address

药品名称：________ 商品名：________
Generic Name　Trade Name

主要成份：________
Active Ingredients

剂　型：________ 规　格：________
Dosage Form　Strength

包装规格：________ 药品有效期：________
Package Size　Shelf Life

生产厂：________ 产　地：________
Manufacturer　Original Place

地　址：________
Address

备　注：1.本证有效期至　年　月　日。
Remarks　Valid Until
2.注册标准：
Specifications

国家药品监督管理局
National Medical Products Administration

年　月　日

No.

(d)医药产品注册证(副本)式样

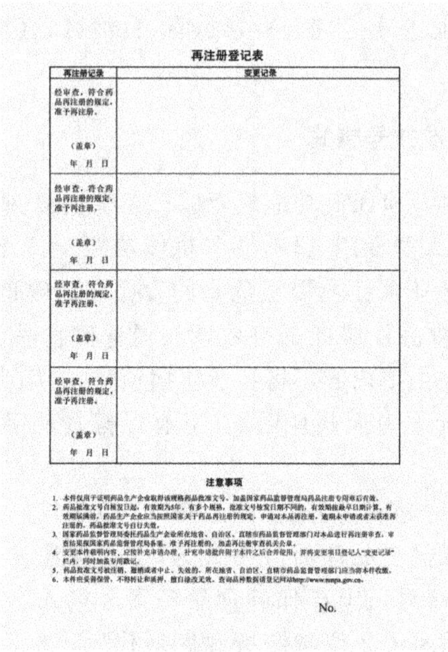

再注册登记表

再注册记录	变更记录
经审查，符合药品再注册的规定，准予再注册。 （盖章） 年　月　日	
经审查，符合药品再注册的规定，准予再注册。 （盖章） 年　月　日	
经审查，符合药品再注册的规定，准予再注册。 （盖章） 年　月　日	
经审查，符合药品再注册的规定，准予再注册。 （盖章） 年　月　日	

注意事项

1. 本件仅用于证明药品生产企业取得该规格药品批准文号，加盖国家药品监督管理局药品注册专用章后有效。
2. 药品批准文号自核发日起，有效期为5年。有多个规格，批准文号核发日期不同的，有效期按最早日期计算。有效期届满前，药品生产企业应当按照国家关于药品再注册的规定，申请对本品再注册，逾期未申请或者未获准再注册的，药品批准文号自行失效。
3. 国家药品监督管理局委托药品生产企业所在地省、自治区、直辖市药品监督管理部门对本品进行再注册审查，审查结果报国家药品监督管理局备案。准予再注册的，加盖再注册审查机关公章。
4. 变更本件载明内容，应按补充申请办理，补充申请批件附于本件之后合并使用，并将变更项目登记入"变更记录"栏内，同时加盖专用戳记。
5. 药品批准文号被注销、撤销或者中止、失效的，所在地省、自治区、直辖市药品监督管理部门应当将本件收缴。
6. 本件应妥善保管，不得转让和质押，擅自涂改无效。查询品种数据请登记网站http://www.nmpa.gov.cn。

No.

(e)再注册登记表式样

图 1-2　药品注册证书式样和再注册登记表式样

三、批准文号

(一)药品的批准文号

药品批准文号是药品监督管理部门对特定生产企业按法定标准、生产工艺和生产条件对某一药品的法律认可凭证,每一个生产企业的每一个品种都有一个特定的批准文号。药品批准文号系国家药品监督管理部门准许企业生产的合法标志,该批准文号受行政许可法的调整,本身不具有财产价值。药品生产企业必须在取得药品批准文号后方可生产。药品批准文号不允许随意改变。对上市后经过再评价,证明疗效不确切、不良反应大或者其他原因危害人民健康的药品,药品监督管理部门有权撤销其批准文号。药品批准文号,不因上市后的注册事项的变更而改变。中药另有规定的从其规定。

新药试生产批准文号为"国药试字 H(Z,S)＋四位年号＋四位顺序号"。试生产转为正式生产后,发给正式生产批准文号。境内生产药品批准文号格式为:国药准字 H(Z,S)＋四位年号＋四位顺序号。中国香港、澳门和台湾地区生产药品批准文号格式为:国药准字 H(Z,S)C＋四位年号＋四位顺序号。境外生产药品批准文号格式为:国药准字 H(Z,S)J＋四位年号＋四位顺序号。其中,H 代表化学药,Z 代表中药,S 代表生物制品。医疗机构制剂批准文号的格式为:X 药制字 H(Z)＋4位年号＋4 位流水号;其中,X 表示省、自治区、直辖市简称,H 表示化学制剂,Z 表示中药制剂。

(二)保健食品的批准文号格式

保健食品,是指声称具有保健功能或者以补充维生素、矿物质等营养物质为目的的食品。适宜于特定人群食用,具有调节机体功能,不以治疗疾病为目的,并且对人体不产生任何急性、亚急性或慢性危害的食品。保健食品注册证书有效期为5 年。变更注册的保健食品注册证书有效期与原保健食品注册证书有效期相同。保健食品的标签、说明书主要内容不得涉及疾病预防、治疗功能,并声明"本品不能代替药物"。保健食品标志为天蓝色图案,下有保健食品字样,俗称"蓝帽子"(见图 1-3)。

国产保健食品注册号格式为:国食健注 G＋4 位年代号＋4 位顺序号;进口保健食品注册号格式为:国食健注 J＋4 位年代号＋4 位顺序号。国产保健食品备案号格式为:食健备 G＋4 位年代号＋2 位省级行政区域代码＋6位顺序编号;进口保健食品备案号格式为:食健备 J＋4位年代号＋00＋6 位顺序编号。

图 1-3　保健食品标志

(三)普通食品的编号

普通食品只有生产许可证编号,由SC("生产"的汉语拼音字母缩写)和14位阿拉伯数字组成。数字从左至右依次为:3位食品类别编码、2位省(自治区、直辖市)代码、2位市(地)代码、2位县(区)代码、4位顺序码、1位校验码。

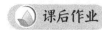 课后作业

一、选择题

二、填空题

1."不得纳入基金支付范围的中药饮片"包括药材及(   )的饮片。

2.基本医疗保险用药中原则上谈判药品协议有效期为(   )。

3.国产保健食品的批准文号格式为:(   )。

4.以下易于滥用的、可用于非治疗用途的药品不列入《药品目录》:一是主要起(   )作用的药品;二是含国家(   )、(   )动植物药材的药品;三是(   )药品;四是(   )疫苗和(   )药品;五是主要起(   )性功能、治疗脱发、减肥、美容、戒烟、戒酒等作用的药品;六是因被纳入诊疗项目等原因,无法单独收费的药品;七是酒制剂、茶制剂,各类(   )制剂(特别情况下的儿童用药除外),口腔含服剂和口服(   )(特别规定情形的除外)等;八是其他不符合基本医疗保险用药规定的药品。

5.药品注册证书有效期为(   )年,药品注册证书有效期内持有人应当持续保证上市药品的安全性、有效性和质量可控性,并在有效期届满前(   )个月申请药品再注册。

三、简答题

1.什么是药品批准文号?国产药品和进口药品的批准文号表示方式分别是什么?

2.哪些情形不得作为医疗机构制剂申报?

项目二　假劣药品的识别

项目介绍

　　本项目主要学习假劣药的概念、药品标签说明书的内容与格式。通过完成 2 个教学任务,能判断药品(包括原料药)外观质量是否符合要求;能分辨药品的包装、标签和说明书是否符合规定;能根据药品外观和包装标识识别假劣药品。通过任务 1 的案例学习,同学们能进行相关假劣药品案例的分析,具有知法守法的法治素养、崇高的职业道德和极强的责任心。通过任务 2 的实践,同学们能够明确国家最新出台的假劣药的法规要求,并知晓国家不断更新修订《药品管理法》的目的和意义。

思维导图

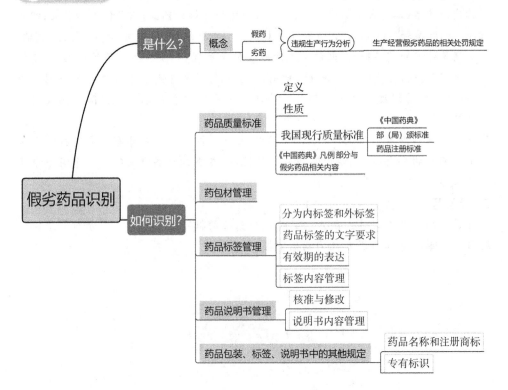

教学视频

任务 1　假劣药品案例分析

任务目标

- 熟悉假劣药品的概念；
- 能进行相关假劣药品案例的分析；
- 具备崇高的职业道德、良好的职业素养和极强的责任心。

课程思政

通过任务 1 中活动 1 的案例分析，培养学生的知法守法的法治素养、崇高的职业道德和极强的责任心。

活动内容

活动 1　根据以下案例，分析是假药还是劣药，该怎么处罚，并说明原因。

【案例 1】　2012 年 4 月 15 日，央视《每周质量报告》曝光，河北一些企业用生石灰给皮革废料进行脱色漂白和清洗，随后熬制成工业明胶，卖给浙江新昌县药用胶囊生产企业，最终流向药品企业。经调查发现，9 家药厂的 13 个批次药品所用胶囊重金属铬含量超标，其中超标最多的达 90 多倍。

【案例 2】　2016 年 5 月 27 日，根据群众举报，发现某企业存在违法违规行为。国家食品药品监督管理总局发布关于某企业违法生产某消炎胶囊的通告，该企业存在以下主要问题：涉嫌擅自减少投料处方量。2015 年 1 月至 2016 年 4 月期间，该企业擅自减少投料处方量生产某消炎胶囊。

知识链接

一、假药的相关概念

有下列情形之一的，为假药：

(1)药品所含成分与国家药品标准规定的成分不符;
(2)以非药品冒充药品或者以他种药品冒充此种药品;
(3)变质的药品;
(4)药品所标明的适应证或者功能主治超出规定范围。

二、劣药的相关概念

有下列情形之一的,为劣药:
(1)药品成分的含量不符合国家药品标准;
(2)被污染的药品;
(3)未标明或者更改有效期的药品;
(4)未注明或者更改产品批号的药品;
(5)超过有效期的药品;
(6)擅自添加防腐剂、辅料的药品;
(7)其他不符合药品标准的药品。

三、从"假药"定义分析违规的药品生产行为

(一)药品所含成分与标准不符的

(1)错投料:以他种原料冒充此种原料的;生产管理混乱,原料使用发生差错;清场不彻底,混入其他原料;以他种药材冒充此种药材的(人工牛黄替代体外培育牛黄,龙血竭替代血竭,非药用部位替代药用部位,不同科属药材替代)。
(2)不投料:贵细药材不投料,成品无检验项目药材不投料。
(3)中药添加西药:降糖药、降压药、风湿药、壮阳药等。

(二)以非药品冒充药品或者以他种药品冒充此种药品的

在标签、说明书中宣称具有功能主治、适应证或者明示预防疾病、治疗功能或药用疗效等,以及产品名称与药品名称相同或类似的食品、保健用品、保健食品、化妆品、消毒产品,未标示产品批准文号的产品,均为非药品冒充药品;错贴标签;以他种药品冒充此种药品的。

(三)变质的

中药饮片虫蛀、霉变、鼠咬;中成药裂片、虫蛀、结块;糖衣片花斑;化学药片潮解、变色;注射剂有杂质、絮状物、混浊等。

(四)所标明的适应证或功能主治超出规定范围的

药品的标签、说明书、小盒或中盒均不能扩大和改变适应证或功能主治。

四、从"劣药"定义分析违规的药品生产行为

(一)药品成分含量不符合国家药品标准的

少投料;低限度投料;投料折算错误;中药材用毛料投料;中药生产过程中出现涨料。

(二)被污染的

药品因为生产环境、操作人员、原料药及所用物品所导致的污染。

(三)未标明有效期或者更改有效期的、超过有效期的

药品应规定有效期;超过有效期的不得出厂销售;不得更改药品真实的有效期。

(四)未注明或者更改生产批号的

药品应规定生产批号,不得更改药品真实的生产批号。

(五)擅自添加防腐剂、辅料的

药品应按规定处方进行投料生产,未经批准不得擅自添加着色剂、防腐剂、香料、矫味剂等辅料。

(六)其他不符合药品标准的药品

储藏不符合规定:应冷藏的品种未放于无霜冰柜或无霜冰箱中,而储藏在室温条件下或阴凉库等;应阴凉保存的品种存放于室温条件下。

禁止未取得药品批准证明文件生产、进口药品;禁止使用未按照规定审评、审批的原料药、包装材料和容器生产药品。

五、药品质量标准

(一)定义

药品质量标准(又称药品标准),是国家对药品质量规格及检验方法所作的技

术规定,是药品生产、供应、使用、检验和管理部门共同遵循的法定依据。

(二)性质

药品质量标准是强制性标准,具有法律约束力,是技术手段、技术法规,其目的是为保证药品质量。

(三)我国现行药品质量标准

我国现行的国家药品标准体系的组成是以《中华人民共和国药典》为核心,部(局)颁标准为外延,药品注册标准为基础,三种标准相互依存、互动提高的关系。

1.《中华人民共和国药典》

《中华人民共和国药典》(简称《中国药典》),在国家药品监督管理局领导,在相关药品检验机构、科研院校的大力支持和国内外药品生产企业及学会协会积极参与下,由国家药典委员会组织完成各项编制工作的,是具有国家法律效力的、记载药品标准及规格的法典。《中国药典》收载的品种须经过医药学专家委员会严格的遴选。主要收载我国临床常用、疗效肯定、质量稳定(工艺成熟)、质控标准较完善的品种。其他不能满足上述条件(包括上市时间较短)或有特殊情况的品种均收载于局颁或部颁标准中。

2.部(局)颁标准

《中华人民共和国卫生部药品标准》(简称《部颁标准》)、《国家药品监督管理局国家药品标准》(简称《局颁标准》),是国家卫生健康委员会或国家药品监督管理局组织国家药典委员会对不同企业的药品注册标准进行统一规范后的药品标准。一般来说,《中国药典》和部(局)颁标准是对药品的最基本质量要求。

3.药品注册标准

自 2020 年 7 月 1 日起施行的《药品注册管理办法》明确指出,"药品应当符合国家药品标准和经国家药品监督管理局核准的药品质量标准。经国家药品监督管理局核准的药品质量标准,为药品注册标准。药品注册标准应当符合《中华人民共和国药典》通用技术要求,不得低于《中华人民共和国药典》的规定。申报注册品种的检测项目或者指标不适用《中华人民共和国药典》的,申请人应当提供充分的支持性数据。"

除以上各标准外,各个药品生产企业还会制定自己的"企业标准",也称为"内控标准",一般是按照《中国药典》或部(局)颁标准制定,仅在企业内药品生产质量管理中使用,属于非法定标准。

(四)《中国药典》凡例部分与假劣药品相关的内容

(1)药品说明书应符合《中华人民共和国药品管理法》及国务院药品监督管理部门对说明书的规定。

（2）直接接触药品的包装材料和容器应符合国务院药品监督管理部门的有关规定，均应无毒、洁净，与内容药品应不发生化学反应，并不得影响内容药品的质量。

（3）药品标签应符合《中华人民共和国药品管理法》及国务院监督管理部门对包装标签的规定，不同包装标签其内容应根据上述规定印制，并应尽可能多地包含药品信息。

（4）麻醉药品、精神药品、医疗用毒性药品、放射性药品、外用药品和非处方药品的说明书和包装标签，必须印有规定的标识。

六、生产经营假劣药品的相关处罚规定

（一）生产、销售假药的处罚

生产、销售假药的，没收违法生产、销售的药品和违法所得，责令停产停业整顿，吊销药品批准证明文件，并处违法生产、销售的药品货值金额十五倍以上三十倍以下的罚款；货值金额不足十万元的，按十万元计算；情节严重的，吊销药品生产许可证、药品经营许可证或者医疗机构制剂许可证，十年内不受理其相应申请；药品上市许可持有人为境外企业的，十年内禁止其药品进口。

（二）生产、销售劣药的处罚

生产、销售劣药的，没收违法生产、销售的药品和违法所得，并处违法生产、销售的药品货值金额十倍以上二十倍以下的罚款；违法生产、批发的药品货值金额不足十万元的，按十万元计算，违法零售的药品货值金额不足一万元的，按一万元计算；情节严重的，责令停产停业整顿直至吊销药品批准证明文件、药品生产许可证、药品经营许可证或者医疗机构制剂许可证。

生产、销售的中药饮片不符合药品标准，尚不影响安全性、有效性的，责令限期改正，给予警告；可以处十万元以上五十万元以下的罚款。

（三）无证生产、经营的处罚

未取得药品生产许可证、药品经营许可证或者医疗机构制剂许可证生产、销售药品的，责令关闭，没收违法生产、销售的药品和违法所得，并处违法生产、销售的药品（包括已售出和未售出的药品，下同）货值金额十五倍以上三十倍以下的罚款；货值金额不足十万元的，按十万元计算。

（四）人身资格处罚

生产、销售假药，或者生产、销售劣药且情节严重的，对法定代表人、主要负责

人、直接负责的主管人员和其他责任人员,没收违法行为发生期间自本单位所获收入,并处所获收入百分之三十以上三倍以下的罚款,终身禁止从事药品生产经营活动,并可以由公安机关处五日以上十五日以下的拘留。

(五)从重处罚

有下列行为之一的,在《中华人民共和国药品管理法》规定的处罚幅度内从重处罚:

(1)以麻醉药品、精神药品、医疗用毒性药品、放射性药品、药品类易制毒化学品冒充其他药品,或者以其他药品冒充上述药品;

(2)生产、销售以孕产妇、儿童为主要使用对象的假药、劣药;

(3)生产、销售的生物制品属于假药、劣药;

(4)生产、销售假药、劣药,造成人身伤害后果;

(5)生产、销售假药、劣药,经处理后再犯;

(6)拒绝、逃避监督检查,伪造、销毁、隐匿有关证据材料,或者擅自动用查封、扣押物品。

任务 2 根据药品的包装、标识来识别假劣药品

🈯 任务目标

•掌握药品包装、标签、说明书的内容与格式;

•能分辨药品的包装、标签和说明书是否符合规定要求,能根据药品外观和包装标识识别假劣药品;

•通过参与讨论、合作分工共同完成小组任务,培养学生的协作互助精神;通过课程法规内容的学习、相关案例的分析,培养学生知法守法的法治素养。

❤ 课程思政

通过任务2中的活动,引导学生思考药品相关法规的严肃性,遵纪守法的重要性,以及违法乱纪的严重后果,从而树立敬畏法律尊严、严格遵章守法的意识,牢固药品行业从业者应有的道德底线。

➕ 活动内容

由教师提供药品,学生分析药品存在的问题,判断是否为假劣药品?

🔲 知识链接

一、药包材的管理

药包材即直接与药品接触的包装材料和容器,系指药品生产企业生产的药品和医疗机构配制的制剂所使用的直接与药品接触的包装材料和容器。作为药品的一部分,药包材本身的质量、安全性、使用性能以及药包材与药物之间的相容性对药品质量有着十分重要的影响。

药包材是由一种或多种材料制成的包装组件组合而成,应具有良好的安全性、适应性、稳定性、功能性、保护性和便利性,在药品的包装、贮藏、运输和使用过程中起到保护药品质量、安全、有效、实现给药目的(如气雾剂)的作用。

药包材可以按材质、形制和用途进行分类。

按材质分类,可分为塑料类、金属类、玻璃类、陶瓷类、橡胶类和其他类(如纸、干燥剂)等,也可以由两种或两种以上的材料复合或组合而成(如复合膜、铝塑组合盖等)。常用的塑料类药包材如药用低密度聚乙烯滴眼剂瓶、口服固体药用高密度聚乙烯瓶、聚丙烯输液瓶等;常用的玻璃类药包材有钠钙玻璃输液瓶、低硼硅玻璃安瓿、中硼硅管制注射剂瓶等;常用的橡胶类药包材有注射液用氯化丁基橡胶塞、药用合成聚异戊二烯垫片、口服液体药用硅橡胶垫片等;常用的金属类药包材如药用铝箔、铁制的清凉油盒。

按用途和形制分类,可分为输液瓶(袋、膜及配件)、安瓿、药用(注射剂、口服或者外用剂型)瓶(管、盖)、药用胶塞、药用预灌封注射器、药用滴眼(鼻、耳)剂瓶、药用硬片(膜)、药用铝箔、药用软膏管(盒)、药用喷(气)雾剂泵(阀门、罐、筒)、药用干燥剂等。以上药包材产品收录于国家药品监督管理局制定的注册药包材产品目录中,并对目录中的产品实行注册管理;对于不能确保药品质量的药包材,国家药品监督管理局公布淘汰的药包材产品目录。

药包材使用规定:

(1)药包材必须符合药用要求,符合保障人体健康、安全的标准,并由药品监督管理部门在审批药品时一并注册审批。

(2)生产、进口和使用药包材,必须符合药包材国家标准。

(3)原料药的包装参照药包材的要求执行。

(4)生产中药饮片,应当选用与药品性质相适应的包装材料和容器;包装不符合规定的中药饮片,不得销售。

(5)医疗机构配制制剂所使用的药包材应符合有关规定,并经省、自治区、直辖市人民政府药品监督管理部门批准。

(6)药包材的更改,应根据所选用药包材的材质,做稳定性试验,考察药包材与药品的相容性。

(7)药包材包装上应注明包装使用范围、规格及贮藏要求,并应注明使用期限。

二、药品标签管理

(一)药品标签分为内标签和外标签

药品的标签是指药品包装上印有或者贴有的内容,分为内标签和外标签。药品内标签指直接接触药品的包装的标签,外标签指内标签以外的其他包装的标签。

药品标签的基本要求:

药品标签由国家药品监督管理局予以核准。

标签或者说明书上必须注明药品的通用名称、成分、规格、生产企业、批准文号、产品批号、生产日期、有效期、适应证或者功能主治、用法、用量、禁忌、不良反应和注意事项。

中药饮片包装必须印有或者贴有标签,必须注明品名、规格、产地、生产企业、产品批号、生产日期,实施批准文号管理的中药饮片还必须注明药品批准文号。

医疗机构配制制剂的标签和说明书应当符合有关规定,并经省、自治区、直辖市人民政府药品监督管理部门批准。

药品生产企业、药品经营企业生产、经营的药品及医疗机构配制的制剂,其包装、标签、说明书违反规定的,除依法应当按照假药、劣药论处之外,责令改正,给予警告;情节严重的,撤销该药品的批准证明文件。

(二)药品标签的文字要求

药品标签应当使用国家语言文字工作委员会公布的规范化汉字,增加其他文字对照的,应当以汉字表述为准。药品标签的文字表述应当科学、规范、准确,文字应当清晰易辨,标识应当清楚醒目,不得有印字脱落或者粘贴不牢等现象,不得以粘贴、剪切、涂改等方式进行修改或者补充。

(三)有效期的表达

药品标签中的有效期应当按照年、月、日的顺序标注,年份用四位数字表示,月、日用两位数表示。其具体标注格式为"有效期至××××年××月"或者"有效期至××××年××月××日";也可以用数字和其他符号表示为"有效期至××××.××."或者"有效期至××××/××/××"等。

预防用生物制品有效期的标注按照国家药品监督管理局批准的注册标准执行,治疗用生物制品有效期的标注自分装日期计算,其他药品有效期的标注自生产日期计算。有效期若标注到日,应当为起算日期对应年月日的前一天,若标注到月,应当为起算月份对应年月的前一月。

（四）标签内容

药品的标签应当以说明书为依据，其内容不得超出说明书的范围，不得印有暗示疗效、误导使用和不适当宣传产品的文字和标识。

1. 药品内标签

药品的内标签应当包含药品通用名称、适应证或者功能主治、规格、用法用量、生产日期、产品批号、有效期、生产企业等内容。包装尺寸过小无法全部标明上述内容的，至少应当标注药品通用名称、规格、产品批号、有效期等内容。

2. 药品外标签

药品外标签应当注明药品通用名称、成分、性状、适应证或者功能主治、规格、用法用量、不良反应、禁忌、注意事项、贮藏、生产日期、产品批号、有效期、批准文号、生产企业等内容。适应证或者功能主治、用法用量、不良反应、禁忌、注意事项不能全部注明的，应当标出主要内容并注明"详见说明书"字样。

3. 用于运输、储藏包装的标签

用于运输、储藏的包装的标签，至少应当注明药品通用名称、规格、贮藏、生产日期、产品批号、有效期、批准文号、生产企业，也可以根据需要注明包装数量、运输注意事项或者其他标记等必要内容。

4. 原料药标签

原料药的标签应当注明药品名称、贮藏、生产日期、产品批号、有效期、执行标准、批准文号、生产企业，同时还需注明包装数量以及运输注意事项等必要内容。

值得注意的是：出于保护公众健康和指导正确合理用药的目的，药品生产企业可以主动提出在标签上加注警示语，国家药品监督管理局也可以要求药品生产企业在说明书或者标签上加注警示语。同一药品生产企业生产的同一药品，药品规格和包装规格均相同的，其标签的内容、格式及颜色必须一致；药品规格或者包装规格不同的，其标签应当明显区别或者规格项明显标注。同一药品生产企业生产的同一药品，分别按处方药与非处方药管理的，两者的包装颜色应当明显区别。对贮藏有特殊要求的药品，应当在标签的醒目位置注明。

三、药品说明书管理

（一）核准与修改

药品上市许可持有人（以下简称"持有人"），是药品说明书撰写的第一责任人，需根据现行法规及技术要求的相关规定提供科学、真实、准确、规范的药品基本信息，并应有翔实、可靠的研究数据作为支持依据。国家药品监督管理局根据申请人申报的资料对药品说明书予以核准。持有人应当制定上市后风险管理计划，主动开展上市后研究,并基于对药品安全性、有效性、质量可控性的上市后研究情况等,定期开展上市后评价,对药品的获益和风险进行综合分析评估。根据评价结果,依法采取修订药品说明书。药品监督管理部门依职责可以根据药品不良反应监测和药品上市后评价结果等,要求持有人对说明书进行修订。药品说明书中涉及有效性内容以及增加安全性风险的其他内容的变更,持有人应当以补充申请方式申报,经批准后实施。药品说明书获准修改后,持有人应当将修改的内容立即通知相关药品经营企业、使用单位及其他部门,并按要求及时使用修改后的说明书和标签。

(二)基本内容

药品说明书应当包含药品安全性、有效性的重要科学数据、结论和信息,用以指导安全、合理使用药品。药品说明书对疾病名称、药学专业名词、药品名称、临床检验名称和结果的表述,应当采用国家统一颁布或规范的专用词汇,度量衡单位应当符合国家标准的规定。

1. 内容

内容包括:药品名称(通用名、英文名、汉语拼音)、成分(活性成分、化学名称、化学结构式、分子式、分子量及制剂用辅料)、性状、药理毒理、药代动力学、适应证或功能主治、用法用量、规格、不良反应、禁忌、注意事项(孕妇及哺乳期妇女用药、儿童用药、药物相互作用和其他类型的相互作用,如烟、酒等)、药物过量(包括症状、急救措施、解毒药)、贮藏、包装、有效期、批准文号、上市许可持有人、生产企业(包括地址及联系电话)等内容。如某一项目尚不明确,应注明"尚不明确"字样;如明确无影响,应注明"无"。药品说明书应当列出全部活性成分或者组方中的全部中药药味。注射剂和非处方药还应当列出所用的全部辅料名称。药品处方中含有可能引起严重不良反应的成分或者辅料的,应当予以说明。药品说明书应当充分包含药品不良反应信息,详细注明药品不良反应。药品生产企业未根据药品上市后的安全性、有效性情况及时修改说明书或者未将药品不良反应在说明书中充分说明的,由此引起的不良后果由该药品上市许可持有人承担。

2. 基本格式

药品说明书的具体格式、内容和书写要求由国家药品监督管理局制定并发布。药品说明书必须按照国家药品监督管理局核准的规定印制。

四、药品包装、标签、说明书中的其他规定

(一)药品名称和注册商标

(1)药品必须使用通用名称,其命名应当符合《药品通用名称命名原则》的规定。

（2）药品商品名称不得有夸大宣传、暗示疗效作用。应当符合《药品商品名称命名原则》的规定，并得到国家药品监督管理局批准后方可使用。

（3）药品商品名称的使用范围应严格按照《药品注册管理办法》的规定，除新的化学结构、新的活性成分的药物，以及持有化合物专利的药品外，其他品种一律不得使用商品名称。同一药品生产企业生产的同一药品，成分相同但剂型或规格不同的，应当使用同一商品名称。

（4）药品广告宣传中不得单独使用商品名称，也不得使用未经批准作为商品名称使用的文字型商标。

（5）自 2006 年 6 月 1 日起，新注册的药品，其名称和商标的使用应当符合《药品说明书和标签管理规定》（国家药品监督管理局令第 24 号）的要求。对已受理但不符合要求的商品名称的国家药品监督管理局将不予批准。

药品通用名称应当显著、突出，其字体、字号和颜色必须一致，并符合以下要求：

（1）对于横版标签，必须在上三分之一范围内显著位置标出；对于竖版标签，必须在右三分之一范围内显著位置标出；

（2）不得选用草书、篆书等不易识别的字体，不得使用斜体、中空、阴影等形式对字体进行修饰；

（3）字体颜色应当使用黑色或者白色，与相应的浅色或者深色背景形成强烈反差；

（4）除因包装尺寸的限制而无法同行书写的，不得分行书写。药品商品名称不得与通用名称同行书写，其字体和颜色不得比通用名称更突出和显著，其字体以单字面积计不得大于通用名称所用字体的二分之一。

药品说明书和标签中禁止使用未经注册的商标以及其他未经国家药品监督管理局批准的药品名称。药品标签使用注册商标的，应当印刷在药品标签的边角，含文字的，其字体以单字面积计不得大于通用名称所用字体的四分之一。

（二）专有标识

（1）麻醉药品、精神药品、医疗用毒性药品、放射性药品、外用药品和非处方药品等国家规定有专用标识的，其说明书和标签必须印有规定的标识。对贮藏有特殊要求的药品，必须在标签、说明书的醒目位置中注明。

（2）非处方药专有标识管理规定：非处方药专有标识是用于非处方药药品标签、使用说明书、包装上的专有标识和经营非处方药药品的商业企业在分类销售时作为指南性的标志。非处方药专有标识图案分为红色和绿色，红色专有标识用于甲类非处方药，绿色专有标识用于乙类非处方药。

使用非处方药专有标识时，药品的使用说明书和大包装可以单色印刷，标签和其他包装必须按照国家药品监督管理局公布的色标要求印刷。单色印刷时，非处方药专有标识下方必须标示"甲类"或"乙类"字样。

非处方药专有标识应与药品标签、使用说明书、内包装、外包装一体化印刷,其大小可根据实际需要设定,但必须醒目、清晰,并按照国家药品监督管理局公布的坐标比例使用。

非处方药药品标签、使用说明书和每个销售基本单元包装印有中文药品通用名称(商品名称)的一面(侧),其右上角是非处方药专有标识的固定位置。

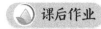 课后作业

一、选择题

二、填空题

1.药包材必须符合(　　　),符合保障人体健康、安全的标准,并由药品监督管理部门在审批药品时一并(　　　)。

2.药品标签分为(　　　)和(　　　),药品标签由(　　　)予以核准。

3.药品的标签应当以(　　　)为依据,其内容不得超出(　　　)的范围。

4.同一药品生产企业生产的同一药品,分别按(　　　)与(　　　)管理的,两者的包装(　　　)应当明显区别。

5.药品(　　　)名称不得与(　　　)名称同行书写,其字体和颜色不得比(　　　)名称更突出和显著,其字体以单字面积计不得大于(　　　)名称所用字体的(　　　)。

6.对贮藏有(　　　)要求的药品,应当在(　　　)的醒目位置注明。

三、简答题

1.假药的概念,哪些情况下视为假药?

2.劣药的概念,哪些情况下视为劣药?

项目三　认识药品记录与数据管理

★ 项目介绍

　　本项目主要学习国家药监局于 2020 年 12 月 1 日起正式施行的《药品记录与数据管理要求（试行）》（以下简称《要求》）的相关规定，要求中包括了纸质记录管理要求、电子记录管理要求和数据管理要求。通过完成这个项目的教学任务，能知晓药品研制、生产、经营、使用活动的记录与数据管理有着原则性的要求，重点突出，结合医药产业的实际，更好地保证药品全生命周期全过程信息真实、准确、完整和可追溯。

　　通过活动 1 的案例学习，同学们能深刻体会知法守法的具体意义和及时记录的意义以及确保数据准确性的责任意识，了解企业的 GMP 内容一定要符合国家最新出台的法规要求，做到与时俱进的修订和完善，强化证据链意识，强调"结果"，更关注"过程"，以保证药品全生命周期全过程信息真实、准确、完整和可追溯。

★ 思维导图

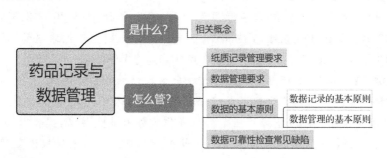

🎁 教学视频

任务1　了解药品记录与数据管理

任务目标

- 了解药品记录管理要求,了解药品数据管理要求;
- 能做到药品记录与数据的真实性;
- 具备团结合作的协作意识、知法守法的法规意识、及时记录的责任意识。

课程思政

通过活动1的案例分析,引导学生思考在制药企业不同岗位对药品研制、生产、经营、使用活动相关法律法规进行高度提炼的基础上,通过规范记录体系从而确定数据填写或录入的载体及类型,通过规范记录行为强化记录与数据真实可信可靠的责任意识。

活动内容

活动1　以下2个案例均是检查员在不同药厂检查时发现的问题,请分析这些企业违反了《药品记录与数据管理要求》哪条规定?

【案例1】　检查组在对某公司生产的××凝胶产品进行检查,××凝胶(批号:100301)批生产记录显示,灌装时间为2010年3月26日8:30—12:30,灌装机号为DG35A。同时发现在维A酸乳膏(批号:100301)批生产记录显示,灌装时间也为2010年3月26日8:15—11:00,灌装机号也为DG35A。

【案例2】　某冻干产品灌装压塞工序生产记录(注射用××××,批号:130907)和培养基模拟灌装生产记录(10mL)显示:9月26日,张某某(唯一操作人)在老车间灌装压塞、装箱、出箱这三个岗位操作人处有此人签名,操作时间:12:35-17:20,18:50-22:00;发现此人在同一时间段在新建车间培养基模拟灌装试验操作人处也进行了签名:操作时间:13:20—21:00。

知识链接

一、相关概念

记录与数据的关系是制药行业关注的重点。对此,《要求》将记录与数据同步纳入监管要求,并明确了相应的定义。

（一）数据

数据是指在药品研制、生产、经营、使用活动中产生的,反映活动执行情况的信息,包括文字、数值、符号、影像、音频、图片、图谱、条码等。

（二）记录

记录是指在上述活动中通过一个或多个数据记载形成的,反映相关活动执行过程与结果的凭证。

（三）原始数据

原始数据指初次或源头采集的、未经处理的数据。

（四）电子记录

指一种数字格式的记录,由文本、图表、数据、声音、图示或其他数字信息构成。其创建、修改、维护、归档、读取、发放和使用均由计算机(化)系统实现。

（五）电子签名

指电子记录中以电子形式所含、所附用于识别签名人身份并表明签名人认可其中内容的数据。

（六）元数据

元数据是用来定义和描述数据的数据,通过定义和描述数据,可以支持对其所描述的数据对象的定位、查询、交换、追踪、访问控制、评价和保存等诸多管理工作。

二、纸质记录管理要求

目前大部分药品生产企业的记录依然是以纸质记录为主,在 GMP 检查过程中,会发现一些不符合要求的行为,比如:有些批生产记录设计不合理,如某制剂企业盐酸奥洛他定滴眼液配制过程中,调节 pH 值时,加入计算量的盐酸后有搅拌 5 分钟的操作,但批记录的设计没有包含该操作的记录内容;有的记录未按要求领用和发放,如某企业在生产车间存放了一叠空白的批生产记录,车间工人随拿随填,填错了即更换一张;在档案室出现同一名称不同编号的文件等。这次试行的《要求》中对记录文件的设计与创建、审核与批准、印制与发放、记载与更改、收集与归档、存放与保存、使用与复制,直至最后的销毁,细化到具体的每一步操作,均有了明确的规定。

记录可以根据用途,分为台账、日志、标识、流程、报告等不同类型。从事药品研制、生产、经营、使用活动,应当根据活动的需求,采用一种或多种记录类型,保证全过程信息真实、准确、完整和可追溯。

(1)记录载体可采用纸质、电子或混合等一种或多种形式。

(2)对于电子记录和纸质记录并存的情况,应当在相应的操作规程和管理制度中明确规定作为基准的形式。

(3)应当根据记录的用途、类型与形式,制定记录管理规程,明确记录管理责任,规范记录的控制方法。

(4)从事记录管理的人员应当接受必要的培训,掌握相应的管理要求与操作技能,遵守职业道德守则。

(5)通过合同约定由第三方产生的记录,应当符合本要求规定,并明确合同各方的管理责任。

(6)记录的任何更改都应当签注修改人姓名和修改日期,并保持原有信息清晰可辨。必要时应当说明更改的理由。

(7)记录文件的样式设计与创建应当满足实际用途,便于识别、记载、收集、保存、追溯与使用,内容应当全面、完整、准确。

(8)应当规定记录文件的审核与批准职责,明确记录文件版本生效的管理要求,防止无效版本的使用。

(9)记录文件的印制与发放应当根据记录的不同用途与类型,采用与记录重要性相当的受控方法,防止对记录进行替换或篡改。

(10)应当明确记录的记载职责,不得由他人随意代替,并采用可长期保存、不易去除的工具或方法。原始数据应当直接记载于规定的记录上,不得通过非受控的载体进行暂写或转录。

(11)记录的收集时间、归档方式、存放地点、保存期限与管理人员应当有明确规定,并采取适当的保存或备份措施。记录的保存期限应当符合相关规定要求。

(12)记录的使用与复制应当采取适当措施防止记录的丢失、损坏或篡改。复制记录时,应当规定记录复制的批准、分发、控制方法,明确区分记录原件与复印件。

(13)应当确定适当的记录销毁方式,并建立相应的销毁记录。

三、电子记录管理要求

随着信息化程度的不断深入,一些计算机(化)系统所产生的数据与记录形式也越来越复杂,相比简单系统产生的静态数据(如图谱结果、天平称量结果等)而言,由复杂系统产生的大量动态数据(指能反映动态过程的记录)将很难单纯用纸质记录展现其真实情况。因此,电子记录显得更为便捷和可追溯。但实际中依然存在一些问题:如某企业质量部计算机权限审核表中内容与某岗位实际计算机权限不一致,有的勾选了"记住密码"登录,有的计算机时间修改未锁定,有的企业高效液相的电子图谱一年备份一次等。《要求》中对采用电子记录的计算机(化)系统的设施与配置、系统与业务功能、操作权限与用户登录、确认与验证等进行了明确规定,确保其符合所需,也推动了部分企业在计算机(化)系统方面的工作落实,如保留系统操作日志,所有修改痕迹均自动保留,生成审计追踪报告并可打印,从而实现"真实、准确、完整和可追溯";具备严格的用户权限设置与分配功能,能够对权限的修改进行跟踪与查询,以确保记录的安全性及有效性。

(1)电子记录至少应当实现原有纸质记录的同等功能,满足活动管理要求。

(2)采用电子记录的计算机(化)系统应当满足以下设施与配置:

①安装在适当的位置,以防止外来因素干扰;

②支持系统正常运行的服务器或主机;

③稳定、安全的网络环境和可靠的信息安全平台;

④实现相关部门之间、岗位之间信息传输和数据共享的局域网络环境;

⑤符合相关法律要求与管理需求的应用软件与相关数据库;

⑥能够实现记录操作的终端设备及附属装置;

⑦配套系统的操作手册、图纸等技术资料。

(3)采用电子记录的计算机(化)系统至少应当满足以下功能要求:

①保证记录时间与系统时间的真实性、准确性和一致性;

②能够显示电子记录的所有数据,生成的数据可以阅读并能够打印;

③系统生成的数据应当定期备份,备份与恢复流程必须经过验证,数据的备份与删除应有相应记录;

④系统变更、升级或退役,应当采取措施保证原系统数据在规定的保存期限内能够进行查阅与追溯。

(4)电子记录应当实现操作权限与用户登录管理,至少包括:

①建立操作与系统管理的不同权限,业务流程负责人的用户权限应当与承担的职责相匹配,不得赋予其系统(包括操作系统、应用程序、数据库等)管理员的权限;

②具备用户权限设置与分配功能,能够对权限修改进行跟踪与查询;

③确保登录用户的唯一性与可追溯性,当采用电子签名时,应当符合《中华人民共和国电子签名法》的相关规定;

④应当记录对系统操作的相关信息,至少包括操作者、操作时间、操作过程、操作原因;数据的产生、修改、删除、再处理、重新命名、转移;对计算机(化)系统的设置、配置、参数及时间戳的变更或修改。

⑤采用电子记录的计算机(化)系统验证项目应当根据系统的基础架构、系统功能与业务功能,综合系统成熟程度与复杂程度等多重因素,确定验证的范围与程度,确保系统功能符合预定用途。

四、数据管理要求

药品行业的特殊性,决定了药品质量的极端重要性。作为药品质量属性的载体,数据的可靠性也就具有了非凡的意义。

数据是指在药品研制、生产、经营、使用活动中产生的,反映活动执行情况的信息,包括文字、数值、符号、图谱等,而数据的可归属性、清晰可辨性、原始性和可靠性是数据检查的重点。如检查发现某企业存在删除图谱现象,且未记录原因;用供试品溶液试进样,挑选 RSD 值接近的色谱图;更衣室压差计显示压差为 12Pa,开门后压差计不能归零等。《要求》根据数据的来源与用途,将数据分为基础信息数据、行为活动数据、计量器具数据、电子数据和其他类型数据,并针对相应特点,分别在管理规程、确认与复核、计量与校验管理、计算机系统等方面提出了不同要求。

(1)从事数据管理的人员应当接受必要的培训,掌握相应的管理要求与操作技能,遵守职业道德守则。

(2)通过合同约定由第三方产生的数据,应当符合本要求规定,并明确合同各方的管理责任。

(3)对于活动的基础信息数据和通过操作、检查、核对、人工计算等行为产生的行为活动数据,应当在相关操作规程和管理制度中规定记载人员、记载时间、记载内容,以及确认与复核方法的要求。

(4)从计量器具读取数据的,应当依法对计量器具进行检定或校准。

(5)经计算机(化)系统采集、处理、报告所获得的电子数据,应当采取必要的管理措施与技术手段:

①经人工输入由应用软件进行处理获得的电子数据,应当防止软件功能与设置被随意更改,并对输入的数据和系统产生的数据进行审核,原始数据应当按照相关规定保存;

②经计算机(化)系统采集与处理后生成的电子数据,其系统应当符合相应的规范要求,并对元数据进行保存与备份,备份及恢复流程必须经过验证。

(6)其他类型数据是指以文档、影像、音频、图片、图谱等形式所载的数据。符合下列条件的其他类型数据,视为满足本要求规定:

①能够有效地表现所载内容并可供随时调取查用;

②数据形式发生转换的,应当确保转换后的数据与原始数据一致。

五、数据的基本原则

药品记录与数据管理的基本要求是数据真实、准确、完整和可追溯。为保证数据可靠性和数据完整性，我们要做到"ALCOA+CCEA"原则。

(一)数据的基本原则

数据的基本原则也就是 ALCOA 原则。

ALCOA 中的第一个 A 是"可归因于的"英文 attributable 的简称，代表药品记录可追溯到人，要求数据必须可以追溯到是哪个人进行了这个业务，或者是哪个系统产生了这个数据；为了保证达到这个目的，要做到以下 4 条：

(1)用户必须使用足够安全复杂的密码，确保不被冒用和被同事猜出。

(2)用户必须在一个安全的地方保存密码，其他人不能轻易接触到。

(3)到换班时候，确保有技术能力(例如系统不支持，用户可能被要求加班生产完一批次后再走)和清晰 SOP 要求(例如清楚的换班表)保障用户账号及时切换。

(4)如果账号唯一与区分到人技术上做不到的，则需要纸质操作日志本＋有限共用账号一起使用。

ALCOA 中的 L 是"清晰可读的"，英文 legible 的简称，要求药品记录清晰可分辨。为了保证达到这个目的，必须做到以下 2 条：

(1)数据与记录的修正严格按照 GMP 要求，原始错误数据不能被遮盖，并按规定签注修改人姓名、时间、修改后的数据，必要时应当说明更改的理由。

(2)有打印功能的应启用，不得已需要手写数据的，字迹应清晰可辨，使用不褪色的墨水。

ALCOA 中的 C 是"同时发生的"英文 contemporaneous 的简称，要求记录与操作同步生成。为了保证达到这个目的，必须做到以下 3 条：

(1)要求即时记录，完成一项工作步骤后，应即刻记录当下行动内容和时间日期。

(2)要保证可信赖的时间源，即要有验证过受控的网络时钟或者是官方定期校准的钟表(记录 GMP 数据时使用个人腕表、手机是不可接受的)，且工作环境中应把上述时间源设置在显眼方便的地方。

(3)特殊情况(比如无菌环境操作)无法即刻记录时，需事先识别，并且在 SOP 规定详细流程，事后有条件立刻记录；或者由第二人记录，当事人事后确认记录。

ALCOA 中的 O 是"原始的，原来的"英文 original 的简称，要求药品记录的数据必须是第一手数据，未经改变的数据。为了保证达到这个目的，必须做到：

(1)正式的：GMP 数据必须直接记录在受控的正式的媒介上〔纸质的：生产批记录、操作日志本等；电子的：LIMS(实验室信息管理系统)、MES(生产信息化管理系统)等],不得临时写在草稿本上。

(2)第一次:用户必须如实记录第一次显示读数(测量读数、校准读数),即便是这个读数可能导致生产和检测不合格。

(3)替旧换新:因为纸张破损或者污染,导致需打印换新的,需要同时在同一本内保留旧的页码。

(4)空白受控:用户不得使用空白表格替换有错误、不利信息的记录表格(要有相关证明如何排除这个可能性)。

(5)非法复印:通过有色字迹,打水印,打印机受控等方法避免受控文件、图谱被复印替换。

(6)页码编号:表格设计,唯一流水代码识别号,确保后期不被替换。

(7)就近原则:记录的产生应在数据产生的附近(地点、设备、仪器),现场检查发现上述原则可能被违背,则说明可能存在临时数据记录本的可能。

(8)未使用表格:未使用完的表格应有流程控制回收或者销毁,表格的电子模板应该专人管理。

(9)动态数据和静态数据:日常工作流程中,应确保检查者可以看到动态数据的全部数据(原始数据的动态可编辑模式+审计追踪等元数据)。

ALCOA 中的最后这个 A 是"准确的"英文 accurate 的简称,要求药品数据记录和计算、分析等转换过程是准确且可靠的。为了保证达到这个目的,必须做到以下 4 条:

(1)有能力有资质:严格按照 SOP 操作,且经过培训与考核,确保结果的准确性。

(2)必要的自检:手工录入数据时,校准仪器时。

(3)实验室环境:仪器必须在校准有效期内,且仪器量程、图谱分辨率选择恰当;同时检测方法与参数也符合要求。

(4)保障准确性,需要满足以下三点:数据输入或者输出时且用于质量决策之前,必须有纸质数据人工复核(比如在抄录数据表格、图谱上签字确认内容无误),或者是电子数据 CSV(计算机化系统验证)功能验证(比如图谱的电子签名功能);数据必须有防篡改功能;数据必须保存在一个安全的地方。

(二)数据管理的基本原则

数据管理的基本原则也就是 CCEA 原则。

CCEA 的第一个 C,是"完整的"英文 complete 的简称。要求药品记录的数据都必须是完整的,无遗漏。完整的数据:是指用户在 GMP 业务中产生、收集和保存的所有数据,包括原始数据(original data)、衍生数据(derived data)和结果、元数据(metadata)、同审计追踪记录(audit trail)。为了保证达到这个目的,必须做到以下 4 条:

(1)数据完整性要求用户事无巨细收集整个数据创建、修改、最终保存的所有数据,而不能只选择符合标准的数据。

(2)当多个数据同时产生(描述同一个 GMP business process),用户必须确保所有数据都被正式记录和上报;与此同时,所有操作者的操作都必须被记录。

(3)清晰的流程:在依据数据进行决策前,应该有 SOP 指导用户,如何完整地回顾审视(invalidate)原始数据与元数据(i. e. method audit trail, result audit trail, system audit trail 等),数据决策的方法和范围都要有定义。

(4)不得删除:通常情况下,普通用户不得有删除数据的能力;因为数据迁移或者数据过保存有效期,需要删除数据的需要走流程申请。

CCEA 的第二个 C,是"一致的"英文 consistent 的简称。要求药品记录与实际生成逻辑顺序一致,现实的记录人与实际操作者相一致。为了保证达到这个目的,必须做到以下 2 条:

(1)审核人应首先考察"数据是否可信",然后再基于数据是否符合标准来做质量决策。数据是否可信的考察方法有:检查审计追踪记录与其他元数据;检查带时间戳的操作序列记录,有无异常突兀的时间,(在数据库)检索"删除,修改,重复"等关键词;针对有疑问的记录向上记录(比如想考察液相图谱,可以向前看其样品准备过程)。

(2)多种数据/记录同时存在时(手写的调参数记录 vs 设备自带的参数调整记录),需要考虑其一致性,并分析其有差异的原因。

CCEA 的 E,是"持久的"英文 enduring 的简称。要求药品记录原始数据长久保存,不易剔除、遗失。为了保证达到这个目的,必须做到以下 3 条:

(1)全数据保存周期内:安全保存,完整可读(包括归档数据)。

(2)异地保存:数据应在数据产生的系统之外第二个地方有一份安全保存

(3)表格及工作表(form and worksheet):GMP 表格使用受控(包括 Type I 台账类和 Type II 计算类)。

CCEA 的 A 是"可获得的"英文 available 的简称。要求药品记录的数据在审核时可获取,不被隐藏。为了保证达到这个目的,必须做到以下 2 条:

(1)可用性:包括纸质数据和电子数据,都应该妥善保存,登记在册地保存在一个安全的地方(档案室或服务器),供检查之用;

(2)可检索:对于电子数据,有特定的命名原则,同时有恰当的技术手段,帮助检索分类之用。

六、数据可靠性检查常见缺陷

数据可靠性检查常见缺陷详见表 1-2。

表 1-2　数据可靠性检查常见缺陷

关键词	缺陷	可能原因
审计追踪	使用的软件缺少数据审计追踪功能,数据更改和删除没有记录。	硬软件配置不当
计算机	(1)使用计算机软件处理数据的系统,缺少密码或其他方式控制系统登录; (2)共用管理员账号登录系统; (3)在计算机操作系统(如 windows)下,保存在硬盘中的图谱文件的删除、复制、剪切等不受控。	对规范认知不足或对规程执行不到位
更改、编造记录	(1)更改计算机系统时间;审计跟踪显示,计算机系统时间更改过;现场检查时,部分仪器的系统时间不是当前时间; (2).org 文件与.dat 文件没有一一对应; (3)系统性编造记录,按照生产工艺和质量标准,编造原辅料购入、原辅料检验、批生产记录、批检验记录、日常环境记录等,隐瞒实际生产数量,逃避监管。	任意修改,违背数据管理基本原则
记录填写	(1)环境监测数据,"完美"的微生物监测和粒子数监测; (2)"完美"的培养基模拟分装试验结果(同步观察); (3)偏差极少或几乎没有偏差或 OOS; (4)生产记录看不到返工、重新加工和回收之类的记录,尾料可能被废弃吗? (5)称量过程:实际反复多次称量,仅记录结果;含量测定项目进针针数不足,缺少平行样; (6)誊写记录:批记录不是现场实时同步记录,无法反映真实生产过程,生产/质量部门对现场操作活动无法掌控。	记录不实,有作假嫌疑
记录管理	(1)未保留原始纸质或电子记录或数据(或经确认的/真实的副本); (2)电子数据缺少定期备份;文档储存场地缺少相应的安全措施; (3)生产/检验记录反映不出实际操作过程,比如记录反应三小时,无起止时间; (4)空白的批生产记录(或批检验记录、辅助记录等)不受控,传统人工的文件管理方式,文件更新时,个别关联文件未更新。	记录(及模板)管理不当,影响使用和追溯

七、数据可靠性常见的问题

在近几年的 GMP 检查中发现的数据可靠性问题常见的有：

(1)记录丢失或者不完整：例如生产批记录和检验记录。

(2)实验室图谱处理不规范：例如重复处理或者滥用手动积分。

(3)职责和人员设置不合理：例如权限未隔离，操作员或者分析员有编辑权限。

(4)OOS、OOT 调查不足：例如偏差调查不足，记录回顾不够。

(5)验室仪器、生产设备缺陷：例如数据保护功能，审计追踪功能缺失等。

课后作业

一、选择题

二、填空题

1. 记录文件的设计与创建应当满足（　　），样式应当便于识别、记载、收集、保存、追溯与（　　），内容应当全面、完整、准确反映所对应的活动。

2. 应当规定记录文件的审核与批准职责，明确记录文件（　　）生效的管理要求，防止（　　）的使用。

3. 原始数据应当（　　）记载于规定的记录上，不得通过非受控的载体进行暂写或转录。

4. 记录的任何更改都应当签注修改人姓名和修改日期，并保持原有信息（　　）。必要时应当说明更改的（　　）。

5. 记录的使用与复制应当采取适当措施防止记录的丢失、（　　）或篡改。

三、简答题

1. 数据可由哪几种情况产生？

2. 数据管理系统应当具备安全保障措施确保数据的安全，包括但不限于哪些常见的措施？

模块二　药品生产企业质量管理

项目一　认识理解 GMP

本项目主要由案例引入 GMP 的产生与发展过程,学习和了解 GMP 的结构组成与基本内容。通过完成 2 个教学任务,能基本了解 GMP 在药品企业生产过程中需要知晓哪些内容,学习这些规范在指导企业生产和工作中的意义。通过任务 1 的案例学习,学生要能深刻体会基本的职业道德和素养,并能在今后的工作中认真遵守和执行。

⭐ 思维导图

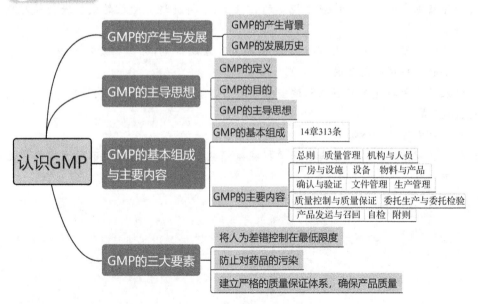

教学视频

任务 1　理解 GMP 的内涵

任务目标

· 了解药品 GMP 的重要性,了解药品 GMP 的产生与发展,掌握药品 GMP 的主导思想;

· 能使用相应的 GMP 条款对具体事件进行分析;

· 具备团结合作的协作意识、为人民生命健康负责的职业道德和素养。

课程思政

通过对 GMP 内容的学习和活动 1 中的案例分析,让学生了解药品生产管理规范,培养学生对人民生命健康负责的职业道德和素养。

活动内容

活动 1　请问下面二起药难事件产生的原因及解决措施有哪些?填表 2-1 从思政的角度,思考二起药难事件存在的职业道德问题。

表 2-1　药难事件产生的原因及解决措施

分析主题	原因及措施	GMP 相对应的条款
"反应停"事件		
磺胺酏事件		

一、药品 GMP 起源与发展

(一)药难事件回放

【案例 1】　磺胺酏事件

1937 年,美国一家公司的主任药师瓦特金斯(Harold Wotkins)为使小儿服用方便,用二甘醇代替酒精作溶剂,配制色、香、味俱全的口服液体制剂,称为磺胺酏剂,未做动物实验,在美国田纳西州的马森吉尔药厂投产后,全部进入市场,用于治疗感染性疾病。当时的美国法律是许可新药未经临床试验便进入市场的。到这一年的 9~10 月间,美国南方一些地方开始发现患肾功能衰竭的病人大量增加,共发现 358 名病人,死亡 107 人(其中大多数为儿童),成为 20 世纪影响最大的药害事件之一。1937 年的"磺胺酏事件"促使美国国会通过《食品、药品和化妆品法》(Food, Drugs, and Cosmetic Act,简称 FDCA,1938),对西方药学产生了重大影响。

【案例 2】　"反应停"事件

沙利度胺最早由德国格仑南苏制药厂开发,1957 年首次被用作处方药。沙利度胺推出之始,科学家们说它能在妇女妊娠期控制精神紧张,防止孕妇恶心,并且有安眠作用。因此,此药又被叫作"反应停"。20 世纪 60 年代前后,欧美至少 15 个国家的医生都在使用这种药治疗妇女妊娠反应,很多人吃了药后的确就不吐了,恶心的症状得到了明显的改善,于是它成了"孕妇的理想选择"(当时的广告用语)。于是"反应停"被大量生产、销售,仅在联邦德国就有近 100 万人服用过"反应停"。

1959 年,西德各地出生过手脚异常的畸形婴儿。伦兹博士对这种怪胎进行了调查,于 1961 年发表了"畸形的原因是催眠剂反应停",使人们大为震惊。经过调查证实,母亲从停止月经算起,34~54 天之内,服用此药后,迟早会出现各种不同的症状。基因上的生命密码在正常情况下,手脚的长度、5 个手指等都应当按照指令有规律地形成。可是反应停药物能使这种指令在某一部位受到阻碍,其结果就产生畸形儿。截至 1963 年,在世界各地,如西德、美国、荷兰和日本等国,由于服用该药物而诞生了 12000 多名这种形状如海豹一样的可怜的婴儿。

(二)GMP 的诞生

药难事件发生后,美国食品药品监督管理局(FDA)派专家到企业调查,发现造成这些药难事件的原因是多方面的,共性问题是缺乏有效的质量保证体系,由此提出了药品生产必须有质量管理规范。

1963 年,美国国会将《药品生产质量管理规范》(Good Manufacturing Practice,GMP;又译为良好操作规范)颁布为法令,要求国内所有制药企业遵照执行,从此产生了世界上第一部 GMP。1964 年美国开始执行 GMP,1976 年又对其进行了修订,并作为国家的法规予以实施,1975 年 WHO 的 GMP 正式颁布。至今已有 100 多个国家和地区实行了 GMP 制度。

(三)GMP 的类型

目前各国使用的 GMP 有三类:

(1)是国际性的,如 WHO 的 GMP、欧洲自由贸易联盟的 GMP、欧洲共同体的 GMP、东南亚国家联盟的 GMP 等;

(2)是国家性的,如美、日、法、英、澳以及我国制订的 GMP;

(3)是行业性的,如国际制药联合会、日本制药工业协会等。

二、熟知 GMP 主导思想

定义:GMP 是指在药品生产全过程中,为了确保药品安全、有效、均一,对生产和质量进行管理的基本准则。

GMP 的目的:在药品生产的全过程中,以科学的方法和有效的措施对各项可能影响药品质量的因素加以全方位的控制,把可能对药品造成污染、混杂、差错的因素降到最低程度,确保生产出来的药品安全有效,稳定均一。

GMP 的主导思想:任何药品质量的形成是生产出来的,而不是检验出来的。因此,必须强调预防为主,在生产过程中建立质量保证体系,实行全面质量管理,确保药品质量。GMP 强调的是过程控制,实际上是把传统的药品控制方法"成品检验"的重心向前移动,确保药品生产过程符合规范要求,那么,生产出来的成品自然而然就合格了。

任务 2　了解药品 GMP 的主要内容

任务目标

- 熟悉药品 GMP 的结构组成,了解药品 GMP 的主要内容,了解药品 GMP 的三大要素;
- 能用 GMP 法规思想来分析药品生产过程存在的问题;
- 具备团结合作的协作意识、知法守法的法规意识。

课程思政

通过学生实际操作,熟悉 GMP 的主要内容和相关规定在提高学生职业素养中的作用。

活动 1　根据以下问题,讨论与这些问题相对应的 GMP 内容,了解 GMP 的重要性,体会具备知法守法的法规意识在实际工作中的必要性(见表 2-2)。

表 2-2　药品生产过程中存在的问题与 GMP 内容相关性分析

编号	药品生产过程中存在的问题	可能导致的结果	GMP 相对应的条款
1	片剂重量差异不合格		
2	注射剂澄明度不合格		
3	计量器具没进行校验		
4	生产结束没进行清场		

续表

编号	药品生产过程中存在的问题	可能导致的结果	GMP 相对应的条款
5	中药浸膏干燥时将烘箱干燥改为沸腾干燥		
6	生产金银花露时所用金银花杂质超过规定限度		
7	中药贵细药材少投料或不投料		
8	中药材没按规定进行提取，直接粉碎入药		
9	某胶囊装量差异不合格		
10	物料平衡超过规定限度		

❄ 知识链接

一、药品 GMP 的结构组成与主要内容

根据中华人民共和国卫生部部长签署的 2011 年第 79 号令,《药品生产质量管理规范(2010 年修订)》(以下简称"新版 GMP")已于 2010 年 10 月 19 日经卫生部部务会议审议通过,自 2011 年 3 月 1 日起施行。新版共 14 章,313 条。

GMP 管理的基本内容如下:GMP 总体内容包括机构与人员、厂房和设施、设备与仪器、卫生与洁净管理、文件与记录管理、物料与产品控制、生产管理、质量管理、发运和召回管理等方面内容,涉及药品生产与质量的各个方面,强调通过对生产全过程的质量管理来保证生产出优质药品。

二、GMP 的三大要素和相关规定

(一)GMP 的三大要素

GMP 三大目标要素是:(1)将人为的差错控制在最低限度;(2)防止对药品的污染;(3)建立严格的质量保证体系,确保产品质量。

(二)基于三大要素的相关规定

与 98 版相比,在管理和技术要求上有相当大的进步。特别是对无菌制剂和原料药的生产方面提出了很高的要求。新版 GMP 以欧盟 GMP 为基础,考虑到国内差距,以 WHO2003 版为底线。

在新版 GMP 中,适时引入了质量风险管理新理念,比如明确要求企业建立质量管理体系,在质量管理中引入风险管理,强调在实施 GMP 中以科学和风险为基础。

药品生产过程存在污染、交叉污染、混淆和差错等风险,不能简单按照质量标准通过检验来发现问题,必须在生产过程中加以控制。

所以,新版 GMP 中引入风险管理的理念,并相应增加了一系列新制度,如供应商的审计和批准、变更控制、偏差管理、超标(OOS)调查、纠正和预防措施(CA-PA)、持续稳定性考察计划、产品质量回顾分析等,分别从原辅料采购、生产工艺变更、操作中的偏差处理、发现问题的调查和纠正、上市后药品质量的持续监控等方面,对各个环节可能出现的风险进行管理和控制,促使生产企业建立全链条的、相应的制度,及时发现影响药品质量的不安全因素,主动防范质量事故的发生,以最大限度保证成品和上市药品的质量。

其次是引入了质量管理体系的新理念。新版 GMP 明确要求制药企业建立全面、系统、严密的质量管理体系,并且必须配备足够的资源,包括人力资源和管理制度来保证质量管理体系的有效运行。

新版 GMP 体现了全员参与质量管理的理念,强调法人、企业负责人,包括质量负责人、质量受权人等高层管理人员的质量职责,使得药品生产企业的质量管理更为全面深入。这是对"企业是药品质量第一责任人"的进一步落实,体现了制度化管理的现代企业管理理念。

新版药品 GMP 的特点首先体现在强化了软件方面的要求。一是加强了药品生产质量管理体系建设,大幅提高对企业质量管理软件方面的要求,细化了对构建实用、有效质量管理体系的要求,强化药品生产关键环节的控制和管理,以促进企业质量管理水平的提高。二是全面强化了从业人员的素质要求,增加了对从事药品生产质量管理人员素质要求的条款和内容,进一步明确职责。如新版药品 GMP明确药品生产企业的关键人员包括企业负责人、生产管理负责人、质量管理负责人、质量受权人等必须具有的资质和应履行的职责。三是细化了操作规程、生产记录等文件管理规定,增加了指导性和可操作性。

在硬件要求方面,新版 GMP 提高了部分生产条件的标准。一是调整了无菌制剂的洁净度要求。为确保无菌药品的质量安全,新版 GMP 在无菌药品附录中采用了 WHO 和欧盟最新的 A、B、C、D 分级标准,对无菌药品生产的洁净度级别提出了具体要求;增加了在线监测的要求,特别对悬浮粒子,也就是生产环境中的悬浮微粒的静态、动态监测,对浮游菌、沉降菌(生产环境中的微生物)和表面微生物的监测都作出了详细的规定。

另外,增加了对设备设施的要求。对厂房设施按照生产区、仓储区、质量控制区和辅助区分别提出设计和布局的要求;对设备的设计和安装、维护和维修、使用、清洁及状态标识、校准等几个方面也都作出具体规定。

　　活动 2　分组研讨药品 GMP 的组成要素及其相关规定在药品生产中的具体作用和指导意义。

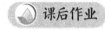 课后作业

一、选择题

二、填空题

1. GMP 的中文含义是(　　　　　　　　　　　)。

2. GMP 的类型分为以下三类(　　　)、(　　　)、(　　　)。

3. GMP 是指在药品(　　)全过程中,为了确保药品(　　)、(　　)、(　　)对生产和质量进行管理的基本准则。

4. 新版 GMP 共(　　)章(　　)条。

5. 药品生产过程中存在(　　)、(　　)、(　　)、(　　)等风险,不能简单按照质量标准通过检验来发现问题,必须在生产过程中加以控制。

三、简答题

1. 药品 GMP 的三大要素是什么?

2. 新版 GMP 在产品质量管理上有哪些变化?

3. GMP 的主导思想是什么?

项目二　认识药品生产企业的人员和卫生管理

项目介绍

本项目主要学习药品生产企业人员与卫生管理相关规定。GMP 条款包括了机构与人员管理这章内容,主要包含机构与人员管理原则、机构设置、关键人员与职责、人员培训、人员卫生等内容的法规条款。通过完成 3 个教学任务,能掌握药品生产企业人员培训及卫生管理要求;熟悉药品生产企业的机构设置、部门职能;了解企业关键人员的任职资格及工作职责。通过任务 1 的案例学习,同学们能深刻认识药品生产企业机构与人员设置及管理要求,树立自己的职业目标。通过任务 2 的学习,配合任务 3 人员进出洁净区的实训,同学们能对药品生产企业人员培训和人员卫生的 GMP 管理加深认识,以自身行为践行 GMP 标准。通过任务 3 的学习,同学们会使用人员净化设施;会正确穿戴不同洁净区的工作服;能正确进出不同级别的洁净区。

思维导图

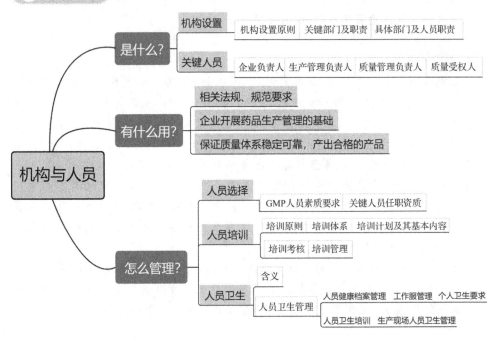

教学视频

任务 1　了解药品生产企业的组织机构设置和职责

任务目标

• 掌握 GMP 对人员素质要求,熟悉药品生产企业关键人员分类及任职资格,了解药品生产企业机构设置和职能;

• 能判断药品生产企业各部门的职能,清楚企业各岗位的职责;

• 具备团结合作的协作意识,知法守法的法规意识及独立判断的能力,为后续岗位实习及工作奠定基础。

课程思政

通过任务中的案例分析,引导学生思考制药企业岗位设置和岗位职责的意义,树立全员全过程质量管理意识,做到知法守法。

活动内容

案例分析　2006 年 4 月 22 号开始,广州中山大学第三附属医院的重症肝炎病人,使用齐齐哈尔第二制药厂生产的亮菌甲素注射液后,出现急性肾功能衰竭症状。事件中共有 65 名患者使用了该批号的亮菌甲素注射液,共导致 13 名患者死亡,2 名患者受到严重伤害。经食药监部门、公安部联合调查,"齐二药事件"的主要原因是药厂原辅料采购、质量检验工序管理不善,相关主管人员和相关工序责任人违反有关药品采购及质量检验的管理规定,购进了以二甘醇冒充的丙二醇并用于生产亮菌甲素注射液,最终导致严重后果。进一步调查发现,齐齐哈尔第二制药厂的检验人员只有初一文化,未经培训不太懂化学的检验室主任在明知产品质量有问题,竟在领导示意下出具假合格证书。

黑龙江省食品药品监管局吊销齐二药厂药品生产许可证,并处以 1000 多万元的巨额罚款,该厂 170 多个药品批准文号自动作废。齐二药厂 5 名责任人及销售假丙二醇的犯罪分子均被警方抓捕归案,都被判处 7 年以下的有期徒刑。

请对该案例进行分析,将记录填写在表 2-3 中。

表 2-3 案例分析记录

思考问题	原因分析	纠正预防措施
导致"齐二药事件"的原因有哪些?		
个人感悟		

知识链接

组织机构的合理设置是制药企业开展药品生产管理的工作基础,也是药品 GMP 存在及运行的基础。组织机构的设置要与企业的规模、人员素质、经营和管理方式相适应。其中,质量管理部门的设置及其职责的明确是开展药品质量管理工作的基础。

一、制药企业组织机构的设计

药品生产企业要遵循质量管理的八项原则,建立健全现代化企业的质量管理体系。组织机构设置应考虑到企业经营机制、药品生产特点、企业规模等因素,使其有利于药品生产和质量管理。

设置组织机构的要求如下:

(1)组织机构的建立要与质量管理体系相适应,包括:各级质量管理机构的设置;明确各机构的隶属关系;明确各机构的职责范围;明确各机构之间的工作衔接;形成各级质量管理工作网络等。

(2)应以 GMP 规定的药品生产全过程的要求为主要依据,按职能分工,以一定格局设置各职能部门,其中包括在建制的职能部门和非在建制的质量管理活动组织和网络。

(3)药品生产企业应制定相关的设岗定编规定,使各部门配合适当,运转自如,高效有序,充分体现出组织机构系统的严密性和协调性。

二、制药企业关键部门的分配及职能

药品生产企业中设置的各部门应做到因事设岗、因岗配人,使全部质量活动都能落实到岗位和人员。各部门既有明确的分工,又有相互协作和相互制约的关系,如图 2-1 所示。

(一)领导层

药品生产企业领导层负责制定与实施质量管理的方针政策;建立健全企业的质量管理体系,并使其有效运行;组织并全面落实 GMP 的实施与认证。

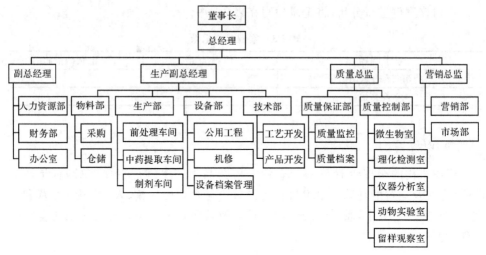

图 2-1　药品生产企业组织机构

(二)质量管理部门

质量管理部门负责企业质量管理体系运行过程中的协调、监督、审核和评价工作;负责药品生产全过程的质量检验和质量监督工作;开展质量审核工作,向企业内部提供质量保证。

(三)生产部门

生产部门应按 GMP 要求组织生产,编制生产规程等文件;防止药品污染、混淆及差错,使生产过程始终处于受控状态;组织工艺验证,确保生产出合格产品。

(四)工程部门

工程部门负责按照 GMP 要求选择设备及其型号并安装等;负责企业设备、设施的维修、保养及管理(包括生产设备、公用工程设备、检测设备、辅助用设备等);组织好有关设备、设施的验证工作;保证计量器具的完好程度和量值传递的准确性;保证提供符合生产工艺要求的水、电、气、风、冷等。

(五)供应部门

供应部门需配合质量管理部门对主要物料供应商进行质量体系评估;严格按物料的质量标准购货;对供应商进行管理,保证供应渠道畅通;按 GMP 要求做好物料的收、贮、发等工作。

(六)研究开发部门

研究开发部门负责设计、制定原辅材料的质量、规格及检验方法;设计剂型;通过临床试验确定药品的适应性;确定中间控制项目及其方法与标准;确定生产规程;选择合适的包装形式并制定包装材料的质量、规格;制定成品的质量、规格及检验方法;确定药品稳定性等。

(七)销售部门

在新产品开发之后,重点是市场开发,销售部门切实做好销售记录,确保每批产品售后的可追踪性;负责把产品质量问题和用户投诉信息及时反馈给质量管理部门和生产部门。

三、各部门具体职能与人员职责

GMP对药品生产企业的组织机构、生产和质量管理负责人素质、从事药品生产和质量检验人员都提出明确的要求。药品生产企业的组织机构要与现代化生产相适应,要与实施全面质量管理(TQM)和药品生产质量管理规范(GMP)相适应。制药企业要以质量管理为核心,以人为本是管理的基础,全面提高企业人员的素质和强化质量意识,严格遵守规程和工艺,才能生产出合格的产品。

(一)质量部职能

1. 质量保证部门(QA部)的职能

(1)QA部直属于质量总监领导,负责全公司药品质量的对内对外管理。

(2)负责全公司药品生产质量管理文件的签发和管理,负责质量和验证等相关档案的管理。

(3)负责产品原辅料、包装材料供应商资质的审查,负责有关设备、仪器供应商资质的审核。

(4)负责决定原辅料和中间产品是否允许投料,成品是否允许出厂,包装材料及标签、说明书是否允许使用。

(5)负责库房和车间的原辅料、中间产品、包装材料及成品的储存条件监控,负责生产全过程和生产环境的质量监控,负责检验工作的质量监控和实验动物房的监控。

(6)负责制定和修订原辅料、包装材料、中间产品和产品的质量标准及审核检验操作规程。

(7)质量保证部对退回药品和不合格药品有决定权和否决权。

(8)负责批记录的审核、整理和档案保存,并负责发放产品合格证。

(9)负责药品的售后服务(药品的质量跟踪、用户的质量投诉和药品不良反应监控),对重大质量问题向药品监督管理局和有关部门报告。

(10)负责员工有关药品质量方面知识的培训。

(11)负责组织企业的验证和GMP自检工作。

2.质量监控员(QA人员)的职责

(1)监控GMP文件的起草、审核、批准、修订、发放和收回的执行情况。

(2)监控物料供应商的资质认证和试生产情况以及合格、待验、不合格物料的存放、保管和处理情况。

(3)监控生产、检验用仪器设备按照GMP管理规范进行购置、验收、安装运行与验证,监控计量仪器校验执行。

(4)监控厂房洁净区的压差、风速、空气悬浮粒子数和沉降菌数是否符合药品生产要求。

(5)监控生产中注射用水、纯化水是否符合药品生产要求。

(6)监控药品生产过程中清场、设备状态标志、洁净工作服等管理规程的执行情况。

(7)监控生产人员进出洁净区时对相关规程的执行情况及人员卫生情况。

(8)监控生产过程中生产管理规程和工艺规程的执行情况。

(9)监控生产过程中车间物料存放、处理情况。

(10)监控生产检验用设备的运行、维修、保养记录的填写情况。

(11)监控产品售后用户不良反应、质量投诉情况。

(12)监控产品的退货处理、不合格品的销毁情况。

(13)负责进厂物料、中间产品、产品的取样、留样以及取样证、合格证、不合证的发放。

(14)负责物料、中间产品、产品的批生产记录、检验报告的审核评价。

(15)负责对人员进行质量保证方面的培训工作。

(16)对生产现场中不符合质量要求的或违反操作规定的有权制止,并上报QA负责人。

(17)对生产过程中出现的异常情况及偏差,应协助车间查找原因,提出解决方案措施,并监督其执行情况。

(18)在执行监督过程中,应坚持原则、实事求是,不得弄虚作假。

(19)参加质量分析事故的处理和质量分析会议,负责车间内部质量信息的收集。

(20)QA人员有全面行使质量保证的权力,对不合格品有权制止其流入下道工序,对违规行为有权制止。

(21)日常工作受QA负责人检查。

3.质量检验部门(QC部)的职能

(1)QC部直属于质量总监领导,负责全公司产品质量的检验工作,并出具质量检验报告。

(2)负责原辅料、包装材料、中间产品和成品及工艺用水的理化检验、微生物检验和产品稳定性试验。

(3)负责洁净车间和无菌检验室的环境监测。

（4）负责制定检验操作规程和检验方法研究。

（5）负责 QC 人员的专业技术培训。

（6）负责实验室仪器设备器具管理和试剂、菌种、溶液管理。

（7）负责实验动物的喂养和管理。

（8）负责各检验室的管理和实验动物房的管理。

4.质量检验员（QC 人员）职责

（1）认真贯彻 GMP，严格执行《药品管理法》，对检验的准确性负责。

（2）严格执行各种检验操作规程，认真做好本岗位的检验工作。

（3）严格遵守实验室的各种规章制度和管理规程。

（4）做好原辅料、包装材料、中间产品、成品、工艺用水和环境监测的各种指标检查，操作准确，记录求实。

（5）对制定、修订并完善各种物料及产品检验规程、检测用设备 SOP、检测用设备及玻璃器具清洗消毒规程，提出意见。

（6）做好滴定液、检定用标准品、对照品、检定用菌种、剧毒品的统一管理及发放工作。

（7）负责对检验用仪器、仪表、量具、衡器等实施管理，督促计量部门定期检验。

（8）认真做好产品质量稳定性试验。

（9）认真做好各种检验原始记录。

（10）不断学习专业知识和检验技能，努力更新检测手段，提高检验水平。

（二）生产部职能

（1）认真贯彻和执行《中华人民共和国药品管理法》及 GMP 所制定的规范。

（2）执行公司的生产计划，下达批生产指令和批包装指令，按时完成生产计划任务并确保其质量。

（3）严格按照 GMP 生产管理规程和产品工艺规程实施生产全过程的管理和操作。

（4）检查生产计划的执行并负责公司各项生产统计报表工作，向生产副总经理提供生产计划完成表、生产物耗表等生产汇总表。

（5）建立健全安全管理机制和安全管理制度，组织安全生产检查和现场管理检查。

（6）组织召开调度会，做好会议纪要。

（7）编制生产计划表，报请生产副总审批。

（8）监督各车间实施经公司批准的生产计划，协调与各部、室、车间之间的工作关系。

（9）负责对车间工艺指标完成情况、生产计划完成情况、产品质量、生产安全等的监督及考核工作。

（10）执行公司其他事宜的统一安排，遵守公司各项规章制度。

(三)设备部职能

(1)协助 QA 考察设备供应商提供的设备质量情况和设备的验收,根据检验结果编制定点供应商名册和淘汰供应商名册,管理各种设备档案。

(2)按照 GMP 要求负责设备和计量器具的管理及检修保养,负责动力、净化系统运转,保证水、电、暖、气的正常供给以及制冷工作的顺利进行。

(3)制定及编制本部门设备设施的标准操作法及各类用于记录的表格,交主管领导批准后实施。

(4)制定动力车间用水、用电、用煤计划,做到不超标、不浪费。

(5)负责做好机械设备的维护保养工作,保持设备外观清洁、呈现本色,保证油路管道、液氨管道、供气管道、供暖管道畅通。

(6)督促动力车间职工增强安全生产责任意识,下班前进行安全检查,关闭一切电源、水源、气源,及时发现和消除各种隐患。

(7)负责做好各岗位交接班手续,填写交接班记录。

(8)在生产副总经理领导下,做好各方面的协调工作,做到分工不分家,厂区内发生水、电、暖、气问题,积极进行检查、抢修,保证全公司生产、施工各项工作顺利进行。

(四)物料部职能

(1)负责生产上的一切物料供应,并对公司仓储进行有效管理。

(2)组织本部门人员实施各项计划或任务,确保生产如期进行。

(3)协助 QA 考察物料供应商提供的物料质量情况,负责首批来料的样品送检,根据检验结果编制定点供应商名册和淘汰供应商名册。

(4)根据公司计划制订采购方案,与供应商签订采购合同。

(5)编制物料代码,按照 GMP 相关程序对原辅料、包装材料和成品进行仓储管理。

(6)保持与公司其他部门的协调与联系。

(五)技术开发部职能

(1)协助主管生产的副总经理做好技术开发管理工作。

(2)负责公司科研开发、技术管理工作。

(3)组织专业人员编订和审查产品工艺规程、岗位操作规程,经公司领导批准后监督执行。

(4)根据生产副总经理的要求,结合生产实际,起草、审核和批准生产管理文件。

(5)负责完成公司科研任务,对重大生产工艺革新提出建议,完成生产技术革新工作。

（6）完成公司新药研发、申报和试生产工作。

（7）建立和完善技术档案，严格遵守技术保密制度。

（8）协助生产副总经理完成对车间技术骨干的培训工作。

（9）负责协商、审查公司对外技术合同书，并报请生产副总经理审核批准。

（10）完成公司领导交办的其他工作。

(六)人力资源部职能

（1）协助公司领导做好日常行政事务，积极向董事长、总经理等公司领导提出公司管理的合理化建议。

（2）负责公司内部各部门间的综合协调、对外联系等工作。

（3）负责起草公司的工作计划、总结，按照公文处理有关程序，拟发、审核文稿。

（4）督促公司的各项工作任务，负责收集、动态了解公司内外的有关信息，准确及时地为领导提供信息服务。

（5）负责行政及各种会议的组织接待。

（6）负责企业人员结构、编制的配备和调整，组织员工进行培训，建立职工持证上岗政策。配合相关部门完成培训考核工作，督促职工积极学习。

（7）负责公司劳动力资源的管理。根据公司安排，和有关部门一起做好员工的招聘、辞退工作，并及时向总经理报告，请求批准。

（8）负责公司的人事管理，对全厂职工进行全面考核、考评工作。

（9）按照档案管理规定，做好各类档案（包括行政文件、人事档案、人员健康档案、人员培训考核档案等）的归档和保管工作。

（10）负责公司的综合计划、统计及对外签订合同的审查、监督工作。

（11）负责办公室自动化网络终端的使用和管理。

（12）负责公司后勤保障、卫生、安全保卫工作，确保公司运作的正常进行。

（13）负责公司车辆合理调派，保障公司工作用车。

（14）监督公司各部门对各项规章制度的执行情况。

（15）按时完成公司领导交办的其他工作。

(七)营销部职能

（1）组织实施公司销售计划方案。

（2）组织全体人员学习相关的法律、法规和规章制度，保证销售工作合法并按有关规定有序进行。

（3）负责药品销售和售后服务，保证企业销售计划的完成，保证客户对售后服务的满意。

（4）组织人员经常性地进行市场调查，对销售状况进行分析，对公司的产品和同类竞争性产品在市场上的发展趋势做出正确的判断，并及时写出调查报告，提出应对措施，供领导参考、决策。

(5)加强内部管理工作,对销售计划的完成状况、回款状况、销售台账的完整准确进行监督,发现问题及时报告。

(6)负责用户投诉和不良反应的信息反馈,按照质管部门的指示,负责药品的回收。

(7)应与生产部门、质管部门加强沟通与联系,建立有关产品质量、经营等的综合性档案,广泛准确地收集有关资料,做好药品的市场预测,并把信息及时提供给技术开发部,以促使技术开发部迅速开发出有竞争实力的产品。

四、关键人员

制药企业的关键人员应当为企业的全职人员,包括企业负责人、生产管理负责人、质量管理负责人和质量受权人。质量管理负责人和生产管理负责人不得互相兼任,质量管理负责人和质量受权人可以兼任。应当制定操作规程确保质量受权人独立履行职责,不受企业负责人和其他人员的干扰。

(一)企业负责人

企业负责人是药品质量的主要责任人,全面负责企业日常管理。为确保企业实现质量目标并按照本规范要求生产药品,企业负责人应当负责提供必要的资源,并合理计划、组织和协调,保证质量管理部门独立履行其职责。

(二)生产管理负责人

1. 资质

生产管理负责人应当至少具有药学或相关专业本科学历(或中级专业技术职称或执业药师资格),具有至少三年从事药品生产和质量管理的实践经验,其中至少有一年的药品生产管理经验,接受过与所生产产品相关的专业知识培训。

2. 主要职责

(1)确保药品按照批准的工艺规程生产、贮存,以保证药品质量。

(2)确保严格执行与生产操作相关的各种操作规程。

(3)确保批生产记录和批包装记录经过指定人员审核并送交质量管理部门。

(4)确保厂房和设备的维护保养,以保持其良好的运行状态。

(5)确保完成各种必要的验证工作。

(6)确保生产相关人员经过必要的上岗前培训和继续培训,并根据实际需要调整培训内容。

(三)质量管理负责人

1. 资质

质量管理负责人应当至少具有药学或相关专业本科学历(或中级专业技术职

称或执业药师资格),具有至少五年从事药品生产和质量管理的实践经验,其中至少一年的药品质量管理经验,接受过与所生产产品相关的专业知识培训。

2.主要职责

(1)确保原辅料、包装材料、中间产品、待包装产品和成品符合经注册批准的要求和质量标准;

(2)确保在产品放行前完成对批记录的审核;

(3)确保完成所有必要的检验;

(4)批准质量标准、取样方法、检验方法和其他质量管理的操作规程;

(5)审核和批准所有与质量有关的变更;

(6)确保所有重大偏差和检验结果超标已经过调查并得到及时处理;

(7)批准并监督委托检验;

(8)监督厂房和设备的维护,以保持其良好的运行状态;

(9)确保完成各种必要的确认或验证工作,审核和批准确认或验证的方案和报告;

(10)确保完成自检;

(11)评估和批准物料供应商;

(12)确保所有与产品质量有关的投诉已经过调查,并得到及时、正确的处理;

(13)确保完成产品的持续稳定性考察计划,提供稳定性考察的数据;

(14)确保完成产品质量回顾分析;

(15)确保质量控制和质量保证人员都已经过必要的上岗前培训和继续培训,并根据实际需要调整培训内容。

(四)质量受权人

1.资质

质量受权人应当至少具有药学或相关专业本科学历(或中级专业技术职称或执业药师资格),具有至少五年从事药品生产和质量管理的实践经验,从事过药品生产过程控制和质量检验工作。

质量受权人应当具有必要的专业理论知识,并经过与产品发行有关的培训,方能独立履行其职责。

2.主要职责

(1)参与企业质量体系建立、内部自检、外部质量审计、验证以及药品不良反应报告、产品召回等质量管理活动(见表2-4)。

(2)承担产品放行的职责,确保每批放行产品的生产、检验均符合相关法规、药品注册要求和质量标准。

(3)在产品放行前,质量受权人必须按照上述要求出具产品放行审核记录,并纳入批记录。

表 2-4　关键人员职责

企业负责人	生产管理负责人	质量管理负责人	质量受权人
药品质量的主要负责人;提供必要的资源配置,合理计划、组织和协调。	确保药品按工艺规程和操作规程生产、贮存,以保证药品质量。	确保相关物料和产品符合注册要求和质量标准。	必须保证每批放行产品生产和检验均符合法规注册要求/质量标准。

注:企业负责人不得干扰和妨碍质量管理负责人和质量受权人独立履行其职责,确保质量管理负责人和质量受权人的独立性。

任务 2　了解药品生产企业的人员培训与卫生管理

🗂 任务目标

• 掌握 GMP 的对人员素质及人员卫生管理要求,熟悉药品生产企业人员培训体系及工作原则;

• 能遵守 GMP 的人员卫生和培训要求,可独立进出洁净区;

• 具备知法守法的法规意识,主动参与业务培训的意识,树立 GMP 无菌操作意识。

❤ 课程思政

通过任务中的案例分析,引导学生思考人员在 GMP 体系中的核心作用,建立 GMP 质量意识,身体力行遵守 GMP 及相关法律法规的规定。

➕ 活动内容

【案例 1】　某患者在注射某制药有限公司出产的奥扎格雷钠时,发现瓶内有一段 1 厘米长的深褐色柱形异物,瓶盖的铝包装无缺无损。注射后呈现不良反应,步履不便,卧床数日。

【案例 2】　某患者嗓子不舒服,在药店购买西瓜霜含片,在含服过程中,当药在嘴里化掉快一半的时候,她就感觉嗓子被什么东西轻轻扎了一下,"我觉得挺奇怪的,然后就把药片吐了出来,可没想到竟发现药片里夹着一根头发丝"。

思考以上问题,完成表 2-5。

表 2-5　案例分析记录

思考问题	原因分析	预防纠正措施
药品中为什么会出现异物?		

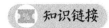 知识链接

一、人员的选择和培训

（一）GMP 对人员素质的要求

1. 基本素质要求

GMP 规定药品生产企业的各级质量管理机构和其中人员的职责都应明确，每一机构都必须配备一定数量的与药品生产相适应的具有专业知识、生产经验及组织能力的管理人员和技术人员。

2. 专业素质要求

对于不同岗位的人员，GMP 有着针对性的专业素质要求。例如，企业主管药品生产管理和质量管理的负责人应具有医药或相关专业本科以上学历，有药品生产和质量管理经验，对 GMP 的实施和产品质量负责。

3. 技能素质要求

对于不同岗位的人员，GMP 有着针对性的技能素质要求。例如，从事药品生产操作及质量检验的人员应经专业技术培训，具有基础理论知识和实际操作技能。对从事高生物活性、高毒性、强污染性、高致敏性及有特殊要求的药品生产操作和质量检验人员，应经相应的专业技术培训。

我国 GMP 实施细则中，对人员素质强调三个词：教育（education）、培训（training）和经验（experience），也就是要求人员应该接受一定的教育、受过培训并具有一定的经验，三者结合起来，要足以胜任自己的岗位工作。尤其是负责质量保证和药品生产的企业领导人、质量管理负责人、药品生产部门负责人、车间技术负责人，除了要求具有大专以上相关专业学历，三至五年以上从事药品生产、技术、质量管理经验，更为重要的是要有解决实际问题的能力（见表 2-6）。

表 2-6　关键人员任职资质

资质	生产管理负责人	质量管理负责人	质量受权人
学历	≥药学或相关专业本科学历（或中级专业技术职称、执业药师）		
经验	≥3 年药品生产 ≥1 年生产管理	≥5 年药品生产质量 ≥1 年质量管理	≥5 年药品生产质量 从事过生产过程控制 和质量检验工作
培训	接受过与所生产产品相关的专业知识培训		具备必要专业理论知识、 产品放行培训

(二)人员培训原则

人员培训是一项十分重要的工作,从事药品生产操作及质量检验的人员应经专业技术培训,具有基础理论知识和实际操作技能。对从事高生物活性、高毒性、强污染性、强致敏性及有特殊要求的药品生产操作和质量检验人员,应经相应专业的技术培训。

人员培训是提高人员素质,保证药品生产质量的重要措施。实践证明,一个制药企业必须有高水平的专业技术和管理人才、完善的教育培训体系,才能在市场竞争中长期立于不败之地。

为了有效地实施 GMP 培训,应贯彻下述基本原则:

1.战略原则

企业要具有战略眼光,从长远发展考虑 GMP 的实施,在培训方面投入足够的人力、物力和财力。企业管理层对培训的认同和支持是培训成功的关键。药品生产企业有计划地派送企业有关人员到大学甚至到国外接受 GMP 培训和职业培训,尽管需要较大的投入,然而只要运用得当,它得到回报的不仅是更好的经济收益,而且为企业的长远发展注入了活力。

2.层次原则

药品生产企业进行有效的 GMP 实施,需要不同层次的人员组成团队。造就适应 GMP 要求的高效团队,是通过多层次分级培训来实现。

3.实用原则

GMP 培训与普通的药事管理知识教育根本区别在于它特别强调针对性和时间性。在 GMP 实施过程中,企业需要什么、员工缺什么,就要针对性地培训什么。基层员工的培训要从实际操作开始,在实践中发现问题、解决问题。

4.全员原则

GMP 的实施是全员全方位的,一方面要求企业有计划、有步骤地对所有的在职员工进行培训;另一方面,要分清主次、先后和轻重缓急进行规划,根据不同的对象选择不同的培训内容和方式,既考虑个体素质的提高,也考虑群体功能的优化。

5.基本原则

(1)药品生产企业的各级管理人员,生产、检验以及与生产活动有关的维修、清洁、储运、服务等人员,均按 GMP 的原则和各自的职责进行教育与培训。

(2)培训方案应根据不同培训对象的要求分别制定培训内容,培训要由浅入深,注意普及与提高,且理论与实践相结合。

(3)培训教育工作要制度化、规范化,人员的培训要求建立档案并保存。定期进行考核和考评工作,以示培训的效果。

(4)企业应明确主管培训工作的职能部门,配备专职或兼职的任教人员,编制教育培训规划和计划,并要求任教人员知识更新,以不断提高培训的质量。

(5)对低、中级技术工人进行培训的同时,还应为高级技术工人培训创造条件。

(6)成为高级技术工人,必须进一步补充必要的相关的理论知识。

(7)通过教育培训使多数职工达到中等技术水平,少数人达到中等以上水平,在政策和制度上给予保证。

(三)人员培训体系

完整的培训体系包括以下几个部分。

1.培训机构

药品生产企业要有完整的教育培训机构,机构可以设在企业的人事管理部门,也可以成立独立的部门。

2.培训师资

GMP 培训工作一定要有一支良好、稳定的师资队伍,无论是从企业外还是从本单位聘请的师资,一旦为员工认同,不宜频繁更换。师资应有相应的业务基础,经过相关培训,有一定的教学经验,且善于在实践中发现问题、解决问题,不断充实教学素材。

3.培训计划

企业应当把 GMP 培训工作看作一项关系到企业命运、前途的战略性工作来对待,作为长期活动的内容,建立起有效的培训制度,制定科学完整的培训大纲和计划,包括培训内容和课程设置,经有关部门批准后严格执行。

4.培训内容

培训内容要全面,除了 GMP 知识以外,还应包括药品管理法、计量法、产品质量法、消防法等,专业知识如药学、微生物学等,有关技能如岗位 SOP、设备 SOP、清洁规程操作技能等,产品知识如产品类别、理化性质、用途等。

5.培训形式

培训形式要针对不同人群,分层次进行,如高层次培训有出国留学、攻读研究生、第二学位等;中等层次培训,有脱产学习、进修等;低层次培训可经常进行,不脱岗且相对集中,一般以不定期学习班为主。

6.培训考核

药品生产企业要建立 GMP 培训卡和培训档案,并归档保存,每次培训结束都要进行考核,考核不合格者应下岗再培训,直至合格。考核结果要和员工的其他利益紧密联系。

(四)培训计划及基本内容

企业应当指定部门或专人负责培训管理工作,应当有经生产管理负责人或质量管理负责人审核或批准的培训方案或计划,培训记录应当予以保存。培训教育的基本内容包括有关法规规定、制度的培训,如《中华人民共和国药品管理法》《药品生产质量管理规范》《药品生产管理规范实施指南》、企业规章制度、无菌操作有关制度规定、工艺规程及岗位操作法等。

培训计划:各部门负责人根据公司的发展计划和本部门工作需要于当年度的十二月填报《年度培训计划表》上报人力资源部。人力资源部将各部门的年度培训计划汇总,协调培训时间,制定《年度培训计划表》,交各部门经理复核,提交总经理批准后发布、实施。

1.入厂培训

(1)新入厂的员工在公司人力资源部进行入职教育培训。内容包括:公司概况与企业文化、员工手册。由质量部进行微生物知识、环境控制、着装、GMP法规的培训,培训后,进行考核,合格者进行下一步岗位培训。

(2)各部门和各车间进行岗位操作技能的培训,培训后进行考核。

2.常规培训

全体员工(包括清洁工和维修工)每年至少进行一次常规培训,主要内容:国家有关药品生产管理的政策法规、GMP法规内容、质量法规、分岗位进行的SOP培训、微生物、卫生规范、安全生产及环境控制的培训。

3.特殊人员培训

(1)洁净区工作人员培训时应包含以下内容:GMP法规和规范的要求、公司的相关文件体系、质量标准、人员因素、标记、安全、进出洁净区的要求、使用正确的设施并减少多余的设施的使用,规范工具、玻璃仪器和容器的贮存,按照SOP清洁厂房和生产设备、工作台面等(见表2-7)。

(2)对技术人员进行以下培训:GMP法规和规范的要求、公司的相关文件体系、质量标准、人员因素、标记、安全。

(3)质量保证人员培训:讲授GMP对人员的要求,使他们意识到产品的缺陷和错误可能是在不确定的成分和产品中发现的。

表 2-7   无菌操作岗位培训要求

序号	培训主题	主要内容
1	有关法规、规定、制度	药品管理法,药品生产质量管理规范,药品生产质量管理规范实施指南,企业规章制度,无菌操作有关制度、规定,工艺规程及岗位操作法等。
2	无菌基本概念	无菌产品定义、污染物及污染源(微粒、微生物、热原等)。
3	无菌控制方法要点	环境控制及监测方法,空气净化技术,水的净化,物料进入无菌区的要求和程序,人员进入无菌区的要求和程序,消毒剂及消毒方法、车间环境监测采样等。
4	岗位标准操作程序(SOP)	各种岗位标准操作程序的训练,如洗瓶机的操作、洗胶塞机的操作、设备清洗的方法、场地清洗方法、无菌罐装岗位的操作(包括洗手方法、无菌工作服穿着要求、无菌操作程序及技巧、天平使用规则、称量复核程序、灌装量的计算、调整及复核等)。
5	无菌操作岗位文件的管理	物料清单、无菌记录、清洁记录、设备运行维修记录,生产指令单,各岗位(洗瓶、洗塞、称量、灌装等)操作记录,批生产记录等。
6	组长岗位职责	人员管理,无菌操作的准备程序,组织清场、换批、复核计算、生产记录检查、检验等。

4. 工艺验证后的培训

在工艺经过验证后,由验证的技术人员制定培训内容及方法,以帮助生产人员掌握检测、控制和操作经过验证的工艺。

5. 临时培训

对于临时替代人员,应培训替代岗位的 SOP 及职责,如公司设备更新、新产品投产、工艺改变、SOP 修改、岗位改变、政府或公司颁布新的法规或管理制度;应由人力资源部与部门组织相关员工进行临时培训。

生产操作人员调整新的工作岗位时,必须进行转岗培训,培训内容主要为新岗位的操作技能。

(五)培训考核制度及培训的管理

职工培训教育应建立考核制度,并对各级受训人员进行定期考核,以示职工培训教育的成效和职工素质水平。根据 GMP 及有关规定,凡是新职工上岗应经岗前的专业知识技能和法规的教育培训,未经培训或培训不合格的人员一律禁止上岗。凡经教育培训的人员都要通过评价考核。企业主管部门针对企业全体职工实施 GMP 的普及教育制订年度计划,并组织实施和考核。受训人员须填写个人培训记录,建立个人档案。

新进厂的车间操作人员经进厂培训考核合格后,持《上岗证》上岗工作。在岗员工每次培训完毕,根据培训内容进行考核,考核内容及评定标准由培训讲师负责确定,培训讲师同时负责考核试卷的批改、评分。考核不合格的员工,暂时停止其岗位工作,由其部门/车间负责人对其进行再培训和考核,补考合格方可恢复工作,补考不合格者调离原岗位。员工每次培训考核成绩计入《个人培训记录》,考核试题与记录及相关培训合格证归入员工个人档案。

二、人员卫生

人是药品生产中最大的污染源和最主要的传播媒介。在药品生产过程中,生产人员总是直接或间接地与药物接触,人员的身体状况和个人的卫生习惯都可能对药品的质量造成影响,因此加强生产人员的卫生管理和监督是保证药品质量的重要方面。

(一)人员污染

在污染源中,人是最大的污染源。在新陈代谢过程中,每人每天脱落大量的皮屑,打喷嚏能使周围空气微粒增加很多,人体表面、衣服能沾染、黏附、携带污染物,人的衣着可散发出棉绒和淀粉粒,人的化妆品如发胶、气雾除臭剂、眼影、香粉等是微生物滋生的温床,珠宝首饰如耳环戒指、项链、手链能传播微生物污染,一小片珠宝碎片落入一批产品中,则可能引起严重的尘粒污染。

由人员引起的污染也可能来自生产过程中出现的混杂和误差。据发现,当员工没有按照书面规程进行工作时,药厂内的污染程度增加,比如,让有关产品容器不加盖地存入,或者忘记正确地改变空气和水滤器,都是常常发生的不当操作。

(二)人员卫生管理

1.人员卫生健康档案的建立

药品生产企业在招收员工时,一定要对他们进行全面的健康检查,确保新员工不患有急慢性传染病。另外还要根据员工的具体岗位性质再确定其他具体检查项目。

药品生产企业应对员工建立个人健康档案,以便于检查、了解、追踪个人健康状况。人体的健康状况是动态变化的,药品生产企业要有所有员工体检规程,明确职工体检的时间、项目,对药品的质量和安全有直接影响的人员要有专门的要求,直接从事药品生产的人员应每年至少接受一次体检,体检不合格者应调离工作岗位。

任何体表有伤口、患有传染病或其他可能污染药品疾病的人员,均不得从事直接接触药品的工作。任何有外部伤口的人员不得从事处理暴露的原料、中间体和散装成品的工作。如发现职工患皮肤病、传染病或有外伤,应马上调离与药品直接接触的生产岗位,以防污染药品导致药品质量事故的发生。

药品生产企业应对员工培训教育,全员树立产品质量意识。在任何时间和地点,如发现自己或其他员工有明显病症或伤口,可能影响药品的安全性和质量,应立即按规定向有关人员报告,采取规定的措施,避免这类人员与药品的内包装容器、生产过程中间物料和药品直接接触,以确保药品生产的质量。从事药品生产和质量管理人员不提倡带病工作,带病工作不仅可能会影响到药品本身的安全,而且还影响工作效率。

2.工作服装的卫生

工作服和防护服应随不同的药品生产企业、生产区域而异。它的作用一是防止生产员工对药品的污染;二是保护操作人员不受到生产环境不良因素的危害。

(1)式样及颜色。各区域的工作服式样、颜色分明,易于识别,有个人编号;不同空气洁净级别的工作服不能混用。式样及颜色企业自定,以线条简洁、色彩淡雅、洁净为宜。洁净服要求线条简洁,不设口袋,接缝处无外露纤维,领口、袖口、裤口要加松紧口,不应用纽扣。无菌工作服必须包盖全部头发、胡须及脚部,并能阻留人体脱落物。防护服还应考虑保护操作人员不受药物的影响。生产人员与非生产人员、维修人员、质管人员、参观人员的服装式样和颜色应有所区别。

(2)穿戴。应根据各生产区域的规定穿戴工作服,并遵守净化程序。穿戴工作服后要对着镜子检查穿戴工作服的情况。要求:帽子要包住全部头发,口罩要罩住口鼻,衣服要扣(拉)好,鞋子要穿好,等等。离开生产场地时,必须脱掉所有工作服。

（3）清洗周期。生产区的工作服及工作鞋需要定期清洗，以保证工作服及工作鞋的洁净。在 D 级空气洁净度级别的洁净区工作，至少每天洗一次洁净衣裤帽和口罩；更换品种时，必须换洗工作服；工作鞋每周至少洗两次。洁净工作服清洗后的存放周期，应经验证。

（4）清洗方法和要求。明确洗涤剂种类、用量、洗衣程序等，可使用饮用水洗涤。干燥后的工作服要逐套装入衣物袋内存放。工作服洗涤时不应带入附加的颗粒物质。应采用固定的洗衣液作为洗涤剂，对某一品牌的洗涤剂的洗涤效果进行确认。

（5）需要特别关注。工作服应有专人洗涤，专人保管，专人发放并登记。更换下来的工作服应分区域集中，装入专用容器中，标记明显。已清洗与待清洗的工作服应由不同通道出入。工作服洗涤前及整理时要检查工作服有无破损、拉链损坏、掉扣子、缝线脱落等。洁净工作服与污染工作服应逐套分别装于衣袋中，袋上明显标上工作服编号。干净的工作服应保管于与使用工作服净度级别一致的保管室中。使用前检查工作服是否符合要求，发现污染应及时报告并更换。凡有粉尘、高致敏物质、激素类、抗肿瘤类、避孕药、有毒、有害物质等操作岗位的工作服应分别存放、洗涤、干燥和灭菌。

3.个人卫生

（1）手的卫生。手是我们在工作时所使用的最重要的工具之一。只要触摸被污染的东西，微生物就会留在手上或指甲里，因此手是最大的传播工具。在从事药品生产过程中必须养成良好的个人卫生习惯，勤洗手、勤剪指甲，保持手的清洁。工作时，在下列情况之一时必须要对手进行清洁：工作前、饭前饭后、便后、吸烟后、喝茶后等。手的洗涤也要注意采取正确的方法，首先要用流动水进行洗涤。另外必须用洗涤剂或液体皂洗涤，在生产场所共同使用固体肥皂就不符合卫生要求，因为固体肥皂很容易传播污染。生产人员在进入不同级别的洁净区前，应使用液体皂洗手，液体皂应放在洗手池上方的专用装置里。人员洗手的时间一般控制在 10～15 分钟之内为宜。手的卫生情况可以通过手部表面微生物试验进行监督。

（2）身体其他部位的卫生。人的体表经常排出很多物质，如汗液、鼻屎、耳内分泌物、眼泪等。人体皮肤每平方厘米有一千多条汗腺，全身表面分布几百万个汗孔，它开口于表皮细胞间隙中，人体通过汗孔不断排出的汗中有尿素、尿酸、乳酸、盐等废物，约占汗水的 20%。紧挨在毛囊附近的皮脂腺，分泌着油腻状物质，每天分泌出 20～40g 皮脂。如果不经常洗澡，这些废物将先扩散到空气中，再间接地污染其他物品，影响到药品的质量。因此药品生产人员必须定期洗澡、勤理发、不留胡须。此外，药品生产时还必须对人员身体尤其是口、鼻、头发进行覆盖，防止它们对药品产生污染。

（三）人员卫生的培训

人体是药品生产的最大污染源，良好的人员健康和卫生保证是防止产品受到人为污染的有效手段。为降低人员对生产造成污染的风险,企业所有人员都应接受卫生要求的培训,建立详细的人员卫生操作规程,进行定期的健康体检,养成良好的卫生习惯。

企业应当建立人员卫生操作规程,最大限度地降低人员对药品生产造成污染的风险。包括:

(1)健康检查与身体不适报告。

(2)工作着装与防护要求、洗手更衣。

(3)卫生要求与洁净作业、工作区人员限制等。

GMP的实践表明,大量的污染问题都是由于对员工卫生培训不够和员工不遵守有关卫生规程引起的。药品生产企业的卫生培训规划应当强调有效的和全面的培训工作,重点围绕污染控制展开,使员工对企业的各项卫生规程都非常熟悉并能遵守执行。

(四)生产现场的人员卫生管理

企业应当建立人员卫生操作规程,并在生产现场严格执行相关规定,最大限度地降低人员对药品生产造成污染的风险。人员卫生的现场管理包括但不限于以下方面:

(1)企业应当采取适当措施,避免体表有伤口、患有传染病或其他可能污染药品疾病的人员从事直接接触药品的生产。

(2)参观人员和未经培训的人员不得进入生产区和质量控制区,特殊情况确需进入的,应当事先对个人卫生、更衣等事项进行指导。

(3)任何进入生产区的人员均应当按照规定更衣。工作服的选材、式样及穿戴方式应当与所从事的工作和空气洁净度级别要求相适应。

(4)进入洁净生产区的人员不得化妆和佩戴饰物。

(5)生产区、仓储区应当禁止吸烟和饮食,禁止存放食品、饮料、香烟和个人用药等非生产用物品。

(6)操作人员应当避免裸手直接接触药品、与药品直接接触的包装材料和设备表面。

任务3　人员进出洁净区实训

📦 任务目标

• 会使用人员净化设施,会正确穿戴不同洁净区的工作服,能正确进出不同级

别的洁净区;

• 通过实践,强化无菌操作意识及产品质量意识,建立严谨认真的工作态度。

📖 课程思政

通过完成实训任务,让学生身临其境,深入认识"质量无小事"、全面质量管理的理念,同时树立无菌操作意识及严谨的工作态度,提升职业素养。

📧 实训任务

一、实训准备

1.洁净工作服、洗手液、手消毒液。
2.实训场地:GMP实训车间。

二、实训内容及步骤

(一)实训内容

模拟人员由一般生产区进出洁净区的行为,学习 GMP 中对进入洁净区的人员的相应规定。

(二)步骤

1.进出 C 级和 D 级洁净区
(1)人员进入洁净区的程序
①更鞋:在更鞋室的鞋柜处,坐下,脱下自己的鞋,放在指定的鞋柜内。转身,从另一侧鞋柜拿出车间工作鞋,穿好。注意不能穿工作鞋走出车间。
②脱外衣:换好鞋后,进入一更,将外衣等脱下,放在更衣柜中。
③洗手:按照洗手标准操作程序,洗净双手。
④穿洁净工作服:将手洗净干燥后,进入二更,从更衣柜中取出洁净的洁净工作服,穿好。注意用帽子将头发全部包住,头发不能露在工作服的帽子外面。
⑤手消毒:按照手消毒程序,进行双手的消毒。
⑥经过缓冲间,进入洁净区。
(2)人员出洁净区的程序
①脱洁净工作服:在二更将洁净工作服脱下,放在更衣柜中(或悬挂在指定位置);如果是工作结束,洁净服需要洗涤时,应放在指定的位置,便于收集洗涤。
②洗手。

③穿外衣:在一更穿好自己的外衣。

④更鞋:在更鞋处脱下车间的工作鞋,放在更鞋室的内侧(车间一侧),在更鞋室的外侧穿上自己的鞋。

2.进出 B 级和 A 级无菌区

(1)人员进入无菌区的程序

①更鞋:在更鞋室的鞋柜处,坐下,脱下自己的鞋,放在指定的鞋柜内。转身,从另一侧鞋柜拿出车间工作鞋,穿好。注意不能穿工作鞋走出车间。

②脱内外衣:换好鞋后,进入一更,将外衣、内衣等脱下,放在更衣柜中。

③洗手、手消毒:按照洗手、手消毒程序,洗净双手并进行手消毒。

④穿无菌内衣、戴无菌口罩:将手洗净干燥后,进入二更,从更衣柜中取出洁净的无菌内衣,穿好;戴好无菌口罩,注意将口鼻完全遮住。

⑤穿无菌外衣、鞋套:进入三更,手消毒,戴无菌手套。从衣柜中取出洁净的无菌外衣,按从下到上的顺序穿衣服,将领口、袖口系好。再穿上无菌工作鞋,将膝盖处带子系好,后对镜自检,确保衣服穿好。

注意穿衣过程手不能碰衣服外侧,衣服不能碰地面、墙面等,帽子将头发全部包住,头发不能露在工作服的帽子外面。

⑥手消毒:按照手消毒程序,再次进行双手的消毒。

⑦经过缓冲间,必要时经过空气吹淋室,进入洁净区。

(2)人员出无菌区的程序

①脱无菌工作服:在三更将无菌内外工作服、无菌鞋脱下,放在指定回收位置,一次性的无菌口罩和手套丢弃在废物桶内。

②洗手。

③穿内外衣:在一更穿好自己的内外衣。

④更鞋:在更鞋处脱下车间的工作鞋,放在更鞋室的内侧(车间一侧),在更鞋室的外侧穿上自己的鞋。

三、实训注意事项

(1)人员进入洁净区,换鞋时,鞋柜两侧不同洁净程度区域的鞋不能混穿,生产区域以外的鞋不能穿到生产区,生产区域的工作鞋不能穿到换鞋室外。若外来参观人员需要穿着鞋套时穿着鞋套的脚需落在鞋柜内侧,以保证生产区域免受污染。

(2)根据不同洁净级别的要求穿戴不同的工作服和防护服,并只能在本区域穿戴,不得出离指定区域。如需离开,应按更衣要求进行净化后方可再进入。

(3)人员进出更衣室时,要注意随手关门;或者在更衣室的门上设置闭门器,门可自动关闭;更好的方法是实现联锁,更衣室的门无法同时打开。

(4)洁净区不得设置厕所。

四、实训思考

1. 洁净区缓冲间有什么作用?
2. 人员进出洁净区的过程中还有哪些避免污染的措施?

 课后作业

一、选择题

二、填空题

1. 制药企业要以( )为核心,( )是管理的基础,全面提高企业人员的素质和强化质量意识,严格遵守规程和工艺,才能生产出合格的产品。

2. ( )监控 GMP 文件的起草、审核、批准、修订、发放和收回的执行情况。

3. 企业应当制定操作规程确保质量受权人( ),不受企业负责人和其他人员的干扰。

4. ( )是提高人员素质,保证药品生产质量的重要措施。

5. ( )是药品生产中最大的污染源和最主要的传播媒介。

三、简答题

1. 简述药品生产企业人员培训原则。
2. 简述如何进行药品生产企业人员卫生管理。

项目三 认识药品生产企业的文件管理

项目介绍

　　本项目主要学习药品生产企业文件管理相关规定,GMP 条款包括了文件管理内容,主要包含文件管理原则、质量标准、工艺规程、批生产记录、批包装记录、操作规程和记录等内容的法规条款。通过完成 2 个教学任务,能知晓药品生产企业文件的组成和类型,了解各种文件在药品生产企业的作用。通过任务 1 的案例学习,同学们能深刻体会知法守法的具体意义和"事事有记录、事事有人负责"的 GMP 基本要求。通过任务 2 的实践,同学们能了解企业的 SOP 内容一定要符合国家最新出台的法规要求,做到与时俱进的修订和完善,从而保证企业员工能遵法守法。

思维导图

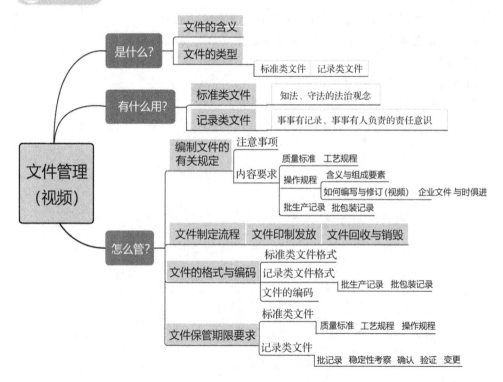

教学视频

任务1　了解药品生产企业文件的类型和管理要求

任务目标

- 了解药品生产企业文件的含义和类型，了解药品生产企业文件的管理要求；
- 能判断文件类型；
- 具备团结合作的协作意识、知法守法的法规意识、及时记录的责任意识。

课程思政

通过任务1中活动1和活动2的案例分析，引导学生思考在制药企业岗位知法守法的具体意义，明白药品生产企业遵守GMP就要保证每个员工均树立事事有记录、事事有人负责的责任意识。

活动内容

活动1　以下4个案例均是认证检查员在不同药厂认证检查时发现的问题，请分析这些企业违反了GMP哪条规定，涉及的文件类型是什么？

【案例1】　有一家企业是不久前通过欧盟GMP认证的企业，他们委托国外公司提供的文件版本所建立的文件系统是检查员所见中做得最好的。但是检查员在检查过程中发现，该公司生活饮用水委托当地疾控中心去检验，疾控中心出具的报告是水质指标不合格，但是他们却没看到，到检查员去检查的时候才看到。另外，该公司的生产部长在陪同检查的时候，在生产区一直在嚼口香糖。

【案例2】　某认证检查员在某中药制药厂检查时发现，该公司生产的中药制剂（不含注射剂）现场检查红外、高效液相等仪器原始检验图谱保存在电脑中，未在批检验记录中保存。

【案例3】　某公司在GMP认证时被指存在以下问题：物料暂存间存放的硫酸铵内包装上未粘贴标签，且货位卡未注明批号、厂家、规格等信息，原料药生产设备状态标识内容不完整，如未标示清洁日期、有效期等内容。

【**案例4**】　某公司在 GMP 认证时被检查员反馈存在以下问题：(1)文件(质量标准)中未规定原辅料的复验期；(2)某产品批生产记录中无辅料甲苯领用记录；(3)某产品生产批记录中未记录加注射用水的时间和温度；(4)《××××乳膏工艺规程》和《××××软膏工艺规程》未规定待包装产品的贮存要求；(5)配制操作规程中无文件具体规定油相、水相配制锅到乳化锅的药液输送管道的清洁具体要求。

表 2-8　四个案例分析结果

案例	文件名称	文件类型	违反 GMP 第几条	具体条款内容
案例 1				
案例 2				
案例 3				
案例 4				

活动 2　案例分析

【**地点**】　检验用无菌室

【**设备**】　超净工作台

【**经过**】　某天下午进行抗生素效价测定操作之前，忘记关掉紫外杀菌灯，在灯下操作达 1 小时之久，实验结束才发现灯未关。次日凌晨约三点钟，眼睛疼痛、流泪睁不开，手臂皮肤像晒伤一样脱皮。

【**后果**】　两名化验员患急性结膜炎及手臂皮肤受损脱皮。

表 2-9　案例分析记录

分析主题	分析结果
事故形成的主要原因 你对这些事故有何感想 解决办法 执行 SOP 的重要性讨论	

知识链接

一、文件的概念

文件——广义的"文件"指公文书信或指有关政策、理论等方面的文章。狭义的"文件"就是档案的意思，范畴很广泛，电脑上运行的程序如杀毒软件等都叫文件。GMP 中"文件"是指一切涉及药品生产、管理的书面标准和实施过程中的记录结果。

二、文件管理的目的

文件管理是质量保证系统中不可缺少的部分,因此文件管理几乎关系到 GMP 的各个方面。

文件管理的目的是界定管理系统、减少语言传递可能发生的错误、保证所有执行人员均能获得有关工艺的详细指令并遵照执行,而且能够对有缺陷或疑有缺陷产品的历史进行追查。

三、文件的重要性

明确标准、方法、职责,确保完全掌握生产的药品是否能够发放上市所必需的全部信息。行动以文字为准,避免口头方式造成的错误结果。保证行动的一致性。任何行动后均有文字记录可查,为追究责任、改进工作提供依据。文件系统的建立与完善促使企业实施规范化、科学化、制度化管理。

四、GMP 对记录的基本要求

GMP 规定,记录应保持清洁,不得撕毁和任意涂改。记录填写的任何更改都应当签注姓名和日期,并使原有信息仍清晰可辨,必要时应当说明更改的理由。记录如需重新誊写,则原有记录不得销毁,应当作为重新誊写记录的附件保存。

需填写数据的文件应该做到:(1)留有填写数据的足够空间;(2)数据与数据之间有适当的间隙;(3)数据栏目的标题应清楚地说明要填写的内容;(4)填入的数据应清晰、易读并不易擦掉;(5)填入的数据如有错误,可以修改,但修改后应能看清原来填写的数据,而且需要签名,如有可能修改的,原因应予记录;(6)停止使用的栏目标题和空间应尽早清除。

五、制药企业的文件类型

制药企业的文件很多,管理规范先进企业用于生产控制的各类文件上千种,大体归类可分为标准类和记录(凭证)两大类。

(一)标准类文件

根据标准的不同可分为下列三种。

(1)技术标准文件:是由国家、地方行业及企业所颁布和制订的技术性规范、准则、规定、办法、标准和程序等书面要求。如药典规定的注射用水质量标准等。

(2)管理标准文件:是指企业为了行使生产计划、指标、控制等管理职能,使之标准化、规范化而规定的制度、规定、标准、办法等书面要求,如操作人员卫生制度、原辅料的取样制度等。

(3)工作标准文件:是指以人或人群的工作为对象,对工作范围、职责、权限以及工作内容考核等提出的规定、标准、程序等书面要求,如岗位责任制度、标准操作程序等。

(二)记录(凭证)类文件

记录(凭证)类文件是反映实际生产活动中标准情况的实施结果。

(1)记录:如报表、台账、生产操作记录等。

(2)凭证:是表示物料、物件、设备、房间等状态的单、证、卡、牌等。如产品合格证、半成品交接单等。

六、制药企业的文件制定与管理

(一)编制文件的有关规定

制药企业的文件是质量保证体系的基本组成部分,涉及 GMP 的所有方面,因而制药企业文件的编制必须以 GMP 要求为准则,制定出适合企业发展的各项文件。

1.企业编制文件注意事项

(1)文件应具规范性,文件标题应明确,能清楚陈述本文件的性质,确切标明文件的性质,以便与其他文件相区别。文件的文字用语要规范、简明、确切、易懂,避免用含糊的词,编写顺序有逻辑性。

(2)文件内容要做到合法性,符合国家对医药行业制定的有关法律、法规、法令及 GMP 的要求,不得与药事管理的相关法规相抵触。使用的文字应确切、易懂、简练,指令性的内容必须以命令式写出。这是最基本的要求。

(3)文件要具有可操作性,文件规定的内容要适合企业的实际情况,应是企业经过努力可以达到的。

(4)各类文件应有统一性,以便于识别其文本、类别的系统编码和日期、该文件的使用方法、使用人等,便于文件的查找。文件表头、术语、符号、代号、尺寸、打印字体、格式等要求统一,文件与文件之间相关内容统一。

(5)如需在文件上记录或填写有关数据,则在文件格式设计时应留有足够空间,以便于填写内容;在文件各项内容之间,也要有适当的空隙;每项标题内容应准确。

（6）为了保证文件的严肃与准确性，文件的制订、审查、批准责任人均应在文件上签字。文件不得使用手抄本，应按要求统一使用打印本，以防差错。

（7）文件中各种工艺技术参数和技术经济定额的计量单位，均应按国家规定采用国际计量单位。

（8）原辅料、中药材、成品名称应用中华人民共和国药典或国家食品药品监督管理部门批准的法定名，适当附注商品名或其他通用别名。

（9）文件应具改进性，在使用过程中不断完善、健全文件系统，定期对文件进行复审、修订。

2.编制记录和凭证类文件注意事项

作为文件体系中的一大类，记录与凭证类文件在实际操作中应做到：

（1）一致性：记录的内容与标准相一致，关键数据一定要在记录中反映出来。

（2）合理性：根据填写数据的字符类预留足够位置；根据操作程序的先后，安排填写数据。

（3）负责性：每项操作均需有操作者签名，关键操作还应有核对人签名。

（4）明示性：管理标准、操作标准与记录相结合。

3.GMP对文件的内容要求

（1）质量标准的内容要求

物料的质量标准一般应当包括：①物料的基本信息；②取样、检验方法或相关操作规程编号；③定性和定量的限度要求；④贮存条件和注意事项；⑤有效期或复验期。其中物料的基本信息要求包括企业统一指定的物料名称和内部使用的物料代码，质量标准的依据，经批准的供应商，印刷包装材料的实样或样稿。

成品的质量标准应当包括：①产品名称以及产品代码；②对应的产品处方编号（如有）；③产品规格和包装形式；④取样、检验方法或相关操作规程编号；⑤定性和定量的限度要求；⑥贮存条件和注意事项；⑦有效期。

（2）工艺规程的内容要求

制剂的工艺规程的内容至少应当包括：①生产处方：产品名称和产品代码；产品剂型、规格和批量；所用原辅料清单（包括生产过程中使用，但不在成品中出现的物料），阐明每一种物料的指定名称、代码和用量；如原辅料的用量需要折算时，还应当说明计算方法。②生产操作要求：对生产场所和所用设备的说明（如操作间的位置和编号、洁净度级别、必要的温湿度要求、设备型号和编号等）；关键设备的准备（如清洗、组装、校准、灭菌等）所采用的方法或相应操作规程编号；详细的生产步骤和工艺参数说明（如物料的核对、预处理、加入物料的顺序、混合时间、温度等）；所有中间控制方法及标准；预期的最终产量限度，必要时，还应当说明中间产品的产量限度，以及物料平衡的计算方法和限度；待包装产品的贮存要求，包括容器、标签及特殊贮存条件；需要说明的注意事项。③包装操作要求：以最终包装容器中产品的数量、重量或体积表示的包装形式；所需全部包装材料的完整清单，包括包装材料的名称、数量、规格、类型以及与质量标准有关的每一包装材料的代码；印刷包装材料的实样或复制品，并标明产品批号、有效期打印位置；需要说明的注意事项，包括对生产区和设备进行的检查，在包装操作开始前，确认包装生产线的清场已经完成等；包装操作步骤的说明，包括重要的辅助性操作和所用设备的注意事项、包装材料使用前的核对；中间控制的详细操作，包括取样方法及标准；待包装产品、印刷包装材料的物料平衡计算方法和限度。

(3)操作规程的内容要求

操作规程的内容应当包括：题目、编号、版本号、颁发部门、生效日期、分发部门以及制定人、审核人、批准人的签名并注明日期，标题、正文及变更历史。

(4)批生产记录的内容要求

批生产记录的内容应当包括：①产品名称、规格、批号；②生产以及中间工序开始、结束的日期和时间；③每一生产工序的负责人签名；④生产步骤操作人员的签名，必要时，还应当有操作(如称量)复核人员的签名；⑤每一原辅料的批号以及实际称量的数量(包括投入的回收或返工处理产品的批号及数量)；⑥相关生产操作或活动、工艺参数及控制范围，以及所用主要生产设备的编号；⑦中间控制结果的记录以及操作人员的签名；⑧不同生产工序所得产量及必要的物料平衡计算；⑨对特殊问题或异常事件的记录，包括对偏离工艺规程的偏差情况的详细说明或调查报告并经签字批准。批生产记录应当包括批清场记录，清场记录内容包括：操作间编号、产品名称、批号、生产工序、清场日期、检查项目及结果、清场负责人及复核人签名。

(5)批包装记录的内容要求

批包装记录的内容包括：①产品名称、规格、包装形式、批号、生产日期和有效期；②包装操作日期和时间；③包装操作负责人签名；④包装工序的操作人员签名；⑤每一包装材料的名称、批号和实际使用的数量；⑥根据工艺规程所进行的检查记录，包括中间控制结果；⑦包装操作的详细情况，包括所用设备及包装生产线的编号；⑧所用印刷包装材料的实样，并印有批号、有效期及其他打印内容；不易随批包装记录归档的印刷包装材料可采用印有上述内容的复制品；⑨对特殊问题或异常事件的记录，包括对偏离工艺规程的偏差情况的详细说明或调查报告，并经签字批准；⑩所有印刷包装材料和待包装产品的名称、代码，以及发放、使用、销毁或退库的数量、实际产量以及物料平衡检查。

(二)文件制定流程

一个制药企业的文件体系是由一个个文件组成的，每个文件的管理都是由文件的起草、审核、批准、生效、修订和废除等程序组成。

1.文件的起草

在建立企业 GMP 文件起草组织机构后，根据文件的适用对象，由使用部门负责起草文件,文件的起草人可为部门主管、工段长或工艺员。起草时起草人可与部门员工进行讨论,听取意见,总结后编写;检验操作文件可由检验员起草。编写时应明确最终哪个岗位使用此文件。

2. 文件的审核与批准生效

文件只有经过批准方可生效。文件由使用部门起草后,按文件制定的有关规定将文件初稿交由企业的 QA 初审,分发至与文件相关的部门审核并提出审核意见,再由 QA 汇总转至起草部门进行调整。最终所写文件如只是普通文件,由相应职能部门批准生效,报 QA 备案;事关产品质量的重要文件由 QA 负责人批准生效;文件如涉及全生产线,则需由总工程师或企业技术领导批准生效。如具体来分类,质量管理文件可由总经理批准,其他文件可由分管相应部门的副总经理批准;质量标准、工艺规程、批记录(空白)、验证文件等由质量管理部门经理批准。一般情况下,文件批准后十个工作日后才正式执行文件,以利于培训、学习。文件由执行责任人于执行日期开始严格遵守执行。新文件开始执行前,相关管理人员应特别注意监督检查执行情况,以保证文件执行的有效性。在执行过程中,任何人不得任意改动文件,对文件的任何改动必须经批准人批准,并签字及注明日期。

3. 文件的修订与废除

为适应生产发展需要,文件应定期审阅,及时修订,并按文件的修改、撤销程序办理,文件修改、审阅、批准程序应与制订时相同。技术标准文件根据经济和技术水平的发展需要,每隔 2~3 年修订一次;规格标准文件应按最新出版的国家药典或其他法定规格进行及时修订。文件一经修订,该文件的相关文件(或记录、报告、表格等)也应作相应的修订。一旦修订文件生效,原文件就自动失效。文件管理部门应定期公布撤销文件名单。修订文件生效之日,必须由文件分发者根据文件分发登记表,向持有原文件的人员或部门收回过时文件。在生产工作现场不允许同时有二或二个以上文件的版本。收回的文件,档案室必须留存 1~2 份留档备查,若有必要,质量管理部门也可考虑留档一份,其余在清点数量后应全部销毁,有监销人并做销毁记录。当出现以下几种情况时通常应考虑对文件进行修订:

(1)法定标准或其他依据的文件更新版本导致标准有所改变;

(2)新设备、新工艺、新厂房的实施;

(3)物料供应商变更,认为有必要修订标准文件;

(4)产品用户意见或回顾性验证的结果说明应修订文件。

修订的程序:当有关文件使用部门根据需要对文件进行修订时,修订部门应先填写文件修订申请,写明修订文件名称、编码、修订原因,经质量管理部门批准后按文件制定程序修订。文件由起草人修订,附文件修订说明。

文件的废除:文件的废除由有关部门提出书面申请,交 QA 部门审核,由总工程师或企业技术领导批准。经批准同意废除的文件,应由 QA 部门书面通知有关部门,在分发此通知的同时,要收回被废除的文件,使其不得在工作现场出现。

(三)文件的印制发放

文件的印制应由专人(档案室人员)负责,其他人员不得随意复印。文件按需分发部门数复印相应的份数,并使用专用复印纸或在复印好的文件上做标记,以便能与私自复印的文件区分开。文件发放时按要求发放,并应履行签发手续,有文件发放记录,发放人、接收人均需签字。

文件的保存要做到不论是工作现场的文件还是存档的文件都应有专人妥善管理,借阅时需登记。存档的文件应由档案室人员保存在符合档案保存要求的房间内。档案室内所有文件、资料、记录应分类存放,并有记录。各部门每年将各自的新版文件、资料、记录等收集整理后,送档案室存档。产品有效期的检验记录、批记录、销售记录等保存至有效期后一年即可销毁。

(四)文件的回收与销毁

在新版文件发放的同时,旧版文件已过时失效,应立即回收,不得在工作现场出现。回收文件时应按发放记录回收,一份也不能少。回收时应履行签发手续,有文件回收记录,回收人、交接人均需签字。文件的销毁由专人负责,销毁文件、记录时应有监督人及销毁记录,除留一份备查外,旧版文件收集全后统一销毁,检验记录、批记录、销售记录等每年一次统一销毁。

(五)文件的格式与编码

1.标准类文件的格式

文件的格式:按照文件制定基本要求,文件应有统一的格式,并制定成标准文件,企业所有起草和修订文件时必须服从这统一格式标准。

企业 GMP 文件表头可采用各种格式,但其内容至少应包括:题目、编码(号)、制定人及制定日期、审核人及审核日期、批准人及批准日期、颁发部门、生效日期、分发部门。

文件正文的第 1 点至第 3 点可根据文件的需要列上目的、原则、适用范围、职责、定义、标准依据等条款,然后再写文件的内容。

文件编排格式各企业可有自己的编排格式,但必须统一并用文件规定。

2.记录类文件格式

记录类文件首页多数在首页表格上方标上企业名称或企业标志,表格名称在表格正上方,编码在左上角或右上角;也有编码在左上角,修订号在右上角的;总之,形式可以多样,但全企业要统一并以文件规定。

记录的设计应当避免填写差错,批生产记录的每一页应当标注产品的名称、规格和批号,批包装记录的每一页均应当标注所包装产品的名称、规格、包装形式和批号。

3.文件的编码

每一个文件,不管是标准类文件还是记录类文件,均应有一个与之相对应的独一无二的能够识别其文本、类别的系统编码。凡符合要求的原辅料、包装材料进厂,应由仓库管理人员统一分类编号,分类编号应统一编制。文件编码必须考虑到可随时查询文件的演变历史。

在文件编码工作中应遵循如下原则:

(1)系统性:统一分类和编码,最好是按照文件系统来建立编码系统。

(2)准确性:文件与编码一一对应,做到一文一码,一旦文件撤销,此文件编码也随之作废,不得再次使用。

(3)可追踪性:制订编码系统规定时应能保证文件的可追踪性。

(4)识别性:制定编码系统规定时,必须考虑到其编码能便于识别文件的文本和类别。

(5)稳定性:文件编码系统一旦确定,不可轻易变动。

(6)相关一致性:文件一旦经过修订,必须给予修订号,使修订文件有新的编码,同时对其相关文件中出现的该文件编码进行修订。

(7)发展性:制订编码系统规定时,要考虑企业将来的发展及管理手段的改进。

(六)文件管理期限要求

GMP 规定,每批药品应当有批记录,包括批生产记录(含批清场记录)、批包装记录、批检验记录和药品放行审核记录等。批记录至少保存至药品有效期后一年;质量标准、工艺规程、操作规程、稳定性考查、确认、验证、变更等其他重要文件应当长期保存。

任务 2　根据现行的法规规章修订所给的 SOP

任务目标

- 理解 SOP 的含义,知道 SOP 的组成要素;
- 根据现行的法规规章修订所给的 SOP;
- 具备团结合作的协作意识、法规条款实际应用的实践观、与时俱进的发展观。

课程思政

通过任务 2 中活动 1 的实践训练,引导学生了解法规条款如何在制药企业被实践应用,在制定相关企业管理规定时一定要将国家最新法规融入企业的具体管理工作中,培养学生与时俱进的发展观。

活动内容

活动1　SOP 样例分析及修订。

活动任务

结合所给的 SOP 样例介绍,请同学们讨论并总结 SOP 的组成要素,同时根据新版 GMP 的相关规定进行修改。

知识链接

一、SOP 的概念

所谓 SOP,是 Standard Operation Procedure 三个单词中首字母的大写,即标准作业程序(标准操作程序),就是将某一事件的标准操作步骤和要求以统一的格式描述出来,用来指导和规范日常的工作。

二、SOP 的组成要素

通常 SOP 有三大组成要素:程序文件、细节量化、细节坚持。从这个角度来讲,SOP 不仅仅是一套技术性范本,它还涵盖了管理思想、管理理念、管理手段。

首先,SOP 具有行业的特点,不同的行业根据项目要求的不同有不同的 SOP。

其次,SOP 事无巨细,只要与项目有关,要详细全面,要包括所有可能出现的细节。

最后,SOP 不仅仅是详细的操作说明,它是管理规范的一部分,也包含着质量控制和管理理念。

三、SOP 的作用

(1)将企业积累下来的技术、经验,记录在标准文件中,以免因技术人员的流动而致技术流失;

(2)使操作人员经过短期培训,快速掌握较为先进合理的操作技术;

(3)根据作业标准,易于追查不良品产生之原因;

(4)树立良好的生产形象,取得客户信赖与满意;

(5)是贯彻 ISO 精神核心(说,写,做一致)之具体体现,实现生产管理规范化、生产流程条理化、标准化、形象化、简单化;

(6)是企业最基本、最有效的管理工具和技术数据。

四、SOP样例

某药厂针对外部人员对生产区域的参观而制定出了相应的SOP。具体内容如表2-10所示。

表2-10 某药厂SOP文件头

部门:生产部	编号:P-MS-021-1	起草: 日期:
类别:管理标准	参观人员进入生	审核: 日期:
版次:	产区管理规程	批准: 日期:
替代:	生效日期:	页码:第1页共1页
颁发部门:	分发部门:	

(1)目的:为有效维护产品制造环境的清洁,以防止参观人员因制药常识的缺乏可能造成的污染,也为使参观人员亲身体验我厂对卫生、质量的重视。

(2)依据:国家药品监督管理局《药品生产质量管理规范》(1998年修订)第四十八条和第六十一条。

(3)范围:本标准适用于参观人员进入生产区时的行为管理。

(4)责任:进入生产区的参观人员对本标准的实施负责

(5)正文:

①外单位人员进入生产区参观必须经总经理或其指定代理人批准、登记备案。

②所有参观人员应由接待人员带领,经参观人员更衣室更衣后进入。

③参观人员将携带的物品存放在参观人员更衣室衣柜内,用清洁剂洗手、烘干后,穿上参观人员专用服装、鞋套,戴上帽子、口罩后进入。

④参观人员只能由参观走廊玻璃观看现场作业情况,禁止进入工作现场,若有例外需经总经理特别许可。

⑤食物、饮料等应放于餐厅或其他指定位置。

⑥患有传染性疾病者不得进入制造区参观。

⑦参观完毕回到更衣室后,应将用过的鞋套、帽子、口罩放置于废物桶中,将参观服放置于待洗衣柜内。

⑧参观人员穿过的服装应随时由清洁人员补充到充足数量。

(6)附则(略)。

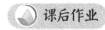 课后作业

一、选择题

二、填空题

1. GMP 中"文件"是指一切涉及药品(　　)、(　　)的书面标准和实施过程中的(　　)结果。

2. 每批产品均应当有相应的(　　),可追溯该批产品的(　　)以及与(　　)有关的情况。

3. 在生产过程中,进行每项操作时应当及时(　　),操作结束后,应当由(　　)确认并签注姓名和日期。

4. 制药企业的文件很多,大体归类可分为(　　)类和(　　)两大类。

5. 标准作业程序(标准操作程序),英文简称(　　),就是将某一事件的(　　)和(　　)以统一的格式描述出来,用来(　　)和(　　)日常的工作。

三、简答题

1. 制药企业的标准类文件有哪些?请写出具体含义并分别举例说明。

2. GMP 对记录的基本要求有哪些?

3. GMP 规定的批生产记录包括哪些内容?

项目四　检查和管理药品生产企业的硬件设施

项目介绍

　　本项目主要学习药品生产企业的厂房、设备等硬件设施的要求和管理规定，GMP 条款包括了厂房与设施、设备这两章的内容。主要包含厂房与设施原则、生产区，设备原则、设计和安装、维护和维修、使用和清洁、校准等内容的法规条款。本项目共设置了检查制药车间、制定制药设备管理文件、仪器的校准 3 个教学任务，通过完成 3 个教学任务，能知晓药品生产企业厂房和设备等硬件设施的管理要求，理解这些规定的目的和意义。通过任务 1 的实践，同学们能深刻体会制药企业如何把法规中规定具体进行落实，同时养成专业、严谨、细致的工作作风；通过任务 2 的学习，同学们能够理解标准文件在制药设备的使用清洁、维护维修中的重要作用。任务 3 的实践是让同学们知道在制药生产中衡器、量具以及仪表的准确性对保证药品生产质量的重要意义。

思维导图

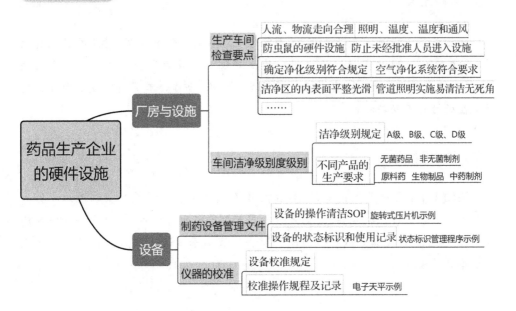

任务 1　检查制药车间

📥 任务目标

• 熟悉 GMP 对厂房、设施和设备的基本要求,理解规定的目的和意义;

• 能根据 GMP 法规中对厂房设施的相关规定检查制药车间是否符合要求,并提出整改建议;

• 培养学生的协作互助精神,养成严谨细致的工作作风。

💟 课程思政

通过任务 1 中教学活动的实施,引导学生在检查中认真观察,对照条款认真核对,并注重细节,通过实际例子说明小的细节往往会成为影响药品生产质量的关键,从而养成严谨细致的工作作风。通过参与讨论、合作分工共同完成小组任务培养学生的协作互助精神。

💼 活动内容

活动 1　学习相关理论知识,然后根据表 2-11 对校内或校外实训基地中的一个药品生产车间进行检查,判断其是否符合 GMP 的相关规定,指出不符合法规的设施,并提出整改建议。教学实施中可以根据实训基地的实际情况和教学课时选做或增减检查项目。

表 2-11　制药车间设施检查

序号	相关法规和检查要点	检查情况	整改建议
1	法规：厂房内的人、物流走向应当合理。 检查要点：人流和物流是否分开。		
2	法规：厂房应当有适当的照明、温度、湿度和通风；生产区应当有适度的照明，目视操作区域的照明应当满足操作要求。 检查要点：是否有控制温度和湿度和通风的设备；确认照明度。		
3	法规：应当能够有效防止昆虫或其他动物进入。 检查要点：是否有防虫鼠的硬件设施，如风幕、灭虫灯、黏虫胶、挡鼠板、外门密封条等。		
4	法规：应当采取适当措施，防止未经批准人员进入。 检查要点：是否有设施可以控制人员出入生产区，如门禁系统。		
5	法规：厂房、生产设施和设备应当根据所生产药品的特性、工艺流程及相应洁净度级别要求合理设计、布局和使用；口服液体和固体制剂、腔道用药（含直肠用药）、表皮外用药品等非无菌制剂生产的暴露工序区域及其直接接触药品的包装材料最终处理的暴露工序区域，应当参照"无菌药品"附录中 D 级洁净区的要求设置，企业可根据产品的标准和特性对该区域采取适当的微生物监控措施。 检查要点：根据车间生产的产品，确定净化级别是否符合规定。		
6	法规：应当根据药品品种、生产操作要求及外部环境状况等配置空调净化系统，使生产区有效通风，并有温度、湿度控制和空气净化过滤，保证药品的生产环境符合要求，洁净区与非洁净区之间、不同级别洁净区之间的压差应当不低于 10 帕斯卡。必要时，相同洁净度级别的不同功能区域（操作间）之间也应当保持适当的压差梯度。 检查要点：是否有空气净化系统；送风、回风、排风是否合理；不同洁净区之间是否有压差显示装置。		
7	法规：洁净区的内表面，应当平整光滑、无裂缝、接口严密、无颗粒物脱落，避免积尘，便于有效清洁。 检查要点：地面、墙壁、吊顶的材质，已经判断其是否光滑平整、无裂缝，是否有利于清洁。		

序号	相关法规和检查要点	检查情况	整改建议
8	法规:各种管道、照明设施、风口和其他公用设施的设计和安装应当避免出现不易清洁的部位。检查要点:管道位置是否容易清洁,照明实施是否容易清洁,有无死角。		
9	法规:排水设施应当大小适宜,并安装防止倒灌的装置;应当尽可能避免明沟排水;无菌生产的 A/B 级洁净区内禁止设置水池和地漏;在其他洁净区内,水池或地漏应当有适当的设计、布局和维护,并安装易于清洁且带有空气阻断功能的装置以防倒灌。检查要点:是否存在明沟排水;地漏有无防倒灌装置。		
10	法规:制剂的原辅料称量通常应当在专门设计的称量室内进行。检查要点:是否有称量室。		
11	法规:产尘操作间(如干燥物料或产品的取样、称量、混合、包装等操作间)应当保持相对负压或采取专门的措施,防止粉尘扩散、避免交叉污染并便于清洁。检查要点:产尘操作间压差设计是否合理。		
12	法规:洁净区内货架、柜子等不得有难清洁的部位。门的设计应当便于清洁。检查要点:货架、柜子、门材质和设计是否易于清洁。		
13	法规:应当按照气锁方式设计更衣室,使更衣的不同阶段分开;洗手设施只能安装在更衣的第一阶段;气锁间两侧的门不得同时打开;可采用连锁系统或光学或(和)声学的报警系统防止两侧的门同时打开。检查要点:更衣室的气锁装置,更衣流程的设计;气锁间两侧的门能否同时打开。		
14	法规:生产设备应当有明显的状态标识,标明设备编号和内容物(如名称、规格、批号);没有内容物的应当标明清洁状态。检查要点:生产、检验、公用设备是否具有符合规定的标示。		
15	法规:主要固定管道应当标明内容物名称和流向。检查要点:水、空气、蒸汽等管路是否标明流体名称及流向。		
16	……		

活动2 分组搜集相关设施实例图片并进行汇报。

①人流和物料通道:门禁系统、物料传递窗;②空调系统:初中高效过滤器、排风口、回风口;③防虫防鼠设施:风幕、灭虫灯、黏虫胶、挡鼠板;④洁净车间:洁净车间的地面、墙壁和天棚、差压表、灯、器具、地漏;⑤设备标识:设备、管道标识;⑥更衣室:消毒、洗手、烘干、更衣流程图。

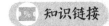知识链接

一、厂房与设施法规

厂房、设施及设备是制药企业基本的硬件设施,GMP 规定"企业应当配备足够的、符合要求的人员、厂房、设施和设备,为实现质量目标提供必要的条件"。硬件对药品生产质量控制的重要性不言而喻,在新版 GMP 中用两章分别对厂房、设施和设备做了规定。

(一)原则

厂房的选址、设计、布局、建造、改造和维护必须符合药品生产要求,应当能够最大限度地避免污染、交叉污染、混淆和差错,便于清洁、操作和维护。

应当根据厂房及生产防护措施综合考虑选址,厂房所处的环境应当能够最大限度地降低物料或产品遭受污染的风险。

企业应当有整洁的生产环境;厂区的地面、路面及运输等不应当对药品的生产造成污染;生产、行政、生活和辅助区的总体布局应当合理,不得互相妨碍;厂区和厂房内的人、物流走向应当合理。

应当对厂房进行适当维护,并确保维修活动不影响药品的质量。应当按照详细的书面操作规程对厂房进行清洁或必要的消毒。

厂房应当有适当的照明、温度、湿度和通风,确保生产和贮存的产品质量以及相关设备性能不会直接或间接地受到影响。

厂房、设施的设计和安装应当能够有效防止昆虫或其他动物进入。应当采取必要的措施,避免所使用的灭鼠药、杀虫剂、烟熏剂等对设备、物料、产品造成污染。

应当采取适当措施,防止未经批准人员的进入。生产、贮存和质量控制区不应当作为非本区工作人员的直接通道。

应当保存厂房、公用设施、固定管道建造或改造后的竣工图纸。

(二)生产区

为降低污染和交叉污染的风险,厂房、生产设施和设备应当根据所生产药品的特性、工艺流程及相应洁净度级别要求合理设计、布局和使用,并符合下列要求:

①应当综合考虑药品的特性、工艺和预定用途等因素,确定厂房、生产设施和设备多产品共用的可行性,并有相应评估报告;

②生产特殊性质的药品,如高致敏性药品(如青霉素类)或生物制品(如卡介苗或其他用活性微生物制备而成的药品),必须采用专用和独立的厂房、生产设施和设备。青霉素类药品产尘量大的操作区域应当保持相对负压,排至室外的废气应

当经过净化处理并符合要求,排风口应当远离其他空气净化系统的进风口;

③生产 β-内酰胺结构类药品、性激素类避孕药品必须使用专用设施(如独立的空气净化系统)和设备,并与其他药品生产区严格分开;

④生产某些激素类、细胞毒性类、高活性化学药品应当使用专用设施(如独立的空气净化系统)和设备;特殊情况下,如采取特别防护措施并经过必要的验证,上述药品制剂则可通过阶段性生产方式共用同一生产设施和设备;

⑤用于上述第 ②、③、④ 项的空气净化系统,其排风应当经过净化处理;

⑥药品生产厂房不得用于生产对药品质量有不利影响的非药用产品。

生产区和贮存区应当有足够的空间,确保有序地存放设备、物料、中间产品、待包装产品和成品,避免不同产品或物料的混淆、交叉污染,避免生产或质量控制操作发生遗漏或差错。

应当根据药品品种、生产操作要求及外部环境状况等配置空调净化系统,使生产区有效通风,并有温度、湿度控制和空气净化过滤,保证药品的生产环境符合要求。

洁净区与非洁净区之间、不同级别洁净区之间的压差应当不低于 10 帕斯卡。必要时,相同洁净度级别的不同功能区域(操作间)之间也应当保持适当的压差梯度。

口服液体和固体制剂、腔道用药(含直肠用药)、表皮外用药品等非无菌制剂生产的暴露工序区域及其直接接触药品的包装材料最终处理的暴露工序区域,应当参照"无菌药品"附录中 D 级洁净区的要求设置,企业可根据产品的标准和特性对该区域采取适当的微生物监控措施。

洁净区的内表面(墙壁、地面、天棚)应当平整光滑、无裂缝、接口严密、无颗粒物脱落,避免积尘,便于有效清洁,必要时应当进行消毒。

各种管道、照明设施、风口和其他公用设施的设计和安装应当避免出现不易清洁的部位,应当尽可能在生产区外部对其进行维护。

排水设施应当大小适宜,并安装防止倒灌的装置。应当尽可能避免明沟排水;不可避免时,明沟宜浅,以方便清洁和消毒。

制剂的原辅料称量通常应当在专门设计的称量室内进行。

产尘操作间(如干燥物料或产品的取样、称量、混合、包装等操作间)应当保持相对负压或采取专门的措施,防止粉尘扩散、避免交叉污染并便于清洁。

用于药品包装的厂房或区域应当合理设计和布局,以避免混淆或交叉污染。如同一区域内有数条包装线,应当有隔离措施。

生产区应当有适度的照明,目视操作区域的照明应当满足操作要求。

生产区内可设中间控制区域,但中间控制操作不得给药品带来质量风险。

二、洁净度级别

2010 版 GMP 在附录"无菌药品"中对洁净度的级别和监测做出了规定。

(一)洁净度级别的相关规定

洁净区的设计必须符合相应的洁净度要求,包括达到"静态"和"动态"的标准。

无菌药品生产所需的洁净区可分为以下 4 个级别:

A 级:高风险操作区,如灌装区、放置胶塞桶和与无菌制剂直接接触的敞口包装容器的区域及无菌装配或连接操作的区域,应当用单向流操作台(罩)维持该区的环境状态。单向流系统在其工作区域必须均匀送风,风速为 0.36-0.54m/s(指导值)。应当有数据证明单向流的状态并经过验证。在密闭的隔离操作器或手套箱内,可使用较低的风速。

B 级:指无菌配制和灌装等高风险操作 A 级洁净区所处的背景区域。

C 级和 D 级:指无菌药品生产过程中重要程度较低操作步骤的洁净区。

以上各级别空气悬浮粒子的标准规表 2-12 所示。

表 2-12　各洁净度级别空气悬浮粒子标准

洁净度级别	悬浮粒子最大允许数/立方米			
	静态		动态[③]	
	$\geqslant 0.5\ \mu m$	$\geqslant 5.0\ \mu m$[②]	$\geqslant 0.5\ \mu m$	$\geqslant 5.0\ \mu m$
A 级[①]	3520	20	3520	20
B 级	3520	29	352000	2900
C 级	352000	2900	3520000	29000
D 级	3520000	29000	不作规定	不作规定

注:①为确认 A 级洁净区的级别,每个采样点的采样量不得少于 1 立方米。A 级洁净区空气悬浮粒子的级别为 ISO 4.8,以$\geqslant 5.0\ \mu m$的悬浮粒子为限度标准。B 级洁净区(静态)的空气悬浮粒子的级别为 ISO 5,同时包括表中两种粒径的悬浮粒子。对于 C 级洁净区(静态和动态)而言,空气悬浮粒子的级别分别为 ISO 7 和 ISO 8。对于 D 级洁净区(静态),空气悬浮粒子的级别为 ISO 8。测试方法可参照 ISO14644-1。②在确认级别时,应当使用采样管较短的便携式尘埃粒子计数器,避免$\geqslant 5.0\mu m$悬浮粒子在远程采样系统的长采样管中沉降。在单向流系统中,应当采用等动力学的取样头。③动态测试可在常规操作、培养基模拟灌装过程中进行,证明达到动态的洁净度级别,但培养基模拟灌装试验要求在"最差状况"下进行动态测试。

(二)不同产品的生产阶段要求的洁净度级别

1.无菌药品

无菌药品的生产操作环境可参照表 2-13 和表 2-14 中的示例进行选择。

表 2-13　最终灭菌产品生产环境选择

洁净度级别	最终灭菌产品生产操作示例
C 级背景下的局部 A 级	高污染风险①的产品灌装(或灌封)
C 级	1.产品灌装(或灌封); 2.高污染风险②产品的配制和过滤; 3.眼用制剂、无菌软膏剂、无菌混悬剂等的配制、灌装(或灌封); 4.直接接触药品的包装材料和器具最终清洗后的处理。
D 级	1.轧盖; 2.灌装前物料的准备; 3.产品配制(指浓配或采用密闭系统的配制)和过滤; 4.直接接触药品的包装材料和器具的最终清洗。

注:①此处的高污染风险是指产品容易长菌、灌装速度慢、灌装用容器为广口瓶、容器须暴露数秒后方可密封等状况;②此处的高污染风险是指产品容易长菌、配制后需等待较长时间方可灭菌或不在密闭系统中配制等状况。

表 2-14　非最终灭菌产品生产环境选择

洁净度级别	非最终灭菌产品的无菌生产操作示例
B 级背景下的 A 级	1.处于未完全密封①状态下产品的操作和转运,如产品灌装(或灌封)、分装、压塞、轧盖等; 2.灌装前无法除菌过滤的药液或产品的配制; 3.直接接触药品的包装材料、器具灭菌后的装配以及处于未完全密封状态下的转运和存放; 4.无菌原料药的粉碎、过筛、混合、分装。
B 级	1.处于未完全密封②状态下的产品置于完全密封容器内的转运; 2.直接接触药品的包装材料、器具灭菌后处于密闭容器内的转运和存放。
C 级	1.灌装前可除菌过滤的药液或产品的配制; 2.产品的过滤。
D 级	直接接触药品的包装材料、器具的最终清洗、装配或包装、灭菌。

注:①轧盖前产品视为处于未完全密封状态。②根据已压塞产品的密封性、轧盖设备的设计、铝盖的特性等因素,轧盖操作可选择在 C 级或 D 级背景下的 A 级送风环境中进行。A 级送风环境应当至少符合 A 级区的静态要求。

2.非无菌制剂

口服液体、固体、腔道用药(含直肠用药)、表皮外用药品、非无菌的眼用制剂暴露工序及其直接接触药品的包装材料最终处理的暴露工序区域,应参照"无菌药品"附录中 D 级洁净区的要求设置与管理。

3.原料药

非无菌原料药精制、干燥、粉碎、包装等生产操作的暴露环境应当按照 D 级洁净区的要求设置。

4.生物制品

生物制品包括细菌类疫苗(含类毒素)、病毒类疫苗、抗毒素及抗血清、血液制品、细胞因子、生长因子、酶等按药品管理的体内及体外诊断制品,以及其他生物活性制剂,如毒素、抗原、变态反应原、单克隆抗体、抗原抗体复合物、免疫调节剂及微生态制剂等。

生物制品的生产操作应当在符合下表中规定的相应级别的洁净区内进行,未列出的操作可参照表 2-15 在适当级别的洁净区内进行。

表 2-15 生物制品生产环境选择

洁净度级别	生物制品生产操作示例
B 级背景下的局部 A 级	附录一无菌药品中非最终灭菌产品规定的各工序,灌装前不经除菌过滤的制品其配制、合并等。
C 级	体外免疫诊断试剂的阳性血清的分装、抗原与抗体的分装。
D 级	原料血浆的合并、组分分离、分装前的巴氏消毒,口服制剂其发酵培养密闭系统环境(暴露部分需无菌操作),酶联免疫吸附试剂等体外免疫试剂的配液、分装、干燥、内包装。

5.中药制剂

中药注射剂浓配前的精制工序应当至少在 D 级洁净区内完成。

任务 2 制定制药设备管理文件

任务目标

• 知晓 GMP 对设备管理的相关规定;

• 会编写设备的标准操作规程、设备状态标识、设备使用日志等制药设备的管理文件；

- 培养学生的协作互助精神,培养质量风险意识。

课程思政

通过任务 2 中教学活动的实施,引导同学们理解标准操作规程、状态卡等设备管理文件对保证设备正常运行、确保药品生产质量的重要意义。通过案例启发同学们认识设备清洁的重要性,养成质量风险意识。通过参与讨论、合作分工共同完成小组任务培养学生的协作互助精神。

活动内容

活动 1 阅读下面旋转式压片机清洗标准操作程序并编写××设备清洁 SOP 和清洁记录。

知识链接

一、旋转式压片机清洗标准操作程序示例

(一)基本信息

目的:建立旋转式片机清洗标准操作程序,防止污染,保证产品质量。
范围:旋转式压片机的清洗。
责任:清洗旋转式压片机的人员负责按照本规程做清洁。

(二)内容

1.清洗频次
(1)生产操作前、生产结束后清洗消毒。
(2)更换产品批号或产品品种时清洗消毒。
(3)特殊情况随时清洗消毒。
2.清洗工具
丝光毛巾、刷子、脱脂纱布、不锈钢盆等。
3.清洗剂
洗洁精,纯化水。
4.消毒剂
75%的乙醇。
5.清洗方法
(1)生产操作前清洗消毒

①若生产操作前旋转式压片机已清洗,并在有效期内,如清洗和操作在同一天,则装机后就可使用。如清洗和操作不在同一天,则用洁净的丝光毛巾蘸取75%的乙醇并拧干后,对旋转式压片机及全套模具分别擦拭消毒一次,自然晾干后使用。

②若生产操作前旋转式压片机虽已清洗,但已过了有效期,则按照更换产品批号时清洗消毒的程序对旋转式压片机进行清洗消毒,自然晾干后使用。

(2)生产结束后更换产品批号时清洗消毒流程

生产结束后更换产品批号时清洗消毒流程,如图2-2所示。

(3)更换产品品种时清洗消毒流程

生产结束后更换产品品种时清洗消毒流程,如图2-3所示。

(4)特殊情况随时清洗消毒

可根据情况采用上述清洗方法中的一种进行清洗消毒。

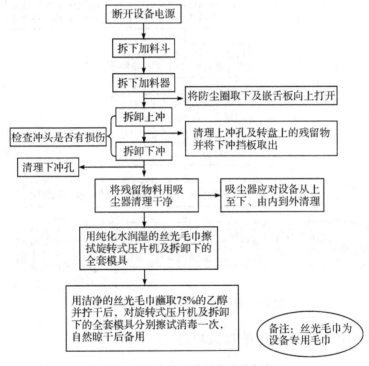

图 2-2　更换产品批号时清洗消毒流程

6.消毒记录

消毒完成后填写好设备清洗消毒记录。

7.操作注意事项

(1)若长期不使用模具,就要将已清洗干净的全套模具上油后放入专用盒中,并放置于模具柜中,专人保管备用。

(2)清洗有效期为3天。

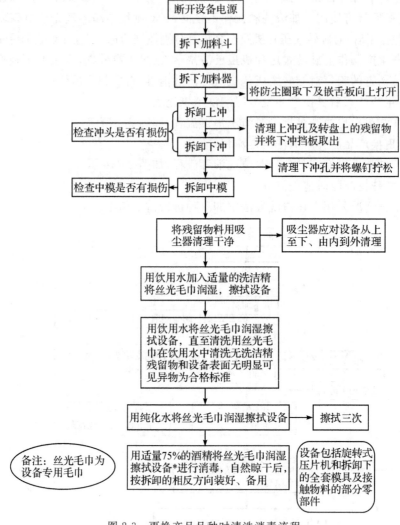

图 2-3　更换产品品种时清洗消毒流程

二、GMP 对设备管理的相关规定

(一)原则

设备的设计、选型、安装、改造和维护必须符合预定用途,应当尽可能降低产生污染、交叉污染、混淆和差错的风险,便于操作、清洁、维护,以及必要时进行的消毒或灭菌。

应当建立设备使用、清洁、维护和维修的操作规程,并保存相应的操作记录。

应当建立并保存设备采购、安装、确认的文件和记录。

（二）设计和安装

生产设备不得对药品质量产生任何不利影响。与药品直接接触的生产设备表面应当平整、光洁、易清洗或消毒、耐腐蚀，不得与药品发生化学反应、吸附药品或向药品中释放物质。

应当配备有适当量程和精度的衡器、量具、仪器和仪表。

应当选择适当的清洗、清洁设备，并防止这类设备成为污染源。

设备所用的润滑剂、冷却剂等不得对药品或容器造成污染，应当尽可能使用食用级或级别相当的润滑剂。

生产用模具的采购、验收、保管、维护、发放及报废应当制定相应操作规程，设专人专柜保管，并有相应记录。

（三）维护和维修

设备的维护和维修不得影响产品质量。

应当制定设备的预防性维护计划和操作规程，设备的维护和维修应当有相应的记录。

经改造或重大维修的设备应当进行再确认，符合要求后方可用于生产。

（四）使用和清洁

主要生产和检验设备都应当有明确的操作规程。

生产设备应当在确认的参数范围内使用。

应当按照详细规定的操作规程清洁生产设备。

生产设备清洁的操作规程应当规定具体而完整的清洁方法、清洁用设备或工具、清洁剂的名称和配制方法、去除前一批次标识的方法、保护已清洁设备在使用前免受污染的方法、已清洁设备最长的保存时限、使用前检查设备清洁状况的方法，使操作者能以可重现的、有效的方式对各类设备进行清洁。

如需拆装设备，还应当规定设备拆装的顺序和方法；如需对设备消毒或灭菌，还应当规定消毒或灭菌的具体方法、消毒剂的名称和配制方法。必要时，还应当规定设备生产结束至清洁前所允许的最长间隔时限。

已清洁的生产设备应当在清洁、干燥的条件下存放。

用于药品生产或检验的设备和仪器，应当有使用日志，记录内容包括使用、清洁、维护和维修情况以及日期、时间、所生产及检验的药品名称、规格和批号等。

生产设备应当有明显的状态标识，标明设备编号和内容物（如名称、规格、批号）；没有内容物的应当标明清洁状态。

不合格的设备如有可能应当搬出生产和质量控制区，未搬出前，应当有醒目的状态标识。

主要固定管道应当标明内容物名称和流向。

🏥 **活动内容**

学习状态标志管理程序,为一台指定的制药设备设计一套完整的状态标识和设备使用记录。各小组分别讨论设备状态管理程序的主要内容,小组之间互相考核。

📖 **知识链接**

一、《状态标志管理程序》示例

(一)基本信息

1.适用范围

本标准适用于所有生产过程状态标志和设备、物料状态标志,包括 QC 的仪器、设备。

2.职责

班长或班组负责人:悬挂各种生产状态标志及生产现场的设备状态标志。

设备动力科设备管理员:协同物控部定购设备状态标志牌,安装保养设备状态标志牌。

物料员、库管员:及时更换物料状态标志。

QA 现场监控员:监督各种状态标志是否正确悬挂。

(二)管理内容

1.状态标志的分类

设备状态卡、计量器具状态标志、物料状态标志、清洁状态卡、生产状态卡等。

2.设备状态卡管理

(1)照《厂房、设备及计量器具编码程序》对设备进行统一编码,编码应标在各设备主体上。每台设备设专人管理,责任到人。

(2)每台设备都应挂有设备状态卡,设备状态卡分为以下几种。

· 维修:正在或待修理的设备;

· 备用:处于完好状态、随时等待进行生产操作的设备;

· 运行:设备正处于使用状态;

· 封存:处于闲置状态的设备。

(3)主要管线按规定涂色,并应有介质名称、流向指示。

自来水管涂绿色,刷淡黄色色环;压缩空气管道(无缝钢管)刷淡蓝色;真空管道涂刷白色;冷却水管道刷绿色;消防管道刷红色;排污水管刷黑色;热水管刷橙色。不锈钢管、蒸汽保温管、冷冻水保温管外壳均不刷颜色,但应刷基本识别色环,色环宽度为 50mm,再刷上与色环颜色一致的箭头符号标明流向,再用汉字符号标明管内流体名称;工艺物料管道刷黄色色环;饮用水管道刷淡绿色色环;蒸汽管道刷红色色环;压缩空气刷淡蓝色色环;纯化水管道刷深绿色色环;冷冻水管道刷草绿色色环;真空管道刷深蓝色色环;溶媒管道刷棕色色环;酸管道刷紫色色环;碱管道刷粉红色色环;电线套管刷红色色环。

(4)当设备状态改变时,要及时换状态卡,以防发生使用错误。

(5)所有设备状态卡应挂在设备醒目、不易脱落且不影响操作的部位。

(6)各使用部门要做到计数领用。领用后的状态卡由各使用部门专人统一保管、发放使用。

(7)各使用部门应对领用的设备状态卡妥善保管,若有损坏、遗失应及时上报设备动力科更换或重新领取。

3.计量状态标志管理

(1)照《厂房、设备及计量器具编码程序》对计量器具进行统一编码,编码应标在各器具主体上。每一台设专人管理,责任到人。

(2)工作现场的计量器具应张贴"合格""准用""限用""禁用"状态标志。

(3)有标准检定规程并经检定合格的仪器张贴绿色"合格"标记;无检定规程但经校验合格的仪器张贴黄色"准用"标记;部分功能经校验合格的仪器张贴黄色"限用"标记;损坏的仪器张贴红色"禁用"标记。

(4)衡量器及仪表,有检定部门出具的周检合格证,贴于衡量器及仪表可观察的部位,每批生产前复核其是否在校验期内。

4.物料状态标志

(1)待验黄色,其中印有"待验"字样。代表此物料未经检验不得发放使用。

(2)合格绿色,其中印有"合格"字样。代表此物料检验合格,可以流入下道工序,成品可发出的状态。

(3)不合格红色,其中印有"不合格"字样。代表此物料检验不合格,不可流入下道工序或出厂的状态。

(4)盛装物料的容器必须悬挂所装物料的《物料标志卡》。

5.清洁状态卡

清洁状态卡分为"清洁"和"待清洁"。

(1)清洁:设备、容器等经过清洗处理,达到生产所需的状态。

(2)待清洁:设备、容器等未经过清洗处理,未达到生产所需的状态。所有生产场所(工作间)、设备等均应有识别其可否使用的清洁状态。若为流水线生产设备,应将清洁状态卡悬挂在中间一台设备的显著位置。容器使用完后及时放入器具清洁间悬挂有"待清洁"标牌的未清洁区。容器清洗(消毒)后放入容器(器具)存放间,悬挂有"清洁"标牌的区域。工具器具等使用后及时放入清洁间悬挂有"待清洁"标牌的未清洁区。经清洁后放入悬挂有"清洁"标牌的区域。

6.清场状态卡

(1)生产某一阶段完成或生产结束后,通过对操作间、设备等的清洁及物料、文件的清理,经 QA 确认合格后发放《清场合格证》,工序带班人将《清场合格证》悬挂于操作间门上。

(2)《清场合格证》纳入下一批产品的批生产记录中。

7.生产状态卡

生产状态卡经 QA 现场监控员确认允许生产后,生产状态卡悬挂在操作间门上,内容包括"品名、批号、规格、数量、带班人、生产日期及班次"。

(三)状态卡的制作与签发

1.制作

(1)统一印制。

(2)易于清洗、消毒或更换。

(3)材料可采用不锈钢、铝板或无毒塑料材质制作。

2.签发

(1)设备状态卡由设备动力科统一设计、统一编号,物控部统一制作。

(2)清洁状态卡和生产状态卡由工序带班人签发。

(3)计量器具标志由法定计量部门或设备动力科发放。

(4)物料状态卡由库管员或车间物料员领用。

任务3   校准仪器

📥 任务目标

• 熟悉法规对制药设备校准的相关规定;

• 会对常用的量具、衡器进行校准,并正确填写校准记录;

• 培养学生的协作互助精神,养成规范操作、严谨细致的工作作风。

💟 课程思政

通过任务 3 中教学活动的实施,引导学生理解校准的重要意义,在校准实施过程中养成规范操作,严谨细致的工作作风。通过参与讨论、合作分工共同完成小组任务培养学生的协作互助精神。

🔧 活动内容

活动 查阅资料制定量筒、量杯、滴定管电子天平等常用量具、衡器的校准操作规程,设计校准记录,并根据制定的规程进行校准,填写校准记录。

知识链接

一、GMP 对设备校准的规定

应当按照操作规程和校准计划定期对生产和检验用衡器、量具、仪表、记录和控制设备以及仪器进行校准和检查,并保存相关记录。校准的量程范围应当涵盖实际生产和检验的使用范围。

应当确保生产和检验使用的关键衡器、量具、仪表、记录和控制设备以及仪器经过校准,所得出的数据准确、可靠。

应当使用计量标准器具进行校准,且所用计量标准器具应当符合国家有关规定。校准记录应当标明所用计量标准器具的名称、编号、校准有效期和计量合格证明编号,确保记录的可追溯性。

衡器、量具、仪表、用于记录和控制的设备以及仪器应当有明显的标识,标明其校准有效期。

不得使用未经校准、超过校准有效期、失准的衡器、量具、仪表以及用于记录和控制的设备、仪器。

在生产、包装、仓储过程中使用自动或电子设备的,应当按照操作规程定期进行校准和检查,确保其操作功能正常。校准和检查应当有相应的记录。

二、电子天平校准操作规程及记录示例

(一)基本信息

1. 目的
为保证生产过程中使用的电子天平的准确,特制定电子天平日常校正规程。
2. 范围
本规程适用于电子天平日常使用的校正。
3. 职责
本规程由电子天平使用人员负责实施。
4. 引用文件
文件名称、编号

(二)内容

1. 校正前准备
(1)检查天平是否通过检定,并在检定有效期内;

（2）检查天平水准器内的气泡是否位于水准器圆的中心位置,否则应予调节使处于水平位置状态;

（3）检查校正砝码是否通过检定,并在检定有效期内。

2.校正方法

（1）两点校正法

采用两点校正法,即选取两个称量点校正。

（2）根据天平的最大称量,确定天平校正的范围,确定需要使用的标准砝码。电子天平对应载荷最大允许误差见表 2-16。

表 2-16 不同量程的电子天平校准方法

量程(g)	分度值(g)	标准砝码(g)	允许误差(g)	允许误差范围(g)
0-500	0.1	10 200	±0.5	9.5~10.5 199.5~200.5
0-1500	0.01	50 200	±0.05	49.95~50.05 199.95~200.05
0-500	0.01	10 200	±0.05	9.95~100.5 199.95~200.05
0-200	0.001	10 200	±0.005 ±0.01	9.995~10.005 199.99~200.01
0-200	0.0001	10 200	±0.0005 ±0.001	9.9995~10.0005 199.999~200.001
0-210	0.001	10 200	±0.005 ±0.01	9.995~10.005 199.99~200.01
0-82	0.00001	10 50	±0.00015	9.99985~10.00015 49.99985~50.00015
0-82	0.00001	10 50	±0.00015	9.99985~10.00015 49.99985~50.00015
0-220	0.0001	10 200	±0.001 ±0.0015	9.999~10.001 199.9985~200.0015

（3）用镊子或戴上手套依次将标准砝码放于天平秤盘中心位置上,稳定后显示标准砝码的重量值。分别测试 1 次,记录于《电子天平日常校正记录》(编号,附录A)。

（4）校正结果超出偏差范围应通知计量室送检或维修,并在备注栏注明。

4.校正记录表示例

电子天平日常校正记录示例见表 2-17。

表 2-17 电子天平日常校正记录　　　　　　　编号：

型号	编号	量程(g)	分度值(g)	标准砝码(g)	允许误差(g)	允许误差范围(g)
		0-500	0.1	10	±0.5	9.5～10.5
				200		199.5～200.5
		0-1500	0.01	50	±0.05	49.95～50.05
				200		199.95～200.05
		0-500	0.01	10	±0.05	9.95～100.5
				200		199.95～200.05
		0-200	0.001	10	±0.005	9.995～10.005
				200	±0.01	199.99～200.01
		0-200	0.0001	10	±0.0005	9.9995～10.0005
				200	±0.001	199.999～200.001
		0-210	0.001	10	±0.005	9.995～10.005
				200	±0.01	199.99～200.01
		0-82	0.00001	10	±0.00015	9.99985～10.00015
				50		49.99985～50.00015
		0-220	0.0001	10	±0.001	9.999～10.001
				200	±0.0015	199.9985～200.0015

标准砝码：□10g□50g□200g

日期	校正结果(g)	校正结果(g)	结论	校正人	备注
			□		
日期	校正结果(g)	校正结果(g)	结论	校正人	备注
			□		
日期	校正结果(g)	校正结果(g)	结论	校正人	备注
			□		
日期	校正结果(g)	校正结果(g)	结论	校正人	备注
			□		
日期	校正结果(g)	校正结果(g)	结论	校正人	备注
			□		
日期	校正结果(g)	校正结果(g)	结论	校正人	备注
			□		
日期	校正结果(g)	校正结果(g)	结论	校正人	备注
			□		

注：使用的型号、标准砝码在"□"内选择划"√"2；结论项根据"允许误差范围"判定，如合格则在"□"划"√"、不合格划"×"；不合格处理情况应在备注栏注明。

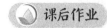 课后作业

一、选择题

二、填空题

1.为降低(　　)和(　　)的风险,厂房、生产设施和设备应当根据所生产药品的(　　)和(　　)及相应(　　)要求合理设计、布局。

2.应当根据药品(　　)、(　　)及(　　)等配置空调净化系统,使生产区有效通风,并有温度、湿度控制和空气净化过滤,保证药品的生产环境符合要求。

3.(　　)和(　　)、(　　)(含直肠用药)、(　　)等非无菌制剂生产的工序区域及其直接接触药品的包装材料最终处理的暴露工序区域,应当参照"无菌药品"附录中(　　)级洁净区的要求设置,企业可根据产品的(　　)和(　　)对该区域采取适当的(　　)监控措施。

4.(　　)、(　　)或(　　)的物料或产品应当隔离存放。

5.设备所用的(　　)、(　　)等不得对药品或容器造成污染,应当尽可能使用(　　)或级别相当的(　　)。

三、简答题

1.在制药生产中,哪些药品生产阶段需要在 C 级洁净区内进行?

2.在制药生产中,哪些药品生产阶段需要在 B 级背景下 A 级洁净区内进行?

3.制药设备都应该有设备状态卡,一般设备状态卡可以分为几种? 分别表示什么含义?

4.一般物料状态卡可以分为几种? 分别表示什么含义?

项目五　认识药品生产企业的物料管理

📖 项目介绍

　　物料管理是药品质量管理体系中重要的组成部分,本项目主要学习药品生产企业物料管理的相关规定,主要包含物料供应商的评估和批准、原辅料和包装材料的验收、成品的接收和入库等内容的法规条款。通过完成 3 个教学任务,了解物料管理系统的基本概念及重要性,知晓 GMP 对供应商审计、物料和产品管理的基本要求。通过任务 1 的案例学习,同学们能够深刻体会原辅料供应商审计工作的重要性,牢固树立知法守法的法治观。通过任务 2 和任务 3 的实践,同学们能够熟知原辅料、包装材料以及成品验收和入库管理的流程和要求,培养严格按照规范操作的职业素养和协作互助精神。

⭐ 思维导图

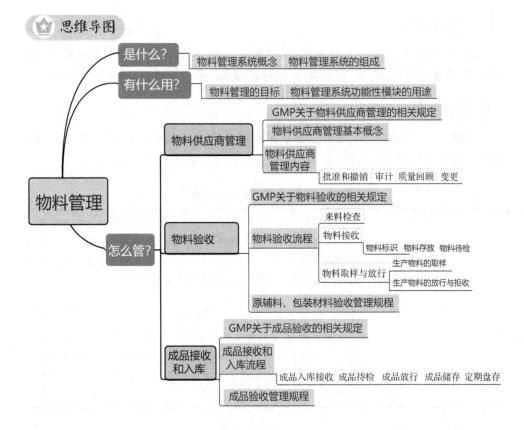

📹 教学视频

任务 1　评估和批准物料供应商

📨 任务目标

• 了解 GMP 关于药品生产企业物料供应商管理的相关规定,熟悉物料供应商评估审计、批准、撤销以及变更的操作规程;

• 能分析解决物料供应商审计中常见问题;

• 培养知法守法的法规意识。

💟 课程思政

通过任务 1 中活动 1 案例分析,让学生意识到"知识应用"与"价值引领"一旦相脱离,将对社会造成严重的危害,引导学生思考恪守职业道德、知法守法的意义。

⊕ 活动内容

活动 1　结合 GMP 关于供应商管理的相关规定,对 2006 年"齐二药"假药事件进行案例分析(见表 2-18),并围绕如何选择物料供应商进行讨论。

表 2-18　"齐二药"假药事件分析

事件回顾	2006 年 4 月 26 日起,中山大学附属第三医院有患者使用齐齐哈尔第二制药厂生产的亮菌甲素注射液后出现急性肾衰竭临床症状,该事件中最终共有 65 名患者使用了该批号亮菌甲素注射液,导致 13 名患者死亡,另有 2 名患者受到严重伤害。 经食品药品监管部门、公安部门联合查明,齐二药二厂原辅料采购、质量检验工序管理不善,相关主管人员和相关工序责任人违反有关药品采购及质量检验的管理规定,购进了以二甘醇冒充的丙二醇并用于生产亮菌甲素注射液,最终导致严重后果。

续表

分析主题	分析结果
事件发生的原因	
该批亮菌甲素注射液是假药还是劣药,为什么?	
根据相关法规,对齐二药企业该怎么处理?	
讨论议题	讨论结果
该事作件中有关人员哪些行为不符合 GMP 关于物料管理的规定?	
物料供应商审计的主要步骤	
物料供应商审计要点	
物料供应商审计的作用	

知识链接

一、GMP 关于物料供应商管理的相关规定

(1)质量管理部门应当对所有生产用物料的供应商进行质量评估,会同有关部门对主要物料供应商(尤其是生产商)的质量体系进行现场质量审计,并对质量评估不符合要求的供应商行使否决权。主要物料的确定应当综合考虑企业所生产的药品质量风险、物料用量以及物料对药品质量的影响程度等因素。企业法定代表人、企业负责人及其他部门的人员不得干扰或妨碍质量管理部门对物料供应商独立作出质量评估。

(2)应当建立物料供应商评估和批准的操作规程,明确供应商的资质、选择的原则、质量评估方式、评估标准、物料供应商批准的程序。如质量评估需采用现场质量审计方式的还应当明确审计内容、周期、审计人员的组成及资质。需采用样品小批量试生产的,还应当明确生产批量、生产工艺、产品质量标准、稳定性考察方案。

(3)质量管理部门应当指定专人负责物料供应商质量评估和现场质量审计,分发经批准的合格供应商名单。被指定的人员应当具有相关的法规和专业知识,具有足够的质量评估和现场质量审计的实践经验。

(4)现场质量审计应当核实供应商资质证明文件和检验报告的真实性,核实其

是否具备检验条件。应当对其人员机构、厂房设施和设备、物料管理、生产工艺流程和生产管理、质量控制实验室的设备、仪器、文件管理等进行检查,以全面评估其质量保证系统。现场质量审计应当有报告。

(5)必要时对主要物料供应商提供的样品进行小批量试生产,并对试生产的药品进行稳定性考察。

(6)质量管理部门对物料供应商的评估至少应当包括:供应商的资质证明文件、质量标准、检验报告、企业对物料样品的检验数据和报告。如进行现场质量审计和样品小批量试生产的,还应当包括现场质量审计报告,以及小试产品的质量检验报告和稳定性考察报告。

(7)改变物料供应商,应当对新的供应商进行质量评估;改变主要物料供应商的,还需要对产品进行相关的验证及稳定性考察。

(8)质量管理部门应当向物料管理部门分发经批准的合格供应商名单,该名单内容至少包括物料名称、规格、质量标准、生产商名称和地址、经销商(如有)名称等,并及时更新。

(9)质量管理部门应当与主要物料供应商签订质量协议,在协议中应当明确双方所承担的质量责任。

(10)质量管理部门应当定期对物料供应商进行评估或现场质量审计,回顾分析物料质量检验结果、质量投诉和不合格处理记录。如物料出现质量问题或生产条件、工艺、质量标准和检验方法等可能影响质量的关键因素发生重大改变时,还应当尽快进行相关的现场质量审计。

(11)企业应当对每家物料供应商建立质量档案,档案内容应当包括供应商的资质证明文件、质量协议、质量标准样品检验数据和报告、供应商的检验报告、现场质量审计报告、产品稳定性考察报告、定期的质量回顾分析报告等。

二、物料管理系统简介

物料管理系统是指从物料采购入库到生产出成品出厂的全过程,将所有物料的流转纳入统一的管理系统,从而确保对产品质量的全过程控制。采用符合质量标准的物料(原料、辅料和包装材料)进行药品生产是保证药品质量的基本要素。物料管理的目标就是保证为药品生产提供符合质量标准的足够的物料,同时将合格的药品发运给用户。在现代制药企业中,它是连接市场营销体系和生产体系的枢纽,是协调生产体系运行的指挥中心。在制药企业中可以说物料管理是生产、质量管理的主线,管理应随着物料流动而进行监控。

物料管理系统一般是通过三大专门设计的功能性模块来保证物料供应的。一是采购和生产计划模块,负责供应商的选择、物料采购计划的制定与实施、生产计划的制定和下达;二是物料管理模块,负责原料、辅料和包装材料的接收、储存、发放及销毁;三是成品模块,负责成品的接收、储存、发放及销毁。

三、物料供应商的管理

(一)物料供应商管理的概念

物料管理是从原辅料、包装材料供应厂商的确认开始。选定供应厂商,除对对方提供的样品进行检验,要达到本公司规定的一切标准外,还需对厂商进行现场生产、质量管理条件进行审查,这种审查均由质管部负责,经审查正式确认后,不得任意变更。如必须变更时,需由供应部门提出要求,报总经理同意后,再次按程序进行审查确认。

企业应建立物料供应商审计和批准的操作规程.明确供应商的资质、选择的原则、质量评估方式质量审计内容、评估标准、质量审计人员的组成及资质,确定现场质量审计周期以及物料供应商批准的程序。对供应商的评估通常需要跨职能团队(例如生产、QC、QA、采购部门、物料管理部门等)共同进行。参与供应商审计的人员应具有相关的法规和专业知识,具有足够的质量审计和评估的实践经验。

对物料供应商的评估应至少包括:供应商的资质证明文件、质量标准、检验报告、企业对物料样品的检验数据和报告。如进行现场质量审计和样品小批量试生产的,还应包括现场质量审计报告,以及小试产品的质量检验报告和稳定性考察报告。

对经确认的物料供应商,企业应维护该供应商的确认状态,证明该供应商能始终如一地提供符合质量标准的物料,例如通过供应商物料质量的定期回顾、供应商的定期审计等方法。

企业应对经确认的物料供应商进行必要的控制,保证采购的原辅料和包装材料来自经确认的物料供应商,如建立经确认的物料供应商目录,并及时更新;或建立计算机化物料管理系统等。

企业应对每家物料供应商建立质量档案,档案内容应包括供应商的资质证明文件、质量协议、质量标准、样品检验数据和报告、供应商的检验报告、现场质量审计报告、产品稳定性考察报告、定期的质量回顾分析报告等。

(二)物料供应商管理内容

从《药品生产质量管理规范》针对物料供应商的评估和批准的要求来看,物料供应商的管理应包含如下方面:文件上的要求(如:建立供应商管理的程序,内容至少涵盖供应商的评估、审计、批准、撤销等;批准的供应商清单:建立供应商档案等);定期的现场审计、评估,并形成审计报告供应商变更的管理(如进行小批量试生产,现场审计,进行稳定性考察等);与主要物料供应商签订质量协议;定期的质量回顾分析。

1.供应商的批准和撤销

企业需要按照法规要求建立供应商的评估、批准、撤销等方面的流程,明确供应商的资质、分级标准、各级别供应商的选择原则、质量评估方式、评估标准、批准及撤销程序。

供应商的批准需注意如下几个关键点:

(1)供应商必须是经过质量部门批准的,建立批准的供应商清单并定期更新。

(2)供应商的资质证明文件应齐全并符合法规要求,并应定期对其回顾和进行更新。

(3)进行现场质量审计或通过调查问卷进行评估。

(4)新增供应商对应进行样品的检测,如果需要还应进行样品小批量的试生产、工艺验证或稳定性考察。

(5)与批准的主要物料的供应商签订质量协议。质量协议的内容包括但不限于对厂房、生产设备、工艺要求、取样方法包装、标识方法、运输条件和变更的规定及每个检验项目的检验方法和限度。在给供应商发放第一个正式订单前,质量标准应经供需双方批准同意,否则应有书面的合理的解释。

(6)当对不同类别物料的供应商进行批准时,其质量评估方式和评估标准可以有所区别。

(7)从经过批准的供应商处购买的物料可以直接用于上市销售产品和医学研究产品的生产。如果从未经批准的供应商处购买原料药,该原料药不能用于上市销售的产品的生产(但可以用于其他目的的产品生产,例如医学研究的产品或注册用稳定性研究产品)。

(8)物料管理部门应根据批准的供应商清单中所列的供应商的信息对来料进行核对。

2.供应商审计

(1)供应商审计要点

①并不需要对每一种物料的供应商都进行现场审计,一般要求对产品质量有影响的或主要的供应商(包括关键的物料和用量较大的供应商)进行现场审计,如有特殊原因不能执行现场审计,可以通过书面审计的形式来代替现场审计。

②审计人员应具有相关的法规和专业知识,经过相关的审计培训,具有足够的质量评估和现场质量审计的实践经验。

③当出现如下情况时,可考虑对供应商进行现场审计或书面审计,例如:(a)首次审计:针对新生产商、经销商、新产品、新的生产场地、新的生产线等。(b)原因审计:重大的质量投诉,如:混批、印刷错误、涂层或胶漏涂、涂布量不够、产品中发现严重的异物混入如人体毛发、微生物污染等;重大的 HSE 的事故;对某几个质量要素的重点检查。(c)追踪检查:对上一次审计问题所采取的整改措施的确认。

（d）根据常规审计频次进行的再审计。

④每年根据供应商的常规审计频次，相关部门的审计需求以及供应商的表现来制定下一年的供应商审计计划，并定期回顾审计计划的执行情况。

⑤可以从如下但不限于如下的这些方面或几个方面来对供应商进行现场的或书面的审计：

（a）供应商的资质证明文件的真实性。

（b）质量保证系统：如变更、偏差、供应商管理，纠正和预防措施管理，自检、年度质量回顾、客户投诉管理等。

（c）人员机构：如人员资质、培训、卫生等。

（d）厂房设施和设备：如厂房、设施和设备的验证以及再验证，设备和生产区域的清洁及消毒环境的监测，水系统的监测，虫害控制厂房设施和设备的维护、保养等。

（e）生产工艺流程和生产管理：如生产工艺验证、清洁验证，生产的中间过程控制，生产批记录、批生产的均一性、产品的可追溯性，母液或粗品的再利用，失败批次的处理，返工处理，废料处理等。

（f）物料管理：如库房管理、物料标识、取样、缺陷物料管理等。

（g）质量控制：如实验室设备、仪器的验证、使用记录，分析方法的验证、实验结果超标的处理，检验记录，试剂和标准品的管理，核实检验报告的真实性，核实是否具备检验条件，物料和成品的质量标准及放行系统等；对于原料药企业的供应商审计而言，其供应商大多是化工企业，其产品基本上依据国标实行型式检验原则，因此核实供应商/生产商实际放行检验的项目以及真正有能力执行的检验项目，对于供应商批准后的物料检验放行管理具有特别重要的意义。

（h）文件系统：如操作规程管理系统、记录系统等。

⑥对于现场审计所发现的问题，应要求供应商限期整改并提供书面的整改报告，在确认整改报告符合要求后，才可结束此次审计。

（2）供应商审计的主要步骤

①由质量管理部门对品种涉及的物料进行风险评估；

②由质量管理部门制定不同级别物料供应商需审计的内容和标准；

③审计的实施（首次审计、日常审计、常规审计）；

④签订质量协议及建立档案。

3.供应商的质量回顾

供应商对于物料风险的影响是显而易见的。从一个长期合作的供应商采购的物料，和从新供应商采购的物料，其风险是不一样的；而同样是长期合作的供应商，经过现场审计的供应商和未经过现场审计的供应商，其风险也是不一样的。所以评估供应商的质量风险，构成了物料管理的重要组成部分。

供应商的质量评估除了如上所述的供应商审计外，还需定期（如一年一次）对供应商的供货质量情况进行评估，主要包括对所供物料的质量投诉情况、生产过程中造成的偏差情况、检验结果超标、不合格率、审计结果等方面进行评估。

除了质量方面的评估,还可增加对供应商运输服务情况、到货情况、售后服务情况等方面的评估。对供应商的资质也应定期回顾和更新。

企业应建立供应商质量评估的标准,对于超出标准的供应商或出现重大质量问题的供应商,应考虑对其采取相应的纠正和预防措施,也可根据供应商质量回顾的结果来决定下一年供应商的分级情况。

4. 供应商变更的管理

对于供应商的变更通常包含两个方面:一方面是企业主动的变更,如开发新的供应商、撤销供应商、包装材料的变更等;另一方面是供应商采取的变更、如新的生产场地、起始物料的变更、生产工艺的变更、质量标准和检验方法的变更等。

企业应根据变更管理的要求,对不同类型的变更提起变更申请,进行相关研究工作(如样品检验、工艺验证或稳定性考察等)及在政府部门进行再注册或备案。

任务 2　验收原辅料、包装材料

📥 任务目标

• 了解 GMP 对物料验收的相关规定,熟悉原辅料、包装材料验收的步骤和物料标识的管理规定;

• 能够按照原辅料、包装材料验收操作规程进行物料的验收,能独立完成相关记录;

• 具备良好的质量意识、规范操作的职业素养和协作互助的团队精神。

📋 课程思政

通过任务 2 的实践训练,引导学生了解法规条款如何在制药企业得到实践应用,在原辅料和包装材料验收过程中严格按照规程操作,培养学生优良的质量意识、严谨细致的工作作风和对人民健康负责的职业道德。

⊕ 活动内容

活动 1　将准备好的若干个物料样品(包括合格品和不合格品)发放给学生,学生进行物料接收,同时另一个人进行复核,接收和复核结束后填写接收记录。

活动 2　设定物料仓储区域的货位标识,将接收的物料存放于相应的区域,并做好相应物料标识。

活动3　对接收的物料按照 GMP 要求进行取样,按照相关质量标准进行检验,出具检验报告,根据检验结果进行物料转放,并进行相关登记工作。

活动4　写出物料从接收到合格入库过程中,每一步的负责人员和相应的文件名称。

知识链接

一、GMP 关于物料验收的相关规定

物料验收流程如图 2-4 所示,主要内容包括:

(1)仓储区应当有足够的空间,确保有序存放待验、合格、不合格、退货或召回的原辅料、包装材料、中间产品、待包装产品和成品等各类物料和产品。

(2)仓储区的设计和建造应当确保良好的仓储条件,并有通风和照明设施。仓储区应当能够满足物料或产品的贮存条件(如温湿度、避光)和安全贮存的要求,并进行检查和监控。

(3)活性的物料或产品以及印刷包装材料应当贮存于安全的区域。

(4)接收、发放和发运区域应当能够保护物料、产品免受外界天气(如雨、雪)的影响。接收区的布局和设施应当能够确保到货物料在进入仓储区前可对外包装进行必要的清洁。

(5)如采用单独的隔离区域贮存待验物料,待验区应当有醒目的标识,且只限于经批准的人员出入。不合格、退货或召回的物料或产品应当隔离存放。如果采用其他方法替代物理隔离,则该方法应当具有同等的安全性。

(6)通常应当有单独的物料取样区。取样区的空气洁净度级别应当与生产要求一致。如在其他区域或采用其他方式取样,应当能够防止污染或交叉污染。

(7)应当建立物料和产品的操作规程,确保物料和产品的正确接收、贮存、发放、使用和发运,防止污染、交叉污染、混淆和差错。

(8)原辅料、与药品直接接触的包装材料和印刷包装材料的接收应当有操作规程,所有到货物料均应当检查,以确保与订单一致,并确认供应商已经质量管理部门批准。物料的外包装应当有标签,并注明规定的信息。必要时还应当进行清洁,发现外包装损坏或其他可能影响物料质量的问题,应当向质量管理部门报告并进行调查和记录。每次接收均应当有记录,内容包括:①交货单和包装容器上所注物料的名称;②企业内部所用物料名称和(或)代码;③接收日期;④供应商和生产商(如不同)的名称;⑤供应商和生产商(如不同)标识的批号;⑥接收总量和包装容器数量;⑦接收后企业指定的批号或流水号;⑧有关说明(如包装状况)。

(9)物料接收和成品生产后应当及时按照待验管理,直至放行。

(10)物料和产品应当根据其性质有序分批贮存和周转,发放及发运应当符合

先进先出和近效期先出的原则。

(11)使用计算机化仓储管理的,应当有相应的操作规程,防止因系统故障、停机等特殊情况而造成物料和产品的混淆和差错。使用完全计算机化仓储管理系统进行识别的,物料、产品等相关信息可不必以书面可读的方式标出。

(12)仓储区内的原辅料应当有适当的标识,并至少标明下述内容:

①指定的物料名称和企业内部的物料代码;

②企业接收时设定的批号;

③物料质量状态(如待验、合格、不合格、已取样);

④有效期或复验期。

(13)原辅料应当按照有效期或复验期贮存。贮存期内如发现对质量有不良影响的特殊情况,应当进行复验。

(14)麻醉药品、精神药品、医疗用毒性药品(包括药材)、放射性药品、药品类易制毒化学品及易燃、易爆和其他危险品的验收、贮存、管理应当执行国家有关的规定。

(15)不合格的物料、中间产品、待包装产品和成品的每个包装容器上均应当有清晰醒目的标志,并在隔离区内妥善保存。

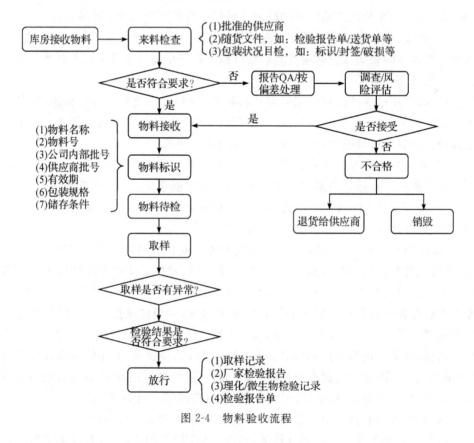

图 2-4　物料验收流程

二、物料验收

(一)来料检查

通过来料检查对进入仓储区域的物料进行检查,尽可能防止伪劣物料进入企业物料流转链。物料管理员在接收时对物料的外包装进行目检可以有效地把好防止被污染物料进入企业的第一关。

对于到货物料的来料检查,大致分以下几个方面:包装容器的外观检查,主要包括包装容器的完整性、密封性;包装容器的标识信息核对,核对内容主要包括批号、物料名称和数量;相关文件检查和核对(见表2-19)。

(1)原辅料进厂到库后,库房管理人员首先核实装箱单和/或送货单是否与采购订单一致,核实的基本信息通常包括物料名称、规格、数量、供应商。特别注意,库房人员应依照批准的供应商清单核实物料是否来自批准的供应商。

(2)对于到货物料,还应检查核对装箱单和送货单以外的其他文件,如检验报告、发票等。除中药材外的原辅料、包装材料,每批到货的物料都要有厂家的检验报告。对于一些特定的物料,如果已经有质量协议,那么其他相关证明也可以被接受。

(3)清点到货数量是否与采购订单相符,如果到货数量和订单不符,核实数量是否在合理偏差范围内。

(4)对到货的每个或每组包装容器进行包装容器的外观检查,仔细检查是否有污染、破损、渗漏、受潮、水渍、霉变、虫蛀、虫咬等。同时检查物料包装标识,内容清晰完整,至少包括物料名称、规格、批号、数量、生产厂家。需要强调的是,为了确认包装容器的完整性,原辅料的外包装容器应检查封签是否完整,是否有人为的破坏损坏等。

(5)必要时要对容器外包装材料及桶、箱等容器外部进行清洁,除去灰尘及污物。

(6)如发现外包装损坏或其他可能影响物料质量的问题,应及时记录,并向质量部门报告,同时启动相关调查。如有必要,可疑的容器或整批物料都要控制、隔离起来以待处理。

(7)对于有特殊条件的物料,如需温度控制的物料,还要检查送货的运输条件是否符合要求。对于零头包装的物料,在接收时如必要的话,还要核实重量和数量。

(8)符合接收要求的物料,在接收后及时填写物料接收记录或其他文件,确保根据企业制定的程序进行来料检查。

表 2-19　物料接收检查记录

物料名称		采购订单号	
物料号		企业内部批号	
总量		包装规格	
货盘数		包装件数	
包装容器类型	□金属□塑料桶□纸板桶□纸箱□其他		
生产商标签信息		供应商标签信息	
生产商名称		供应商标名称	
生产商物料号		供应商物料号	
生产日期		生产日期	
有效期/复验期		有效期/复验期	
随货文件	□检验报告 □送货单 □装箱单 □发票 □其他_____		
包装状况	包装完好(□是□否) 如果包装异常,请选择或注明情况: □包装有破损/渗漏 □包装有受潮/水渍/霉变/虫蛀虫咬 □包装封签破损 □其他_____		
接收人/日期		复核人/日期	

(二)物料接收

库房物料接收区域的设计应能保护物料免受环境的影响。接收区还应考虑设置可以对来料容器进行清洁的区域。

物料在满足接收条件后,库房人员将物料信息填写在物料收货台账或其他形式的文件。物料接收台账内容包括但不限于以下内容:物料名称、物料编号、企业内部编号、规格、厂家批号、数量、件数、生产厂家、收货人、存放位置等。

接收的物料在放入存储区域指定的货位时,要求按品种、批号码放整齐,由仓库管理人员填写货位卡,建议内容包括:物料名称、物料编号、货位号、企业内部编号、规格、供应商、入库数量和入库时间、发出数量、结存数量、收发人和日期等。物料存放位置应与货位卡描述一致。

如果一次接收的物料由数批构成,应逐批取样、检验及发放使用。如果同一批物料分多次接收,企业每次接收后都要分别进行取样、检验及发放使用。

在质量部门对货物质量进行确认前,所收货数量进入待检库存,如货物被确认质量合格,所收货物数量就可以成为合格的正常存货。

物料账卡管理的关键是要做到账、卡、物三者一致。如果物料不满足接收条件,必须尽快通知负责的质量部门或其他相关部门(如采购部),并启动调查。根据调查结果,决定物料最终是否被接收。如果不能接收,根据评估结果将物料销毁或退回给供应商。

接收的物料无论是通过贴标签还是通过其他方式,都需要控制以下的信息:物料的质量状态(待检、合格和不合格)、接收日期、批号、物料名称、物料编号、有效期及复验时间、特殊存储和处理的条件、安全等级和防护措施。

1. 物料标识

物料标识包括物料信息标识和物料质量状态标识两类。其中,物料的质量状态标识采用醒目的色标管理方式进行。物料的信息状态标识有物料标签和货位卡两种,其目的是避免物料在储存、发放使用过程中发生混淆和差错,并通过货位卡的作用,使物料具有可追溯性。

货位卡是用于标志一个货位一单批物料的产品名称、规格、批号、数量和来源去向的卡片,识别货垛的依据,并能记录和追溯该货位的来源和去向。

物料标签是标志每件物料的产品名称、批号和数量的卡片,用于识别单独一件物料或中间产品的依据和标识。

物料的质量情况状态标识分为三类,分别为待检、合格和不合格,并用黄、绿、红三种不同色标来进行醒目区分。待检:黄色色标,其印有"待检"字样。其含义是:物料在允许投料前所处的搁置等待检验结果的状态。合格:绿色色标,其印有"合格"字样,其含义是:物料可允许使用或批准放行的状态。不合格:红色色标,其印有"不合格"字样,其含义是:物料不能使用或不准放行的状态。

物料验收合格后,应将到货材料用铲车从收料区送至库区指定的库位上。如果托盘上货物的尺寸超过规定限度,应将货物重新装载。质量部取样员根据化验申请单填写黄色留检标签并签注姓名,在24h内交仓库材料管理员后,抽取样品。物料管理员应核对标签无误后贴签,每一个原料包装上必须贴一张留检标签,但对于包装材料,每只托盘上可只贴一张留检标签。原材料或包装材料由质量部决定是否合格。质量部质量评价员将对该批材料的结论意见及有关数据及时通报仓库管理员。质量部取样员同时应准备好相应的状态标签。每批合格物料的每一包装上,必须贴上绿色"合格"标签。标签由质量部质量评价员发放,取样员负责贴签。"合格"标签必须盖住留检标签的黄色部分,但应保留其内容,以便核对名称、代号和批号。物料管理员此时应将库卡从"留检"卡片夹转入"合格品"卡片夹中,记录库位号并根据化验证书填写证书号。

不合格材料的包装上须由质量部取样员贴红色"不合格"的标签。当收到"不合格"化验证书时,物料管理员根据化验证书在库卡上填写证书号,并将其收入"不合格品"夹中并立即用铲车将不合格品从留检区移至不合格品库,以防误用。

2. 物料存放

物料的仓储管理需要货位的标识,即以一立体坐标来表明物料的确切位置。在货架上放置一只标准托盘的位置称为货位。一般按城市路名及门牌编号的设置原则设定库位号,即将货架之间的走道定为一行,其左右两排货架属同一行。行号的编制方法:由南向北,按英文 26 个字母依次编号。列号的编制方法:由西向东,按 01-99 两位数字依次编排,每行的南边为单号,北边为双号。在同一列中,货位的层数用阿拉伯数字表示,如第一至第五层的货位用"1~5"表示。例如,B053 表示货放置在 B 行 05 列第三层(具体可参见图 2-5)。企业也可根据自己的实际情况,以文件的形式规定货位标识系统。

仓库管理员根据物料存储条件的要求放入相应的仓库/区域内。一般情况下按照批号码放整齐,在一个货位上不能出现两种状态的物料;如果存在同一批号两种状态的物料,应分货位存放。对于零头包装的物料,一般应优先使用。如在计算机控制的库房一般将零头包装放置在最小货位,以确保优先使用零头包装的物料。

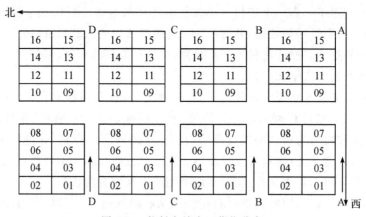

图 2-5　物料存放库区货位分布

此外,仓库管理员还要定时检查仓库的温湿度情况并填写记录,对于到复验期限的生产物料要及时复验,到有效期的生产物料要及时采取措施监督控制;对于包装材料和特殊物料,还应特别注意"五防",即防火、防爆、防盗、防虫害、防潮。不仅在仓库设施设备方面要做到"五防",而且在仓库物料管理规程上要建立"五防"的具体措施,如仓库管理员都必须接受防火基本知识和技术训练,能熟练操作所配备的消防设施。定期检查紧急照明设施,熟知紧急疏散通道和安全门打开方式等。

3. 物料待检

物料在接收后,即处于待检隔离状态。待检隔离的目的是防止物料在放行前进入企业物料流转链中。隔离方法可以根据企业物料管理系统的实际情况进行选择,可以采用物理隔离区域或已验证的计算机控制物料系统,但是,无论是哪种控制方式均需要确保验收前物料处于待验隔离状态。

(三)物料取样与放行

1. 生产物料的取样

取样工作由经过培训的取样人员根据企业制定的取样规程进行。对于取过样的包装容器,取样人员在包装容器的合适位置贴上取样标签,表明该包装已经被取过样。包装容器在取样后采取再密封措施。样品同样需要有取样标签标明所取样品的相关信息。

2. 生产物料的放行和拒收

一般来说,每批生产物料在经过取样、检验合格和放行后才能被使用。经检验合格的生产物料,由质量部门发放检验合格报告书、合格标签和物料放行单。指定人员将物料状态由待检变为合格。对检验不合格的生产物料,按品种、批号移入不合格区内,物料状态由待检变为不合格,按不合格品处理规程进行处理。

三、原辅料、包装材料验收管理规程

(一)目的

制订本标准的目的是建立原辅料、包装材料验收入库的管理规程。

(二)依据

国家药品监督管理局《药品生产质量管理规范》。

(三)范围

本标准适用于本厂所有原辅料、包装材料的验收入库。

(四)责任

物料采购员、仓库管理员、清洁工、QA 仓库检查员对本标准的实施负责。

(五)正文

1. 物料入库前的清洁工作

先用吸尘器吸去外包装上的污物,再用清洁抹布擦干净,如有油脂类污物,则应用清洁剂(如 1%～2%十二烷基磺酸钠溶液)擦洗干净。清洁后将物料放在清洁的垫仓板上。

需冷藏物料应优先安排清洁及清点工作,立即放入冷库待验区。

2.物料验收

仓库管理员应根据采购合同、进货发票或送货单,对品名、规格、批号、数量、供应商名称逐项核对、清点,并对包装容器的完整性进行检查,容器应密闭、完整、无破损、无污染。如有铅封轧印必须清楚,并无启动迹象。

发现有项目与规定不符,应立即与 QA 仓库检查员及采购员联系,确定拟采取措施后,决定是否可以入库。

3.复称

对决定入库的物料应根据装箱单,对其毛重进行复称,做好《入库复称记录》。

4.物料编码

仓库管理员按物料编码规程对物料进行编码。在空白不干胶带上打印物料编码、品名,贴在物料外包装上。

将该物料编码、品名、规格、批号、数量、供应商名称、接收日期等登记入册。

5.待验

对小批量物料,每个包装外需贴上待验标签。当垫仓板上的物料超过一层时,则须在最上层左上角的容器外贴上待验标签。

物料应整齐地堆放在垫仓板上,转入库内待验区。

包装材料由于体积大,可放在货架上或直接堆高放在包装材料敞开区或仓库其他部位,用黄色绳子圈开待验。

仓库管理员填写物料请验单,交 QA 仓库检查员。

6.取样

QA 仓库检查员按取样规程对物料进行取样。

冷藏物料取样时,应尽可能在未入冷库前进行取样。已入冷库的物料,应先将外包塑料袋的清洁取样瓶及工具放入冷库内三小时,待温度一致后,再在冷库内取样。取样结束后,将样品送 QC 检验。按《取样室清洁规程》对取样室进行清洁。

7.检验后物料的处置

仓库管理员根据 QA 仓库检查员通知,将已合格的物料,从待验区移至合格区,将黄色待验标签换成绿色合格标签,或将原黄色绳圈换成绿色绳圈。换下的标签应立即撕毁。

化验不合格的物料,应从待验区移至不合格区,将黄色待验标签换上红色不合格标签,或将原黄色绳圈换为红色绳圈,按《不合格物料管理规程》进行处置。换下的标签应立即撕毁。

物料转放完成,仓库人员必须在其放置货架的货卡上进行登记。

仓库管理员根据 QC 合格报告,注明复验日期,登入复验货物台账。

仓库清洁工应在每天工作开始时进行月台清洁工作:用水冲洗月台,并用拖布擦干。装卸货物后,立即整理清洁,并填写清洁记录。

8.注意事项

(1)通常情况下,月台上除备有清洁的垫仓板外,不允许堆放其他物件。

(2)物料进仓及成品出仓不得同时进行。

(3)为使仓库内空调状态保持良好,减少外界灰尘的污染,防止昆虫进入,仓库各门在物料进出后应立即关闭,仓库管理员负责督促检查。

任务3　成品的接收和入库

📥 任务目标

· 了解 GMP 对成品接收和入库的相关规定,熟悉成品验收管理规程和物料标识的管理规定;

· 能够按照成品验收标准操作规程进行成品的入库接收,并能独立完成相关记录;

· 具备规范操作的职业素养和严谨细致的工匠精神。

💟 课程思政

通过任务3的实践训练,引导学生了解法规条款如何在制药企业得到实践应用,在成品接收入库过程中严格按照规程操作,培养学生树立质量安全第一意识,提高学生的职业素质与职业精神。

➕ 活动内容

活动1　将包装好的若干个药品成品样品发放给学生进行入库接收,由学生填写成品入库接收单和成品货位卡,对样品做好相关标识,待检验合格后发放成品放行单,并依据成品的贮存条件将成品存放于合适的库房内。

活动2　对成品库存按照"全盘"或"抽盘"的方式进行盘点,若出现实物数量和系统数量或库存报告中的数量出现差异时,需对产生差异的产品进行复盘,复盘结束后将相应的数据制成盘点报告并准备差异报告。

📃 知识链接

一、GMP 关于成品验收的相关规定

(1)应当建立物料和产品的操作规程,确保物料和产品的正确接收、贮存、发

放、使用和发运,防止污染、交叉污染、混淆和差错。

(2)物料接收和成品生产后应当及时按照待验管理,直至放行。

(3)物料和产品应当根据其性质有序分批贮存和周转,发放及发运应当符合先进先出和近效期先出的原则。

(4)使用计算机化仓储管理的,应当有相应的操作规程,防止因系统故障、停机等特殊情况而造成物料和产品的混淆和差错。使用完全计算机化仓储管理系统进行识别的,物料、产品等相关信息可不必以书面可读的方式标出。

(5)成品放行前应当待验贮存。

(6)成品的贮存条件应当符合药品注册批准的要求。

(7)麻醉药品、精神药品、医疗用毒性药品(包括药材)、放射性药品类易制毒化学品及易燃、易爆和其他危险品的验收、贮存、管理应当执行国家有关的规定。

二、成品的接收和入库

成品的接收和入库流程详见图 2-6。

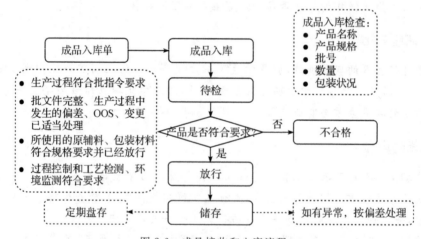

图 2-6　成品接收和入库流程

(一)成品入库接收

车间将包装好的成品交由仓库入库,可由仓库管理的相关人员(或生产人员)填写相关成品入库记录,如:成品入库单、成品入库凭证。成品库单(见表 2-20)通常包括不局限于以下内容但:成品入库日期/时间,成品名称,成品规格,成品物料号(如适用),成品批号,成品入库数量(如盒、箱),入库人员,仓库接收人员。

订单号/订单量等相关信息(如适用)详见表 2-20。

表 2-20　成品入库接收单范例

产品名称：AA
产品批号：×××××
产品规格：500mg
产品物料号：×××××

序号	日期	时间	数量(盒)	入库人员(签名)	仓库接收员签名
1	2022.10.15	09:00	3000 盒	×××	×××
2	2022.10.16	12:00	4500 盒	×××	×××
3	2022.10.18	14:00	3500 盒	×××	×××
......					
......					

仓库接收人员在入库检查时,需关注的重点通常包含以下几个方面的内容:

(1)成品入库清点:包括入库产品的品名、批号、规格、数量,需特别注意核对并清点零箱药品的数量,通常为便于区分零箱和整箱产品,可设计并贴有单独的"成品零箱标签",便于库房人员及时有效地识别和核实,每个企业也可依据自身情况,制定出适合本企业的具体操作方式。

(2)成品包装情况:此项非常的重要,在企业的日常运作过程中常常忽视此点要求,验收人员需核实实际的货物包装是否与入库单所列信息相符,并检查产品的外包装是否清洁、完好无损。

(3)成品储存条件:对于有特殊储存条件要求的产品,仓库接收人员应及时将产品转入符合储存要求的条件下储存。

(4)仓库接收人员在同一时间段内交替接收两批或两批以上的相同成品或不同成品时应注意分开接收和存放,避免混批和差错情况的发生。核对无误后在相关记录上签名,如发现该批与成品入库清单上存有偏差,需立即与生产部门有关人员联系。原则上所有的成品入库、接收必须具备可追测性,便于调查。

(5)仓库接收人员在完成接收后,需要做好入库登记,如:填写相应的账卡。如企业有相应的计算机系统管理,仓库接收人员在完成相关记录的同时,需将相应的信息反馈并由相关人员录入计算机系统。

(6)对于特殊药品(如毒、麻、精、放)的接收和入库,除了在遵守以上基本程序外,需按有关规定采取专柜储存、指定专人保管、建立单品种的专用账册。

(二)成品待检

仓储相关人员在成品接收入库并完成相关记录后,需明确标示产品的质量状态,如储存放于待检区域内,或在每个包装上贴有"待检"状态标识。若企业采用计算机管理系统,可通过其他方式,确保产品的质量状态处于"待检"。在质量部对该批产品未作出是否合格的决定前,该批产品将一直处于"待检"状态。

有些企业在成品放行前,生产采用寄库方式储存,若采用此方式,在寄库前应填写成品寄库单,仓库接收人员需根据寄库单在特定区域存放,登记寄库台账,此特定区域应满足成品的储存要求。成品放行后,仍需要按照成品入库接收进行相应的检查和核对。

(三)成品放行

成品放行负责人(质量受权人)或其代理负责人(报相应药品监管机构认可的质量受权人的转受权人)在成品放行时需着重考虑以下方面。只有基于对产品全面有效的评估后,方可最终决定"放行"或"拒绝":生产过程符合批指令要求;过程控制和工艺检测、环境检测符合要求,即批文件完整并具备可追溯性,复核批记录如有无偏差、备注等;所使用的原辅料、包装材料符合规格要求并已经放行;复核成品的各项检验结果符合要求;验证报告已批准,即如果该批产品为验证批,那么在放行前需确认相关产品批的验证报告已取得批准;生产过程中发生的偏差、OOS、变更已适当处理,如果有偏差、OOS发生,只有在偏差报告已被质量部批准并且该整改措施已被生产部和质量部的批准,保证不具有影响产品质量的风险,该批产品才能放行。

企业可根据自身需要制定合适的流程及文件规范成品放行程序,确保成品放行的可追溯性。

当质量部经过质量评估准予一批成品合格并放行,可由质量部人员及时作质量决定,如检验报告、成品放行通知单等发放于物流、库房、生产等相关部门,成品的质量状态由待检转为合格,如将成品由待检区转为合格区,或在每个包装上明确标识"合格"。还可通过其他控制方式,如企业采用计算机管理系统,确保系统中的产品质量状态由"待检"转为"合格"。而相应状态的转换需依据一定的文件或程序流程规范,以保证计算机系统中的状态和产品实际状态保持一致。只有合格放行的产品方可投放市场,并开具放行单(见表2-21)。

表 2-21　成品放行单

产品名称	
产品批号	
物料号	
包装规格	
数量	
同意放行(盖章)	质量受权人(签名/日期)

(四)成品储存

库房人员需依据成品的贮存条件,将成品存放于合适的库房内,如一般库、常温库、冷库、阴凉库等。成品储存时通常需考虑以下内容但不局限于这些内容:成品需分类、分品种、分批号存放;分类存放,不同的药品需根据不同的物理化学性质分开储存,如某些化学品的挥发气体可能缩短一些药品的保质期;对于性质相互抵触、相互串味、养护等方法不同的药品,必须分开存放;同批产品应尽量集中存放,零箱药品储存需满足便于清点的原则,并在相关的记录上记录相应的库位号,填上日期并签名;不同的批号分类存放合理放置,以利于先进先出原则的执行,储存药品时尽量把标签和有效期显示在外面,便于信息的识别和核实;药品堆放需保留一定的距离、不宜过高,以防止压垮底部的纸箱,也有利于人员搬运并减少可能造成的伤害,成品码放时应离墙、离地,货行间需留有一定间距,货位上需有明显标识,标明品名、规格、批号和数量。

(五)定期盘存

产品的定期盘存是库房管理中防止差错、产品失衡的一项重要措施,若使用计算机系统的企业定期盘存更是确保计算机管理系统同库房日常工作的物料管理系统的库存保持致。

1.一般准则

盘库需在物料锁定的状态下进行。为便于规范盘库操作,企业可对物料进行分类,物料分类的依据和原则是企业根据自身情况制定,非强制要求。

2.基本准则

定期盘存可分为"全盘"和"抽盘"两种形式(见图 2-7 和图 2-8),企业可根据产品及物料的性质、储存要求等综合考虑各方面因素定义本企业的盘存形式、盘存数量和盘存频率。

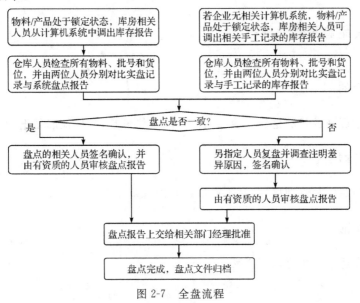

图 2-7 全盘流程

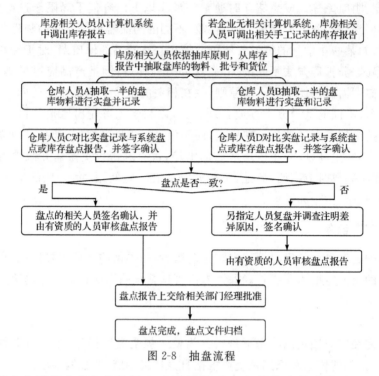

图 2-8　抽盘流程

　　完成盘点后若出现实物数量和系统数量或库存报告中的数量出现差异时,仓库相关人员需对产生差异的物料或产品进行复盘。复盘结束后,将相应的数据制成盘点报告并准备差异报告,如有显著差异,需启动偏差处理程序进行进一步的调查。所有文件在盘库完成后需归档保存。

三、成品验收管理规程

(一)目的

制订本标准的目的是建立成品入库验收的管理规程,保证成品正确入库。

(二)依据

国家药品监督管理局《药品生产质量管理规范》。

(三)范围

本标准适用于所有入库产品。

(四)责任

仓库管理员、QA 仓库检查员、车间入库人员对本标准的实施负责。

(五)内容

1. 成品入库范围

包装完好经检验完毕或正在检验的产品及退回产品。

仓库管理员按 QC 成品检验报告单和车间填写的成品入库单验收成品。

2. 入库验收

验收入库申请单：逐项核对入库申请单中产品名称、规格、批号、数量、包装与产品是否相符无误。

3. 检查产品外包装

逐件检查外包装应醒目标明品名、批号、规格、包装数量、合格证，要求不得有错、漏写或字迹不清，不得混入其他品种产品或同一产品不同规格、不同批号。逐件检查产品外包装是否清洁、完好、无破损。

以上所有项目合格后，准予入库。

4. 入库拒收

入库验收项目中有一项不符者，应拒收。填写入库拒收单一式三份，留交库房、申请入库单位和质检部门，并要有接收人签字。

5. 入库验收记录

填写入库验收记录，记录品名、规格、批号、包装、数量及每项验收情况，验收人签字；拒收应填写原因，签字。

将入库验收记录、检验报告书、申请入库单、入库拒收单收编。核对品名、规格、批号均一致，无漏、错字等，交销售管理人员归档保存。

正在检验而需要寄库的成品，应在指定的位置挂上黄色待验牌。检验合格后按检验结果办理入库或退回手续。暂时不能取走的不合格品，必须放在规定的位置，退件贴上不合格证，用红色标记。

成品入库后，应按成品储存管理规程储存。

 课后作业

一、选择题

二、填空题

1.物料(　　)和(　　)后应当及时按照(　　)管理,直至放行。

2.原辅料应当按照(　　)或(　　)贮存。贮存期内,如发现对质量有不良影响的特殊情况,应当进行(　　)。

3.每批或每次发放的与药品直接接触的包装材料或印刷包装材料,均应当有(　　)标志,标明所用产品的(　　)和(　　)。

4.产品回收需经(　　),并对相关的(　　)进行充分评估,根据评估结论决定是否回收。回收应当按照(　　)进行,并有相应(　　)。回收处理后的产品应当按照回收处理中(　　)产品的(　　)确定有效期。

5.(　　)不得进行重新加工。(　　)、(　　)和(　　)一般不得进行返工。

三、简答题

1.物料管理的关键是什么?

2.质量管理部门要对供货单位进行质量审计,供货单位应具备的条件是什么?

项目六　认识药品生产企业的生产管理

项目介绍

　　本项目主要学习药品生产企业生产管理的相关规定和控制重点,包括控制时机和重点、部门职责、批次管理、物料平衡管理和清洁清场管理。通过完成 4 个教学任务,熟悉制药过程控制的目的、基础和各部门的工作职责;认识药品的生产批号、知道药品批次的划分原则和方法;熟悉物料平衡的计算、检查方法和重要性。

　　通过任务 1 活动 1,引导学生思考产品质量是生产出来的,不是检测出来的。培养学生养成严谨细致、认真负责的工作态度。通过任务 2 中活动 1 和活动 2 的实践训练,调动学生的参与性,提高学生主动思考、主动习得的能力,在自我成就感满足的基础上,教师进行进一步的思想升华,使思政教育深入其心,培养学生理论联系实践的科学方法,树立严谨的科学态度。通过任务 3 中活动 1 的实践训练,初步培养分析问题与解决问题的能力,逐步树立药品质量第一观念和药品安全意识,养成认真严谨的工作作风、严格遵守职业法规的职业素养。通过任务 4 中活动 1 和活动 2 的实践训练,引导学生思考设备清洁操作和清场工作对产品质量的影响,树立用药安全的责任感,树立劳动光荣的价值观,养成严格遵守操作规程的职业道德。

思维导图

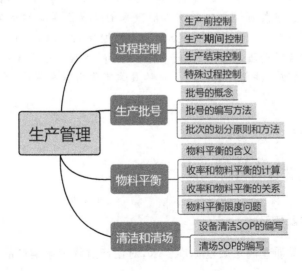

任务 1 分析讨论药品制药过程控制管理

任务目标

• 熟悉药品制药过程控制的目的、基础和各部门的工作职责,熟悉药品制药过程控制的时机与控制重点;

• 能分析药品生产过程的技术管理、质量管理的相关工作内容;

• 树立职业责任意识,培养学生科学严谨的工作态度和精益求精的工匠精神。

课程思政

通过任务1中活动1,引导学生思考产品质量是生产出来的,不是检测出来的。培养学生养成严谨细致、认真负责的工作态度;培养学生严谨求实、遵章守纪的职业素养。

活动内容

活动1 某制药公司要采取超临界二氧化碳萃取工艺生产一种植物油,通过对文献资料的研究表明,影响超临界流体萃取效果的各种因素主要包括以下几个方面:物料的预处理方式、萃取压力、萃取温度、CO_2流量、萃取时间、夹带剂和分离压力及分离温度。预处理过程中影响萃取效果的主要因素是物料含水量及粒度,二者对萃取的过程影响很大,严重时会使得萃取过程无法进行,请根据GMP要求讨论在该植物粉碎预处理工序(干燥—冷却—粉碎)中现场生产车间的工作流程应该如何控制,与这道工序相关的工作人员的具体工作内容有哪些,关键的质量监控点应该是什么。

知识链接

一、药品制药过程控制

(一)过程控制的目的

为了确保产品质量满足质量标准要求,对生产过程中影响产品质量的各个因素进行控制。

(二)过程控制的基础

工艺规程,所有的工艺规程必须符合注册要求,并必须经过工艺验证,合格后方可用于正式生产。

(三)过程控制的职责

生产车间:负责按照工艺和 SOP 规定实施生产。

生产技术部:从技术角度对工艺规范进行审核。负责生产计划的制定及批生产指令、批生产记录的下发。

设备动力车间:负责按要求为生产提供适宜的环境,负责测量设备校验及设备预防维修管理工作。

QA:从质量保证角度对工艺规程进行审核并检查其实施情况,参与偏差过程的处理,审核批生产记录及相关记录,负责各类生产文件的控制及批记录存档工作。

QC:负责中间体、半成品及成品的检验工作。

(四)过程控制的时机与控制重点

1.生产前

(1)生产现场检查:生产现场已按标准清洁程序进行了清洁,任何部位已按标准清洁程序进行了清洗,任何部位都不允许有与即将生产的产品无关的物料。

(2)生产环境检查:生产环境(如温度、湿度、洁净度等)应符合生产工艺要求。

(3)生产设备检查:生产设备的各项功能符合生产要求,且有已清洁和完好待用状态标识。

(4)生产物料检查:生产所使用的原辅料、半成品、包装材料等,其种类及数量应符合生产工艺要求。

(5)生产参数检查:直接影响产品质量的工艺参数应符合文件规定。

(6)生产文件的检查:应有批生产指令、空白的批生产记录。

2.生产期间

(1)生产期间再确认:生产期间应定期对生产现场、环境、物料、生产设备及工艺参数设置进行再确认,以确保以上生产条件始终符合生产工艺要求。

(2)产品质量检查:生产过程中应定期对所生产的产品质量特性进行检查和监控,检查结果应符合过程控制标准及产品质量标准;对于一些特殊的质量特性(如灌装量等)建议采用 X-R 控制图的形式对其波动情况进行监控,以确保工序始终处于稳定状态。

3.生产结束

(1)清场:生产过程结束后,应按标准清洁程序对生产现场及设备及时清洁,剩余物料及废弃物料按规定移出生产现场。

（2）物料平衡：为了保证生产所使用的物料流向正确，生产结束后应对所使用的原辅料中间体、半成品、成品及有印刷文字的包装材料数量进行物料平衡计算，结果应符合规定。

（五）特殊过程的过程控制

1.特殊过程

灭菌等工艺由于封闭型生产，其中每一工序的制造结果无法及时通过随后的检验来确认，只能等到整个制备过程结束后才能进行检验，故这些制造工艺过程属于特殊过程。

2.特殊过程的过程控制

这些过程必须由具有相应资格的操作者来完成。控制整个制备工艺的设备及计算机系统必须经过验证。生产过程中操作规程者必须对工艺参数进行监视和控制，以确保满足规定，过程打印数据应附在批记录上。

（六）过程控制的相关文件

工艺规程，过程控制程序，批记录，相关监控记录（环境、质量检查）。

（七）过程控制异常情况处理

偏差处理：现状调查—物料隔离、标识—报告—纠正措施—执行—记录—释放控制。

任务 2　认识药品的生产批号

📖 任务目标

- 掌握批及批号的概念；知道药品批次的划分原则和方法；
- 能说出批号的含义；
- 树立"依法制药、规范生产"的观念。

💟 课程思政

通过任务2中活动1和活动2的实践训练，调动学生的参与性，提高学生主动思考、主动习得的能力，在自我成就感满足的基础上，教师进行进一步的思想升华，使思政教育深入其心，培养学生理论联系实践的科学方法，树立严谨的科学态度。

📁 活动内容

活动 1　将所给的药品找出相应的生产日期、生产批号,填写表 2-22。

表 2-22　药品的基本信息

药名	规格	生产日期	生产批号	批号的含义

活动 2　案例分析:某药厂生产某一剂型的药品,有两种包装规格,在划分批号时出现了问题。这两种规格是应该分别建立自己的独立批号体系还是使用一种体系进行延续?比如第一种规格从 141101 批开始做了 10 批,接着包装第二种规格,是直接顺延批号从 141111 批开始做还是另外从 141101 批开始?

📧 知识链接

一、批及批号相关概念

在规定的限度内具有同一性质和质量,并在同一连续生产周期中生产出来的一定数量的药品称为一批。而用于识别"批"的具有唯一性的数字和(或)字母的组合称为批号,用以追溯和审查该批药品的生产历史。药品管理法要求药品必须有相应的生产批号,不注明或者更改生产批号的药品被视为劣药。

二、药品的生产批号的编制方法

批号系统同代号一样,对每一次接收的原料、辅料、包装材料和拟生产的每一批产品都必须给定专一性批号。

成品及半成品的批号一般可由 7 位数字组成,由生产管理部下达生产指令时设定,打印在批生产技术文件上,如批生产指令、生产记录、配料单和成品库卡等。×××××××-××,其中头两位数表示生产年份,此后的两位数表示生产月份,其余三位数字为当月登记流水号。例如:1304152,表示该批于 2013 年 4 月份生产,流水号为 152。为便于质量管理,也可在批号后面加横线再加数字或字母的方式表示亚批号。例如,对于最终灭菌的大输液产品:一个批中可以分成 1A、1B、2A、2B 等亚批,这里 1、2 为灭菌釜编号,A、B 则为不同的灭菌周期。

对于原料、辅料、包装材料,批号可由 6 位数字组成,以与产品的批号相区分。前一位数表示到货年份,此后两个数字表示到货月份。例如:903111 表示材料于 1999 年 3 月到货,它是该月收到的第 111 批材料。次批号用"-"及大写字母表示,如某批原料由来货的数个小批组成时,可用后缀 A、B、C 等大写字母表示原来的批次。原料和包装材料应使用统一的批号登记表,且按照到货批次的先后顺序进行登记。

返工批号:年-月-流水号(代号),返工后批号不变,只在原批号后面加一代号以示区别,代号由企业自定。

三、批次的划分原则和方法

药品 GMP 明确规定,把规定的限度内具有同一性质和质量,并在同一连续生产周期中生产出来的一定数量的药品划为一个"批",具体的划分原则如表 2-23 所示。

表 2-23　药品批次的划分原则

	分类	批次划分	附注
无菌药品	大、小容量注射剂	以同一配液罐一次配制的药液所生产的均质产品为一批	使用多个过滤设备、多台灌装设备,经验证具有同一性能者;使用多台灭菌器,经验证能达到同一灭菌条件者;同一配制批用多台灭菌器灭菌时,每一灭菌器次可作为一个小批
	粉针剂	以同一批原料药在同一连续生产周期内生产的均质产品为一批	使用多台灌装机,经验证具有同一性能者
	冻干粉针剂	以同一批药液使用同一台冻干设备在同一生产周期内生产的均质产品为一批	使用多台冻干机,经验证具有同一性能者
非无菌药品	固体、半固体制剂	在成型或分装前使用同一台混合设备一次混合量所生产的均质产品为一批	使用多台压片机、填充机、包衣机等设备,经验证具有同一性能者
	液体制剂	以罐封(装)前经同一台混合设备最后一次混合的药液所生产的均质产品为一批	使用多台灌装机,经验证具有同一性能者
原料药	连续生产的原料药	在一定时间间隔内生产的在规定限度内的均质产品为一批	--
	间歇生产的原料药	一定数量的产品经最后混合所得的在规定限度内的均质产品为一批	混合前的产品必须按同一工艺生产并符合质量标准,且有可追踪的记录

总之,划分出来的同一批次的药品的性质和质量从理论上说是完全一样的。若检查发现某个药品有质量问题,就有理由怀疑同批号的其他药品也可能存在质量问题,需要检验同一批次的其他药品,从而确保药品的质量。如果经检验确定该批药品确实存在质量问题,那么,该批次的药品就需要全部销毁或返工。因此,要重视药品批次的划分,在生产过程中严格遵守药品的批号管理制度,保证药品生产的质量。

任务 3　物料平衡的计算

📖 任务目标

- 理解物料平衡的含义;
- 会计算物料平衡;
- 养成严谨细致、认真负责的工作态度。

📧 课程思政

通过任务 3 中活动 1 的实践训练,引导学生思考收率和物料平衡在生产制程控制中的意义,初步培养分析问题与解决问题的能力,逐步树立药品质量第一观念和药品安全意识,养成认真严谨的工作作风、严格遵守职业法规的职业素养。

⊕ 活动内容

活动 1　某药品生产企业有一批注射用头孢曲松钠无菌粉进行分装,计算产品投入的理论产量为 10000 瓶,分装后产品数为 9700 瓶,清场后得到产品的废料量为 600 瓶,思考:该批产品的收率是多少? 收率的计算有什么意义? 为什么废料和产品总量超过了理论产量? 生产前后的物料总量的计算和控制有什么意义?

📚 知识链接

一、物料平衡的含义

物料平衡系指产品或物料的理论产量或理论用量与实际产量或实际用量之间的比较,并适当考虑可允许的正常偏差。

二、物料平衡管理的意义

物料平衡管理是防止工艺差错、物料混淆和低限投料的重要手段,能及时发现生产过程中潜在的异常情况或差错,判断每个生产工序是否正常。收率是一种反映生产工序物料利用率的关键经济技术指标。物料平衡是产品或物料实际产量及收集到的损耗量与理论产量或理论投料量之间的比较。生产过程中,可以比较实际收率(或物料平衡值)同理论值的差异,及时发现工序物料异常。

三、收率和物料平衡的计算方法

$$收率=\frac{实际产量}{理论产量}\times100\%$$

$$物料平衡=\frac{实际产量(用量)+收集到的损耗量}{理论产量(用量)}\times100\%$$

收集到的损耗量包括尾料、废品、样品、不合格品。

四、物料平衡和收率(成品率)的关系

物料平衡反映物料控制水平,是为了控制差错问题而制定。它反映的是在生产过程中有无异常情况出现,比如异物混入、混淆、跑料等。物料平衡是判断生产过程是否正常的重要依据。

当生产过程处在受控的情况下,物料平衡的结果是比较稳定的。一旦生产过程中物料出现差错,物料平衡的结果将超出正常范围,所以物料平衡比收率更能体现差错的发生。由此可见,物料平衡应该每个工序都做。

收率是经济技术指标,反映的是物料的利用及损耗情况,方便成本核算。收率的计算有时会有很大的差别,因为生产过程中产品的数量会受到多种因素的影响,如内包材质量、人员操作、机器原因以及连续生产批次数量等。一般情况下,收率越高,证明你的生产控制水平越高、工艺越成熟。

对于药品生产企业来说,物料平衡和收率两者同等重要。收率是技术水平的反映,物料平衡是控制水平的反映。相对来说,生产车间可能更关注的是收率,而质量管理部门则更关注于物料平衡。

例如:压片工序,领用颗粒粉100kg,压片结束后得合格品86kg,粉头0.5kg,取样0.05kg,不合格品13kg。物料平衡的计算:$(86+0.5+0.05+13)/100=99.55\%$;而收率的计算:$86/100=86\%$。从这里我们就能看出两者的差别了,收率是一个经济指标,是所得合格产品与理论产量或理论用量的比值,物料平衡是一个质量指标,

体现了 GMP 过程控制理念,是所有可见产品与理论产量或理论用量的比值。不可见的就计入正常偏差了,如上例中有 0.45kg 即为不可见物料,实际上是由于生产过程中的正常损耗,这些基本上是无法计量而且也没有必要去计量的,如少部分的落地粉和除尘设备的吸附。有的企业把这部分也采用各种手段进行采集并计入物料平衡计算,这样计算出的物料平衡数值当然更准确了,但是操作比较困难,这些都可以作为正常偏差来处理的。

五、物料平衡的限度问题

从定义上看,物料平衡可以允许存在正常的偏差,这也是为实际情况考虑的。

当生产正常时,物料平衡应在规定的偏差范围内,这个偏差范围就是物料平衡限度。这个限度应该根据产品多批或多年生产的实际情况制定,并可以根据生产过程和设备的使用情况进行必要修订。对于新投产产品,可以根据生产工艺的验证结果,并借鉴其他类似品种的平衡限度数据和经验,先制定初步的范围,然后再根据以后多批生产的数据进行修订。如果在生产过程中超出了规定的限度,按照质量管理的相关规定,必须对此进行分析,在得出合理解释后才能按正常产品处理。比如说某片剂压片工序制定的物料平衡限度为 98.5%~100%,如果在这个范围内,可以认为是正常的,但如果超出这个范围,比如少于低限或多于高限,就要查明原因,这或许就是因为发生混料造成的。

当生产过程处在正常受控的情况下,物料平衡的计算结果是相对比较稳定的。例如:有一批颗粒剂分装工序理论产量为 20000 袋,收率限度要求:95%~100%,物料平衡限度要求 98%~100%。分装后产品数为 19500 袋,清场后得到废料量折合为 3000 袋,经计算收率为 97.50%,物料平衡为 112.50%。由计算结果可看出,产品的收率在正常范围内而物料平衡超出限度要求,出现偏差。偏差说明该工序中可能出现差错,应对该工序进行认真查找,核对数据,检查出差错发生的原因,如可能是生产前投料量计算错误,或前批产品废品数未及时清除,或其他批号产品混入本批产品产生混批。如检查出的事故原因无质量问题,才能对该批产品进行外包装,发放产品。

产品在生产过程中应对各个关键工序进行物料平衡管理,及时发现物料的误用,如在固体制剂生产过程中的关键工序粉碎、过筛、压片、填充、分装、包装以及成品入库前应进行物料平衡的计算,对产品的整个生产过程进行监控。不同品种要根据产品物料的特点制定合理的限度范围,较轻的物料容易被设备除尘器吸走,黏稠物料容易被设备黏附等。印刷性包装材料进行物料平衡管理,可防止物料的混用,特别是贴签工序,标签的使用是最容易发生混淆的地方。

任务 4　清毒剂配制岗位的清场与制药设备的清洁

📥 任务目标

- 熟悉设备清洁 SOP 的基本内容;
- 能编制设备清洁 SOP,能按 SOP 规定进行清场,能按 SOP 要求填写相关记录,并做好状态标识;
- 树立"依法制药、规范生产"的观念。

📖 课程思政

通过任务 4 中活动 1 和活动 2 的实践训练,引导学生思考设备清洁操作和清场工作对产品质量的影响,了解卫生管理关乎生命健康,以实践践行社会主义核心价值观,为百姓用药安全敢于担当,养成严格遵守操作规程的职业道德,树立劳动光荣的价值观。

🧰 活动内容

活动 1　课前分组,根据某压片机的说明书,查阅文献资料,自主编写压片机的清洁 SOP,上课时讨论编写制药设备清洁 SOP 有哪些要素,根据讨论结果各组进行相应的修订。

活动 2　分组查阅文献资料,梳理生产常用清洁剂和消毒剂的种类,了解其配置和使用方法。按照所起草的清洁 SOP 对某设备进行清洁,按 SOP 要求设计清洁记录和设备工作状态标识,并按 SOP 要求填写相关记录,做好状态标识。

📚 知识链接

一、清洁剂、消毒剂的配制与使用标准操作规程

(一)目的

建立车间清洁剂、消毒剂的配制与使用标准操作规程,保证配制的准确和正确使用,满足生产卫生要求,保证产品质量。

(二)范围

车间清洁剂、消毒剂的配制与使用。

（三）责任

消毒剂配制人员、生产部所有操作人员按本规程进行操作。生产管理人员及质量部对本规程的实施进行监督。

（四）内容

1. 车间消毒剂种类

75%乙醇、0.1%新洁尔灭溶液、2%甲酚皂溶液、84 消毒液。

（1）消毒剂一般应现配现用，如需储存，则需密闭存放。配制和领用时需填写"清洁剂与消毒剂配制、领用记录"。

（2）采用稀释法配制消毒剂所用公式：

$$c \times V = c_1 \times V_1$$

其中，c 为已知浓溶液的浓度；V 为需用浓溶液的体积；c_1 为欲配稀溶液的浓度；V_1 为欲配稀溶液的体积。

（3）75%乙醇配制方法：取 95%乙醇溶液 3947mL，加水至 5000mL，搅拌均匀后，用酒精比重计测溶液酒精度，再用 95%乙醇或纯化水补足使酒精度达 75%，置干燥容器内密闭保存。如需增加或减少配置量，则按比例增加或减少。

（4）0.1%新洁尔灭溶液配制方法：采购的新洁尔灭溶液一般为 1%，取 1%新洁尔灭溶液 500mL，加水至 5000mL，搅拌均匀即为 0.1%的溶液，置干燥容器内密闭保存。如需增加或减少配置量，则按比例增加或减少。

（5）2%甲酚皂溶液：采购的甲酚皂液一般为 50%，取 50%甲酚皂液 200mL，加水至 5000mL，搅拌均匀即为 2%的甲酚皂溶液，置干燥容器内密闭保存。如需增加或减少配置量，则按比例增加或减少。

（6）84 消毒液：取采购的 84 消毒液 100mL，加纯化水 5000mL，搅拌均匀即成可用 84 消毒液，置干燥容器内密闭保存。如需增加或减少配置量，则按比例增加或减少。

（7）配制后消毒剂的盛装容器壁上贴标签，注明名称、配置浓度、配制日期、有效期、配制人等。

（8）消毒液的使用：

①手部消毒用 75%乙醇、0.1%新洁尔灭溶液、2%甲酚皂溶液。

②D 级洁净区设备与药品直接接触的部位、操作台与药品直接接触的表面、与药品接触的生产用具、某些内包材的消毒用 75%乙醇、0.1%新洁尔灭溶液。

③D 级洁净区地面、墙壁、天花板的消毒用 84 消毒液、0.1%新洁尔灭溶液、75%乙醇、2%甲酚皂溶液。

④D 级洁净区清洁工具的消毒用 75%乙醇、84 消毒液、2%甲酚皂溶液。

⑥D 级洁净区地漏水封用 0.1%新洁尔灭溶液、75%乙醇、84 消毒液、2%甲酚皂溶液。

(9)注意事项：

①配制消毒剂时必须由 QA 复核操作,并注意劳动保护。

②消毒剂的配制用水为纯化水,配制后使用期限为 1 周。

③生产区域内消毒剂每周轮换使用。

④如采购的消毒剂浓度有变化,则按照以下公式进行计算配制：$c_液 \cdot V_浓 = c_稀 \cdot V_稀$。84 消毒液按照使用说明书配制。

2.车间清洁剂种类

车间清洗剂种类有洁厕精、洗衣液、洗手液、洗洁精、1％氢氧化钠溶液等。

(1)洁厕精：用于卫生间的清洁,使用前先倒出适量,用塑料刷反复刷洗,最后用自来水冲洗残留的洁厕精。

(2)洗衣液：用于工作服、工作鞋及抹布的清洗。

(3)洗手液：使用前将洗手液倒入挤压式洗手器内,使用时用手轻轻挤压取出适量,两手相互摩擦,最后用饮用水或纯化水冲洗干净。

(4)洗洁精：用于车间计量器具、工具、仪器设备内外表面及门窗玻璃、墙面、地板等去油污,使用前倒出适量后用塑料刷刷洗或用抹布擦洗,最后用饮用水或纯化水冲洗干净。

(5)1％氢氧化钠溶液(1％NaOH)：取氢氧化钠 50 克,配制成 5000mL 的溶液即可。如需增加或减少配置量,则按比例增加或减少。用于提取罐、配液罐内部等不易清洁部位的清洁。配制和使用时注意劳动防护,及时填写"清洁剂与消毒剂配制、领用记录"。

二、消毒液配制岗位清场、清洁标准操作规程

消毒液配制岗位清场和清洁标准规程详见表 2-24。

表 2-24　消毒液配制岗位清场和清洁标准操作规程基本信息

文件号：		消毒液配制岗位清场、清洁标准操作规程	
制定人		审核人	
制定日期		审核日期	
批准人		版次	
批准日期		生效日期	
颁发部门		质量保证部	
分发部门			

(一)目的

建立本规程为消毒液配制岗位的清场、清洁消毒提供规范化操作程序。

(二)适用范围

适用于冻干粉针剂、小容量注射剂车间消毒液配制岗位的清场、清洁消毒操作。

(三)有关责任

消毒液配制岗位操作人员、QA人员对本规程的实施负责。

(四)内容

(1)清洁、消毒周期:小清洁、消毒每班一次。大清洁、消毒每月一次。

(2)清洁范围:消配间。

(3)清洁剂:纯化水、注射用水。

(4)消毒剂:75%乙醇溶液、0.1%新洁尔灭溶液。

(5)清洁工具:丝光抹布、专用毛刷、不锈钢盆、专用拖把。

(6)小清洁方法:

①配制、发放工作完成后,取下"生产在进行"状态标志,准备清洁剂、清洁工具、消毒剂进行清场、清洁与消毒工作。

②剩余物料应做好状态标识,标明消毒剂名称、浓度、数量、配制时间、有效期,离地保存。

③操作使用后的容器具用纯化水冲洗一遍,要求内外表面无污渍。

④不锈钢案子、架子用纯化水、丝光抹布擦洗至洁净,要求表面无可见污渍;用净手触摸,在工作光线下观察,手上不得染污渍。最后用消毒剂擦拭一遍。

⑤用干净抹布蘸消毒剂擦抹整个电话,要求无可见污渍。

⑥回风口用纯化水湿润的丝光抹布擦拭所有叶片至洁净,注意擦拭时防止风叶变形。要求无可见污渍、霉菌斑。最后用消毒剂擦拭一遍。

⑦储罐和管道表面用丝光抹布、纯化水擦拭干净,要求无可见污渍、霉菌斑。最后用消毒剂擦拭一遍。

⑧墙壁、门窗,手及以下高度用丝光抹布、纯化水擦拭洁净,要求无可见污渍、霉菌斑;用干净的丝光抹布擦拭,不得有可见异物脱落。最后用消毒剂擦拭一遍。

⑨不锈钢水池用纯化水冲洗至无可见污渍,用丝光抹布擦干,最后用消毒剂消毒。

⑩地面用专用丝光抹布和纯化水擦拭干净,要求无杂物、无可见污渍、无积水,最后用消毒剂擦拭一遍。

⑪废弃物、废弃标志物收集塑料袋中,由废出口带出洁净区送至垃圾站。

⑫消毒液储罐清洁按下述方法清洁:取下滤芯,将滤芯用纯化水反冲15分钟,将储罐加满纯化水循环5~10分钟,放净循环水后,将滤芯安装好,再加满注射用水循环3~5分钟,放净循环水。

⑬清洁废水送至洁具间地漏排出。清洁工具送至洁具间由洁具清洗人员进行清洗。

⑭同步填写清场清洁记录,归入批生产记录交车间负责人。

⑮清场清洁完毕,QA 人员检查合格后,发放清场、清洁合格证。清洁消毒后在 2 天内使用。超过有效期,使用前应重新清洁消毒。

(7)大清洁方法:除执行小清洁外还需执行以下操作:

①将照明器具灯罩打开,用半干的丝光抹布擦拭内表面至洁净,要求无可见污渍;用净手触摸,在工作光线下观察,手上不得染有污渍。

②将回风口打开,取出滤网,送至洁具间,用纯化水、毛刷刷洗至洁净,要求无可见污渍、霉菌斑;用净手触摸后,在工作光线下观察,手上不得染有污渍。最后用消毒剂擦拭一遍后回装。

③天棚、送风口、墙壁、门窗,手及以上用丝光抹布、纯化水擦拭干净,要求无可见污渍、霉菌斑。用干净的丝光抹布擦拭不得有可见异物脱落。最后用消毒剂擦拭一遍。

(五)培训

与本规程有关的责任人应接受本规程培训。

(六)变更历史

清洁标准规程变更登记如表 2-25 所示。

表 2-25　清洁标准规程变更登记

变更版次	变更原因	修订时间	修订部门

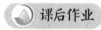

课后作业

一、选择题

二、填空题

1. (　　)部门从技术角度对工艺规范进行审核。负责生产计划的制定及批生产指令、批生产记录的下发。

2. (　　)部门从质量保证角度对工艺规程进行审核并检查其实施情况,参与偏差过程的处理,审核批生产记录及相关记录,负责各类生产文件的控制及批记录存档工作。

3. 生产现场检查:生产现场已按标准清洁程序进行了清洁,任何部位已按标准清洁程序进行了清洗,任何部位都不允许(　　)。

4. 为了保证生产所使用的物料流向正确,生产结束后应对所使用的原辅料中间体、半成品、成品及有印刷文字的包装材料数量进行(　　),其结果应符合规定。

5. 固体制剂在成型或分装前使用(　　)所生产的均质产品为一批。

6. 任何偏离生产工艺、物料平衡限度、质量标准、检验方法、操作规程等的情况均应当有记录,并立即报告(　　),应当有清楚的说明。

7. 每批产品应当检查产量和物料平衡,确保物料平衡符合设定的限度。如有差异,必须查明原因,确认(　　)后,方可按照正常产品处理。

8. 制剂车间和制剂设备的清场和清洁常用的消毒剂有(　　)。

9. 清场记录内容包括操作间编号、(　　)、(　　)、(　　)、清场日期、检查项目及结果、清场负责人及复核人签名。清场记录应当纳入批生产记录。

10. 生产现场应当采取有效的措施降低(　　)、(　　)、(　　)或(　　)。

三、简答题

1. 请描述药品生产中批次管理的意义。

2. 请描述生产过程中物料平衡管理的意义。

项目七　认识制药企业验证管理

项目介绍

　　本项目主要学习药品生产企业验证管理相关规定,GMP 条款包括了验证与确认章节的内容,主要包含验证与确认的定义、分类、适用范围、工作程序等内容的法规条款。通过完成 2 个教学任务,能掌握药品生产企业验证及确认定义,熟悉确认与验证的分类方式与适用范围、基本程序,了解确认与验证文件的管理。

　　通过任务 1 的学习,同学们能深刻认识到验证与确认在制药行业的重要作用,了解验证与确认的定义及分类,树立起验证的意识。通过任务 2 的学习,同学们能熟悉验证和确认的流程,具备起草一般验证方案,执行验证和确认任务的能力。结合项目中的真实案例分析,加强学生的质量意识、职业素养,以自身行为践行 GMP要求,做合格的制药人。

思维导图

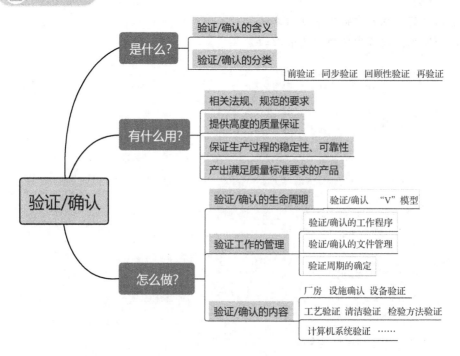

教学视频

任务 1　了解验证及确认相关知识

任务目标

- 掌握确认与验证的有关概念,熟悉确认与验证的分类方式与适用范围;
- 能够根据工作性质迅速判断验证或确认的类型,并迅速投入工作;
- 树立确认验证的基本概念,具备分析总结的能力及团队合作意识。

课程思政

通过任务中的案例分析,引导学生思考验证与确认在制药过程的重要性,树立验证的基本意识和产品质量意识,提升新时代制药人的职业素养。

活动内容

案例分析　2006 年 7 月 27 日,青海省药监局最先向国家药监局报告,在青海省西宁市部分患者使用了"安徽华源"生产的"欣弗"注射液后,先后出现胸闷、心悸、肾区疼痛、腹痛、过敏性休克、肝肾功能损害等严重不良反应。随后,黑龙江、广西、浙江、山东等地也相继出现了相同药物所引发的严重不良反应病例。8 月 2 日,安徽省食品药品监督管理局致函全国各省、自治区、直辖市食品药品监督管理局,请求协助暂停销售、使用和暂控"安徽华源"6 月以来生产的该药品。8 月 3 日,卫生部连夜发出紧急通知,要求停用"欣弗"。"欣弗"事件共造成 11 人死亡,多人健康严重受损。

经查,该公司 2006 年 6 月至 7 月生产的欣弗未按批准的工艺参数灭菌,降低灭菌温度,缩短灭菌时间,增加灭菌柜装载量,影响了灭菌效果。按照该产品批准的灭菌工艺,应该是 105℃30 分钟的灭菌,而安徽华源生物药业公司在生产这个品种的时候,改变了灭菌温度,有 101℃、102℃、104℃不等,灭菌时间也相应地缩短了 1 分钟～4 分钟不等。经中国药品生物制品检定所对相关样品进行检验,结果表明,生产未按药品生产质量管理规范(GMP)操作,无菌检查和热源检查结果不符合规定。

10 月,国家食品药品监督管理总局公布了"欣弗事件"的处理结果:根据《中华人民共和国药品管理法》有关规定,对安徽华源生产的"欣弗"药品按劣药论处,没收该企业违法所得,并处 2 倍罚款;责成该企业停产整顿,收回该企业的大容量注射剂 GMP 证书;撤销该企业的"欣弗"药品的批准文号。同时,对安徽华源生物药业有限公司主要责任人和直接责任人,分别给予撤销职务、记大过处分。

表 2-26　案例分析记录

思考问题	原因分析	预防纠正措施
导致"欣弗事件"的原因有哪些?		
个人感悟		

知识链接

验证是药品 GMP 的基本组成部分,其指导思想是"通过验证确立控制生产过程的运行标准,通过对已验证状态的监控,控制整个工艺过程,确保质量"。强化生产的全过程控制,进一步规范制药企业的生产及管理实践。

验证在药品生产的质量保证中有着重要的地位和作用,对系统和工艺的确认和验证是达到质量保证目标的基础。

一、概述

(一)验证的由来

20 世纪 50 至 60 年代,污染的输液曾导致各种败血症病例的发生。1970 至 1976 年,爆发了一系列的败血症病例。1971 年 3 月第一周内,美国 7 个州的 8 所医院发生了 150 起败血症病例。一周后,败血症病例激增至 350 人。四周后,总数达到 405 个病例。污染菌为欧文氏菌(erwinia amylovora)或阴沟肠杆菌(enterobacter cloacae)。1972 年,英国德旺波特(Devonport)医院污染的葡萄糖输液导致 6 起败血症死亡病例。1976 年据美国会计总局(General Accounting Office)的统计:1965 年 7 月 1 日至 1975 年 11 月 10 日期间,从市场撤回大容量注射剂(large volume paremteral,LVP)产品的事件超过 600 起,410 名患者受到伤害,54 人死亡。1972 年至 1986 年的 15 年间,从市场撤回输液产品的事件高达 700 多起,其中 1973 年为 225 起。

验证是美国药品监督管理局(FDA)对污染输液药品所致的药害事件调查后采取的重要举措。20 世纪 60 年代,FDA 已经意识到有必要制定一个新的文件,以"通过验证确立控制生产过程的运行标准,通过对已验证状态的监控,控制整个工艺过程,确保质量"为指导思想,强化生产的全过程控制,进一步规范企业的生产及质量管理实践。1976 年 6 月 1 日发布的"大容量注射剂 GMP 规程(草案)",首次将验证以文件的形式载入 GMP 史册。

(二)确认和验证的定义及关系

确认(qualification)是证明厂房、设施、设备能正确运行并可达到预期结果的一系列活动。

验证(validation)是证明任何操作规程(或方法)、生产工艺或系统能达到预期结果的一系列活动。

确认和验证本质上是相同的概念。确认通常用于厂房、设备、设施和检验仪器,确认时针对结果;验证则用于操作规程和检验方法、生产工艺或系统,验证时针对过程,在此意义上,确认是验证的一部分。

表 2-27　验证与确认的关系

名称	英文名称	语义	适用范围
确认	Qualification	鉴定、属性认定	具体、针对的对象:如厂房、设施、设备、检验仪器;
验证	Validation	证实、确认或验证	广义的系统:如工艺、计算机系统、清洁方法、分析方法

(三)确认与验证的目的和范围

1. 确认与验证的目的

通过确认与验证的定义,也可以明确地理解确认与验证的目的。

(1)规范要求。

(2)提供高度的质量保证。

(3)保证生产过程的稳定性、可靠性。

(4)一种符合其预期规格和品质属性的产品。

总之,确认与验证就是保证药品的生产过程和质量管理以正确的方式进行,并证明这一生产过程是准确和可靠的,且具有重现性,能保证最后得到的符合质量标准的药品。

2. 确认与验证的范围

(1)在新药研究开发方面,对任何新处方、新工艺、新产品投产前应确认或验证其确能适合常规生产,并证明使用其规定的原辅料、设备、工艺、质量控制方法等,能始终如一地生产出符合质量要求的产品。

(2)在药品生产方面,生产阶段的确认或验证包括所用设备、设施和仪器的操作参数,能保证这些设备、设施和仪器适用于指定生产的产品,保证工艺的安全和效力。对已生产、销售的产品,应以积累的生产、检验(检测)和控制的资料为依据,验证其生产过程及其产品,能始终如一地符合质量要求。

（3）当影响产品质量的主要因素，如工艺、质量控制方法、主要原辅料、主要生产设备或生产介质等发生改变时；或生产一定周期时，或政府法规要求时，应进行再验证。

（4）在药品检验方面，当质量控制方法发生改变时，要进行再验证。实际上，在再验证之前，药品检验仪器和分析方法都要进行验证。特别是计量部门和质量部门的验证必须在其他验证开始之前首先完成。

总之，在实施 GMP 的过程中，物料管理、生产技术管理、质量管理、设备管理等方面都涉及确认与验证。

二、验证的分类与适用范围

(一)验证的分类

验证通常分为四大类：前验证（prospective validation）、同步验证（concurrent validation）、回顾性验证（retrospective validation）和再验证（revalidation）。每种类型的验证活动均有其特定的适用条件。

1. 前验证

前验证是正式投产前的质量活动。任何新处方、新工艺、新方法、新产品、新设备、新厂房、新设施，投产前应验证其能否适应常规生产，并证明使用其规定的原材料、设备、工艺、质量控制方法等能始终如一地生产出符合质量要求的产品。

前验证通常指投入使用前必须完成并达到设定要求的验证。这一方式通常用于产品要求高，但没有历史资料或缺乏历史资料，靠生产控制及成品检查不足以确保重现性及产品质量的生产工艺或过程。

无菌产品生产中所采用的灭菌工艺，如蒸汽灭菌、干热灭菌以及无菌过滤和无菌灌装应当进行前验证，因为药品的无菌不能只靠最终成品无菌检查的结果来判断。对最终灭菌产品而言，我国和世界其他国家的药典一样，把成品的染菌率不得超过百万分之一作为标准。对不能最终灭菌的产品而言，当置信限设在 95％时，产品污染的水平必须控制在千分之一以下。这类工艺过程是否达到设定的标准，必须通过前验证——以物理试验及生物指示剂试验来验证。

新品、新型设备及其生产工艺的引入应采用前验证的方式，不管新品属于哪一类剂型。前验证的成功是实现新工艺从开发部门向生产部门转移的必要条件，它是一个新品开发计划的终点，也是常规生产的起点。由于前验证的目标主要是考察并确认工艺的重现性及可靠性，而不是优选工艺条件，更不是优选处方。对于一个新品及新工艺来说，应注意采用前验证方式的一些特殊条件。因此，前验证前必须有比较充分和完整的产品和工艺的开发资料。从现有资料的审查中应能确信：配方的设计、筛选及优选确已完成；中试性生产已经完成，关键的工艺及工艺变量已经确定，相应参数的控制限度已经摸清；已有生产工艺方面的详细技术资料，包括有文件记载的产品稳定性考察资料；即使是比较简单的工艺，也必须至少完成了一个批号的试生产。

此外,从中试或放大试生产中应无明显的"数据漂移"或"工艺过程的因果关系发生畸变"现象。为了使前验证达到预计的结果,生产和管理人员在前验证之前进行必要的培训是至关重要的。其次,适当的培训是实施前验证的必要条件,因为它是一项技术性很强的工作。实施前验证的人员应当清楚地了解所需验证的工艺及其要求,消除盲目性,否则前验证就有流于形式的可能。由于没有将影响质量的重要因素列入验证方案,或在验证中没有制定适当的合格标准,验证获得了一大堆所谓的验证文件,但最终并没有起到确立"运行标准"及保证质量作用的事例并不少见。

2.同步验证

同步验证系指在工艺常规运行的同时进行的验证,即从工艺实际运行过程中获得的数据来确立文件的依据,以证明某项工艺达到预计要求的活动。

以水系统的验证为例,人们很难制造一个原水污染变化的环境条件来考查水系统的处理能力,并根据原水污染程度来确定系统运行参数的调控范围。这种条件下,同步验证成了理性的选择。

如果同步验证的方式用于某种非无菌制剂生产工艺的验证,通常有以下先决条件:有完善的取样计划,即生产及工艺条件的监控比较充分;有经过验证的检验方法,方法的灵敏度及选择性等比较好;对所验证的产品或工艺过程已有相当的经验及把握。

在这种情况下,工艺验证的实际概念即是特殊监控条件下的试生产,而在试生产性的工艺验证过程中,可以同时获得两方面的结果:一是合格的产品;二是验证的结果,即"工艺重现性及可靠性"的证据。验证的客观结果往往能证实工艺条件的控制达到了预计的要求。

3.回顾性验证

当有充分的历史数据可以利用时,可以采用回顾性验证的方式进行验证。同前验证的几个批或一个短时间运行获得的数据相比,回顾性验证所依托的积累资料比较丰富;从对大量历史数据的回顾分析可以看出工艺控制状况的全貌,因而其可靠性也更好。

回顾性验证也应具备若干必要的条件。这些条件包括以下几种:

(1)通常要求有20个连续批号的数据,如回顾性验证的批次过少,应有充分理由并对进行回顾性验证的有效性做出评价。

(2)检验方法经过验证,检验的结果可以用数值表示并可用于统计分析。

(3)批记录符合GMP的要求,记录中有明确的工艺条件。以最终混合而言,如果没有设定转速,没有记录最终混合的时间,那么相应批的检验结果就不能用于统计分析。又如,成品的结果出现了明显的偏差,但批记录中没有任何对偏差的调查及说明,这类缺乏可追溯性的检验结果也不能用作回顾性验证。

(4)有关的工艺变量必须是标准化的,并一直处于控制状态。如原料标准、生产工艺的洁净级别、分析方法、微生物控制等。

同步验证、回顾性验证通常用于非无菌工艺的验证,一定条件下两者可结合使用。在移植一个现成的非无菌产品时,如已有一定的生产类似产品的经验,则可以以同步验证作为起点,运行一段时间,然后转入回顾性验证阶段。经过一个阶段的正常生产后,将生产中的各种数据汇总起来,进行统计及趋势分析。这些数据和资料包括:批成品检验的结果、批生产记录中的各种偏差的说明、中间控制检查的结果、各种偏差调查报告,甚至包括成品或中间产品不合格的数据等。

4.再验证

所谓再验证,系指一项生产工艺、一个系统(或设备)或者一种原材料经过验证并在使用一个阶段以后,旨在证实其"验证状态"没有发生漂移而进行的验证。根据再验证的原因,可以将再验证分为下述三种类型:

(1)强制性再验证和检定(药监部门或法规要求的强制性再验证)

强制性再验证、检定包括下述几种情况:无菌操作的培养基灌装试验;计量器具的强制检定(包括:计量标准,用于贸易结算、监测方面并列入国家强制检定目录的工作计量器具;安全防护、医疗卫生、环境监测方面并列入国家强制检定目录的工作计量器具);每年一次的高效过滤器检漏成为验证的必查项目。

(2)变更性再验证(发生变更时的"改变"性再验证)

药品生产过程中,由于各种主观及客观的原因,需要对设备、系统材料及管理或操作规程作某种变更。有些情况下,变更可能对产品质量造成重要的影响,因此,需要进行验证,这类验证称为改变性再验证。例如:起始物料的变更(物理性质或可能影响工艺或产品的粒径分布);起始物料生产商的变更;生产场所(或厂房)转移(包括影响工艺的安装);内包装材料的变更;生产工艺的变更;设备的改变;生产区和配套支持系统的改变;基于新技术等出现的新情况;改变配套支持系统;检验方法的改变。

上述条件下,应根据运行和变更情况以及对质量影响的大小确定再验证对象,并对原来的验证方案进行回顾和修订,以确定再验证的范围、项目及合格标准等。重大变更条件下的再验证犹如前验证,不同之处是前者有现成的验证资料可供参考。

(3)定期再验证(每隔一段时间进行的"定期"再验证)

由于有些关键设备和关键工艺对产品的质量和安全性起着决定性的作用,如无菌药品生产过程中使用的灭菌设备、关键洁净区的空调净化系统等,因此,即使是在设备及规程没有变更的情况下也应定期进行再验证。

(二)验证状态的维护

验证状态的维护对于设备、工艺或系统始终处于"验证的"和"受控的"状态是非常关键的,也是GMP所要求的。验证状态通常通过以下三个状态来维护。

（1）变更控制。

（2）验证回顾报告（或产品质量回顾报告）。

（3）再验证。

(三)验证生命周期

通过系列化的研究来完成的过程称为生命周期,验证生命周期以制定用户需求说明为起点,经过设计阶段、建造阶段、安装确认、运行确认和性能确认来证实用户需求说明是否完成的一个周期,"V-模型"是验证生命周期的常用模型(见图2-9)。

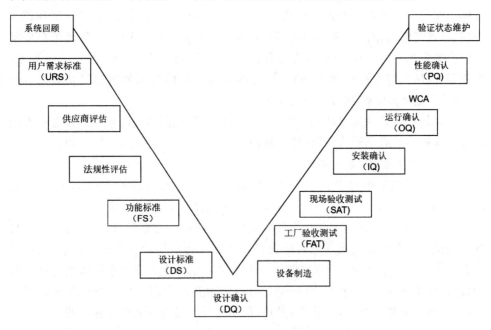

图 2-9 验证"V-模型"

1. 用户需求说明

用户需求说明(user requirement specification,URS)是指制药企业综合根据自己的使用目的、环境、用途等,对设备、厂房、硬件设施和系统等提出的自己的期望使用需求说明。ISP 基准指南第 3 卷"无菌生产设施"中指出,用户需求说明一般是系列技术说明中的第一个,它是用户对项目范围的预期情况进行的高层次说明,重点强调产品参数和工艺性能参数。

2. 功能说明

功能说明(functional specification,FS)描述了如何实现用户需求说明中所描述的要求和目标,明确说明了系统预期的实现方式。功能说明通常由供应商来完成,但是需要用户审核、批准。功能说明在如何满足用户需求说明的前提下对设备的功能进行记录,主要对设备自身所具备的所有功能进行说明,是有助于用户和供应商熟悉设备功能的文件。

3.设计说明

设计说明(design specification，DS)通常由供应商来完成,并且供应商拥有该文件的所有权和保密权,但是需要用户审核、批准。设计说明需详细和准确说明如何满足功能说明和用户需求说明的详细的、具体的要求。通过设计说明,使用者能够知道设备的正确安装、测试和维护。

4.设计确认

设计确认(design qualification，DQ) 是通过有文件记录的方式证明所提出的厂房、系统和设备设计适用于其预期用途和 GMP 的要求,用科学的理论和实际的数据证明设计结果满足用户需求说明。设计确认主要是对设备/系统选型和技术规格、技术参数和图纸等文件的适用性的审查,通过审查确认设备/系统用户要求说明中的各项内容得以实施;并考察设备/系统是否适合该产品的生产工艺、校准、维修保养、清洗等方面的要求,同时设计确认也将提供有用的信息以及必需的建议,以利于设备/系统的制造、安装和验证。

完善的设计确认是保证用户需求以及设备正常发挥功效的基础。经过批准的设计确认报告是后续确认活动(如安装确认、运行确认、性能确认)的基础。

5.所有生产设备/系统调试

完整的调试工作包含了工厂验收测试(factory acceptance testing，FAT) 、启动/调试和现场验收测试(site acceptance testing，SAT) 三个阶段的工作。

(1)工厂验收测试(FAT)。设备依据设计完成生产建造后,发货前需在客户见证下由供应商在设备制造场地对待交付的设备进行工厂验收测试,旨在保证设备已经严格按照要求完成了组装调试。工厂验收测试将由设备制造商检查并测试每个设备/系统的文件、安装和功能的正确性,以便在不能满足技术说明要求时可以更快、更有效地进行补救,并避免到用户现场之后才发现问题而延迟工期。

(2)启动/调试。启动/调试执行将在机械完工和交付给操作/维护部门或验证组之间进行。调试工作将由设备/系统供应商进行,并由用户指定的人员进行协调、批准和见证。调试方案将由设备系统供应商进行编写,并在开始测试之前由用户审核、批准。从调试结果中所挑选出的符合 GMP 文件要求的数据可以用于支持设备/系统验证,在进行验证时不需要重复测试。

(3)现场验收测试(SAT)。当设备到达设备的使用场所后,就要进行现场验收测试工作。现场验收测试工作是为了促进调试工作并进一步提高验证成功的可能性,其可以与现场调试一起进行。与工厂验收测试相似的是,现场验收测试的目的也是保证设备已经按要求完成了组装和调试,所以有些测试项目与工厂验收测试相同。所不同的是,工厂验收测试是由设备的制造商在制造厂测试,而现场验收测试是由设备的使用方在设备的使用场所进行的测试,所以更偏向于一些在设备的制造厂无法进行的测试,将由供应商在设备/系统到使用现场后进行检查以保证其文件、安装和功能的正确性,并由用户指定人员进行见证。现场验收测试包含静态和动态的测试活动,测试活动在现场由供应商在移交设备给客户之前进行。每一项现场验收测试工作将用文件记录下来。现场验收测试方案将由设备/系统供应商进行编写,并在测试开始之前由用户审核、批准。由现场验收测试结果中所选出的符合 GMP 文件要求的数据可以用于支持设备/系统验证,在进行验证时不需要重复测试。

6. 安装确认

安装确认(installation qualification,IQ) 是通过有文件记录的形式证明所安装或更改的厂房、系统和设备符合已批准的设计和生产厂家建议和或用户的要求,企业应对新的或发生改造之后的厂房、设施或设备等进行安装确认。安装确认就是确认用户收到的设备符合双方确认的内容,这是根据用户需求说明和设计说明以及相关文件对收到的设备进行确认,是个资料收集并归档的过程。

安装确认过程一般不作动力接通和动作测试,只有等安装确认核对完全无误后方能进行后续的确认工作。安装确认是证实设备或系统中的主要部件正确的安装以及和设计要求一致(例如:标准规定、采购单、合同、招标数据包),应存在相关支持文件以及仪器应该经过校准。

7. 运行确认

运行确认(operational qualification,OQ)是通过有文件记录的形式证明所安装或更改的厂房、系统和设备在其整个预期运行范围之内可按预期形式运行。运行确认是通过检查、检测等测试方式,用文件的形式证明设备的运行状况符合设备出厂技术参数,能满足设备的用户需求说明和设计确认中的功能技术指标,是证明系统或设备各项技术参数能否达到设定要求的一系列活动。

运行确认是确立可信范围,确认设施/设备/公用设施在既定的限度和容许范围内能够正常运行。运行确认在系统执行(系统包括设施、设备及公用设施),核实在规定的参数内运行,如温度、压力、流速等;运行确认的执行包括检测参数,这些参数调节工艺或产品质量;核实控制者合理的运行、显示器、记录、预警及连锁装置,这些需要在运行确认检测期间执行并记录在案。

8. 性能确认

性能确认(performance qualification,PQ)是为了证明按照预定的操作程序,设备在其设计工作参数内负载运行,其可以生产出符合预定质量标准的产品而进行的一系列的检查、检验等测试。性能确认应在安装确认和运行确认成功完成之后执行。可以将性能确认作为一个单独的活动进行描述,在有些情况时也可以将性能确认与运行确认结合在一起进行。

性能确认可通过文件要求证明当设备、设施等与其他系统完成连接后能够有效、可重复地发挥作用,即通过测试设施、设备等的产出物来证明它们的正确性。就工艺设备而言,性能确认实际上是通过实际负载生产的方法,考察其运行的可靠性、关键工艺参数的稳定性和产出产品质量的均一性、重现性的一系列活动。

性能确认是提供文件证据证明,系统能基于批准的工艺方法和产品标准,作为组合或分别进行有效的重复的运行。性能测试应在真实生产条件下进行,应收集确认数据并记录在附件的测试报告上。性能确认是正式测试的最后步骤,以及确认需求矩阵中识别为进行性能确认测试的系统正式运行前正确性能的文件证据。当最终性能确认报告批准后,系统可用于正常生产操作或用于工艺验证。

任务 2　了解验证及确认程序及管理

➡️ 任务目标

• 确认与验证的基本内容以及确认验证的基本程序,了解确认与验证文件的管理。

• 熟练掌握现行 GMP 对确认验证的要求,了解设施、设备的确认及常见剂型生产工艺验证的基本要求,能够书写一般验证方案。

• 培养学生具备分析总结的能力,具备法规意识及团队合作意识,在工作中知法守法。

❤️ 课程思政

通过任务中的案例分析结合验证相关知识的学习,帮助学生树立验证的基本意识、产品质量意识和法律意识,让学生在工作中自觉践行 GMP"做你所记,记你所做"的要求。

➕ 活动内容

案例分析　某药厂在 GMP 现场检查中发现以下缺陷:

(1)物料和原料药成品共用的固体取样器清洁方法未进行验证。

(2)清洁验证未进行检测方法学验证。

(3)性能确认测试时间在运行确认报告批准之前。

请自学本节内容,分析这些缺陷项主要违反什么规定,以及应该如何整改?并简要总结个人感悟。

表 2-28　案例分析记录

缺陷项	GMP 规定	预防纠正措施
1		
2		
3		
个人感悟		

知识链接

一、确认与验证程序及管理

(一)验证程序

制药企业内部的验证一般步骤(或程序)如图 2-10 所示,主要包括提出验证要求、建立验证组织、提出验证项目、制定验证方案、验证方案的审批、组织实施、验证报告、验证报告的审批、发放验证证书、验证文件归档。

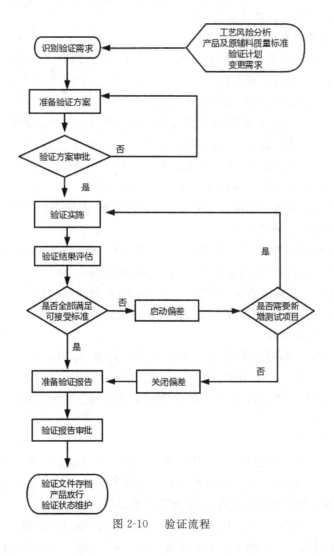

图 2-10　验证流程

1.验证计划

由质量保证部负责制订年度的验证计划、时间安排,经验证领导小组讨论通过,验证组长批准。未列入年度计划的监视验证项目,由该验证项目主要实施部门与质量保证部共同提出,经验证领导小组讨论通过,验证组长批准。

2.验证方案的制定

验证领导小组责成专业人员起草验证方案,验证方案应包括以下内容:验证概述,验证对象及范围,验证目的,验证组织及工作职责,描述验证的要求及标准,测试方法,偏差及处理,验证结论,再验证周期。验证方案由验证小组成员会签,质量管理负责人批准。

验证方案应制定可行的实验方法与技术,并要完整、充分地证明验证目的。方案中设计的记录应有操作人员签字。

3.验证方案的审批

新起草的验证方案,由起草人根据会议讨论进行修订。经会议讨论认可的验证方案,需经质量管理负责人批准后方可实施。

4.验证方案的组织实施及实施时间要求

(1)验证方案一经批准,即可开始实施。由质量保证部负责确定每个验证项目的参加部门、验证项目负责人,确定验证具体时间,并监督实施。

(2)厂房、公用工程及介质必须在工程竣工时,按国家有关规范标准进行验证,其中厂房、注射用水和空气净化系统是重点验证对象。

(3)新设备必须在使用前完成验证,其中灭菌柜、配液系统、灌装设备、混合设备、制水设备是重点验证对象。

(4)质量检验部验证重点是无菌室、灭菌设施、分析测试方法等,仪器仪表设备、计量器具验证、质检部门的验证应先于其他部门完成。

(5)工艺及产品验证在完成厂房、设备、质检、计量验证后进行。

(6)工艺方法、设备更新或改造后应实施相关的再验证工作。

5.验证方案的修改

在验证方案的实施过程中,如因验证工作实际需要,须对验证方案进行修改。验证项目负责人必须以书面报告形式向验证领导小组提出申请,并起草验证方案修改稿,经验证领导小组讨论通过,质量管理负责人批准后方可按照修改后的验证方案实施。

6.异常情况的处理

在验证方案的实施过程中,如发生测试结果与合格标准不符,操作人员须及时上报至验证项目负责人,验证项目负责人根据有关资料或与厂家联系,对异常情况做出正确判断,及时修改测试参数或验证方案,同时以书面报告形式上报验证小组。如不能做出判断,应及时以书面形式上报验证领导小组,和验证小组所有成员共同研究做出判断,及时修改测试参数或验证方案。以上异常情况按偏差处理,处置措施、处置结论均应详细记录于验证报告中。

7.验证结果的临时性批准

由于验证的书面总结和审批需要一定的时间。因此,在验证实验完成后,只要结果正常,验证小组组长可以临时批准已验证的生产过程及产品投入生产。

8.验证报告的形成与审批

验证工作完成后,由验证项目负责人写出验证报告草案,经过小组成员分析研究后,写出正式验证报告。验证报告的内容应包括验证的目的、验证的项目、验证项目的描述、验证的日期及地点、验证方案的文件编号和批准人、验证的标准、试验的结果记录、结论、评价和建议,包括再验证的时间和建议。验证报告须由验证方案的会签人加以评估和审核,并经质量管理负责人批准后生效。

在准备验证报告时,应当按验证方案的内容加以核实和审查,核查内容如下:检查主要验证试验是否按计划完成;检查验证方案在实施过程中是否修改,修改理由是否明确并经审批;重要试验结果的记录是否完整;验证结果是否符合设定的标准,对偏离标准的结果是否已做调查,是否有适当解释并获得批准。

9.发放验证合格证书

验证报告审批通过后,由 QA 出具验证合格证书,复印若干份,一份存档,其余分发给验证实施部门、生产部、质量保证部和相关部门,供日常工作查考。

(二)验证文件管理

验证资料是 GMP 认证的申报资料之一,验证过程中的数据和分析内容均应以文件形式保存。验证工作结束后,参与验证的所有人员应将自己收集的文件交 QA 统一存档,QA 分类设立验证档案。验证档案保存期限为 6 年。验证方案和验证报告的复印件可分发给有关部门,作为日常工作查考。

(三)验证周期

对所有验证对象,应根据其日常运行监控数据、生产经验、药典等资料制定验证周期,如无此经验,可参照其他已通过 GMP 认证的厂家推荐的验证周期。通过日常监控数据不断的积累及生产经验的增加,如发现现行验证周期不能满足工艺要求,可报告验证小组批准后调整验证周期。

二、确认与验证的内容

确认与验证工作按照项目主要包括:厂房与设施的确认、设备确认、工艺验证、清洁验证、检验方法验证和计算机系统验证等。

(一)厂房与设施的确认

药品生产企业的厂房与设施,是指制剂、原料药、药用辅料和直接与药品接触的包装材料生产中,所需的建筑物以及与工艺配套的空气净化、水处理等公用工程.

一般包括设计确认(design qualification,DQ)、安装确认(install qualification,IQ)、运行确认(operation qualification,OQ)和性能确认(performance qualification,PQ)四个阶段。

1.厂房、设施确认

确认厂房设计施工是否符合 GMP 规范有关条款,包括厂区布局、车间布局的合理性及车间附属设施,包括门、窗、墙、地面、照明、缝隙密封等是否符合医药工业有关规范。

2.洁净区环境确认

安装确认,包括各分部工程的外观检查和单机试运行;

运行确认,包括带冷(热)源的系统联合试运转且不少于 8 小时;

性能确认,包括以下项目的测试和评价。

验证文件包括:洁净区主要设计文件和竣工图;主要设备的出厂合格证检查文件;设备开箱检查记录、管道压力试验记录、管道系统吹洗脱脂记录、风管漏风记录、竣工验收记录;单机试运转、系统联合试运转和洁净区性能测试记录。

3.公用工程及介质确认

确认公用工程是否符合 GMP 规范要求,包括空调净化系统、水系统(纯化水、注射用水)、与产品质量有关的压缩空气、锅炉及纯蒸汽系统、惰性气体及其他工业气体、除尘系统等。其中空调净化系统和工艺用水系统为验证重点。

(1)空调净化系统的确认。

主要仪器仪表:温度计、湿度计、风速仪、风压压力计、风量测定单、微压表、空气悬浮粒子计数器、沉降菌测定设备、照度计、声级计等。HVAC 系统的确认项目见表 2-29。

表 2-29　HVAC 系统确认项目

程序	所需文件	确认内容
安装确认	(1)洁净区平面布置及空气流向图(包括洁净度、气流、压差、温度、湿度、人物流向等); (2)洁净区 HVAC 系统描述及设计说明; (3)仪器、仪表、高效过滤器的检定记录,空调设备及风管的清洗记录; (4)HVAC 操作规程及控制标准。	(1)空调器、除湿机、风管的安装检查; (2)风管、空调设备的清洗及检查、运行调试; (3)安装中效过滤器; (4)安装高效过滤器; (5)高效过滤器的检漏。
运行确认	(1)空调设备的运行设计报告; (2)洁净室温度、湿度、压力记录; (3)高效过滤器检漏记录、风速及气流流向报告; (4)空调调试及空气平衡报告; (5)悬浮粒子和微生物预检; (6)安装确认及有关记录报告。	(1)空调设备的系统运行; (2)高效过滤器风速及气流流向测定,风量取额定的 60%,风速≥35m/s; (3)室压、温度、湿度等空调高度及空气平衡

（续表）

程序	所需文件	确认内容
性能确认	(1)医药工业洁净区悬浮粒子测定法； (2)医药工业洁净区沉降菌测定法； (3)浮游菌测定法； (4)压差、风速、风量、温湿度测定程序及记录。	(1)空气悬浮粒子测定； (2)沉降菌、浮游菌测定； (3)压差、风速、风量、温湿度测定。

（2）工艺用水系统确认

工艺用水系统确认项目见表 2-30

表 2-30　工艺用水系统确认项目

程序	所需文件	确认内容
安装确认	(1)系统流程图、描述及设计参数； (2)水处理设备及管路安装调试记录； (3)仪器仪表的校验记录； (4)设备操作手册及标准操作程序(SOP)及维修 SOP； (5)设计图纸及供应商提供的技术资料。	(1)制备装置的安装以及电气、管道、蒸汽、仪表、供水、过滤器等的安装、连接情况检查； (2)管道分配系统的安装，包括材质、连接、清洗钝化、消毒等； (3)仪器仪表校正； (4)操作手册 SOP。
运行确认	(1)水质检验标准及检验操作规程； (2)系统运行 SOP； (3)系统清洁 SOP。	(1)系统操作参数的检测(包括过滤器、软水器、混合床、蒸馏水机等的运行并检查电压、电流、压缩空气、锅炉蒸汽、供水压力等，以及设备、管路、阀门、水泵、贮水容器等使用情况)； (2)水质的预先测试。
性能确认	(1)取样 SOP 和重新取样规定； (2)系统运行 SOP； (3)系统清洁 SOP； (4)人员岗位培训 SOP。	(1)记录日常参数(混合床再生频率、贮水罐、用水点的使用时间、温度、电阻率等)； (2)取样监测，持续三周。取样频率：贮水罐、总送水口、总回水口每天取样，各使用点的注射用水为每天取样，纯水可每周一次。各取样点均应定期取样。

（3）压缩空气系统的确认：包括压缩空气含油量、微生物等。

（二）设备验证

设备验证是指对生产设备的设计、选型、安装及运行的正确性以及工艺适应性的

测试和评估,证实该设备能达到设计要求及规定的技术指标。设备验证的程序如下:

1. 设计确认(DQ)

预确认是对设备的设计与选型的确认。内容包括对设备的性能、材质、结构、零件、计量仪表和供应商等的确认。

2. 安装确认(IQ)

主要确认内容为安装的地点、安装情况是否妥当,设备上的计量仪表的准确性和精确度,设备上提供的工程服务系统是否符合要求,设备的规格是否符合设计要求等。在确认过程中测得的数据可用以制定设备的校正、维护保养、清洗及运行的书面规程,即该设备的 SOP 草案。

3. 运行确认(OQ)

根据 SOP 草案对设备的每一部分及整体进行空载试验,通过试验考察 SOP 草案的适用性、设备运行参数的波动情况、仪表的可靠性以及设备运行的稳定性,以确保该设备能在要求范围内正确运行并达到规定的技术指标。

4. 性能确认(PQ)

为模拟生产工艺要求的试生产,以确定设备符合工艺要求。在确认过程中应对运行确认中的各项因素进一步确认,并考查产品的内在、外观质量,由此证明设备能适合生产工艺的需要稳定运行。设备验证所得到的数据可用以制定及审查有关设备的校正、清洗、维修保养监测和管理的书面规程。

5. 设备验证程序

设备验证程序见表 2-31。

表 2-31　设备验证程序

程序	所需文件	确认内容
设计确认	设备设计要求及各项技术指标	(1)审查技术指标的适用性及 GMP 要求; (2)收集供应商资料; (3)优选供应商。
安装确认	(1)设备规格标准及使用说明书; (2)设备安装图及质量验收标准; (3)设备各部件及备件的清单; (4)设备安装相应公用工程和建筑设施; (5)安装、操作、清洁的 SOP; (6)记录格式。	(1)检查及登记设备生产的厂商名称,设备名称、型号,生产厂商编号及生产日期、公司内部设备登记号; (2)安装地点及安装状况; (3)设备规格标准是否符合设计要求; (4)计量仪表的准确度和精确度; (5)设备相应的公用工程和建筑设施的配套; (6)部件及备件的配套与清点; (7)制定清洗规程及记录表格式; (8)制定校正、维护保养及运行的 SOP 草案及记录表格式草案。

续表

程序	所需文件	确认内容
性能确认	(1)安装确认记录及报告； (2)SOP 草案； (3)运行确认项目/试验方法、标准参数及限度； (4)设备各部件用途说明； (5)工艺过程详细描述； (6)试验用检测仪器校验记录。	(1)空白料或代用品试生产； (2)产品实物试生产； (3)进一步考查运行确认参数的稳定性； (4)产品质量检验； (5)提供产品的与该设备有关的 SOP 资料。
结论	验证报告、审批、培训	
归档文件	验证方案,设备制造和设计标准,预确认,安装确认,运行确认,性能确认,标准操作规程,仪器、备件、润滑剂、部件清单,维护保养计划及程序,变更控制程序,工程图纸,试验和检查报告,清洁和使用记录,验证报告。	

(三)工艺验证

工艺验证是证明工艺参数条件、操作等能适合该产品的常规生产,并证明在使用规定的原辅料、设备的条件下,按照制定的相关标准操作规程进行生产检验,能始终生产出符合预定的质量标准要求的产品,且具有良好的重现性和可靠性。

工艺验证的目的是保证药品生产过程以正确的方式进行,并证明这一生产过程具有重现性、稳定性和可控性,使生产过程处在严格的受控状态(见图 2-11)。

图 2-11 工艺验证受控状态

1.同步验证

采用同步验证的方式包含不少于连续三个生产批次,按生产全过程监控关键工艺参数,参数必须符合参数限度,并对中间体、半成品、成品按质量标准进行测试,结果必须符合验证标准要求。

2.回顾性验证

通过产品年度质量审核和日常监控的结果以及再验证规定,进行再验证。

3.再验证

(1)影响产品质量的主要因素,如工艺、质量控制方法、主要原辅材料、主要生产设备等发生变更;

(2)在产品趋势分析中发现严重的超常现象,或可能对产品的安全、性状、纯度、杂质、含量等产生影响;

(3)关键工艺在预定生产一定周期后。

4.产品工艺验证的生命周期

产品工艺验证的生命周期见图 2-12。

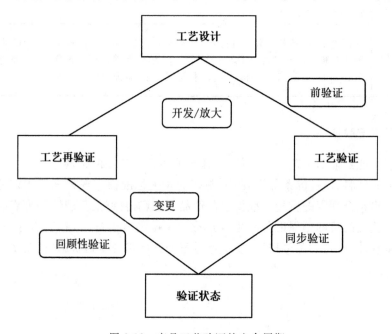

图 2-12　产品工艺验证的生命周期

四、清洁验证

清洁验证是证明按照清洁程序清洁后,设备或系统上残留达到了预定标准的限度要求,不会对将生产的产品造成交叉污染。

1.清洁程序和残留物限度的标准

清洁程序的建立应根据产品的性质、设备特点、生产工艺等因素,拟定清洁方法并制定清洁标准操作规程,对清洁人员进行培训。残留限度的标准一般基于以下原则:分析方法客观能达到的能力,如浓度限度——百万分之十(10×10^{-6});生物活性的限度,如正常治疗剂量的 1/1000;以目检为依据的限度,如不得有可见的残留物。

2. 取样点的选择和取样方法验证

(1) 取样点的选择

取样点包括各类最难清洁部位,凡是死角、清洁剂不易接触的部位,如带密封垫圈的管道连接处;压力、流速迅速变化的部位,如有歧管或岔管处、管径由小变大处;容易吸附残留物的部位,如内表面不光滑处等,都应被视为最难清洁的部位。

(2) 取样方法验证

通过回收率试验验证取样过程的回收率和重现性。

3. 分析方法的验证

检验方法对被检测物质应有足够的专属性和灵敏度,检验方法可以采用药典的方法或是经过验证的其他方法。

4. 已清洁设备存放有效期的确认

通过对已清洁设备进行存放,存放期间不得污染,存放一定时间后,再取样检测,以确定设备的存放有效期。

5. 清洁验证批次及再验证

(1) 清洁验证批次

设备清洁验证包含不少于连续三个生产批次。验证的结果未达到标准,则需查找原因,重新修订程序和验证,直至结果合格。否则不得投入生产使用。

(2) 再验证

清洁剂改变、清洁程序做重要修改;生产的产品质量有所改变或增加生产相对更难清洁的产品;设备有重大变更;清洁规程有定期再验证的要求。

(五)计量器具及仪器的鉴定和校验

按国家计量部门的法规进行。

(六)产品验证

在完成厂房、设备、设施的验证和质量计量部门的验证后,对生产线所在的生产环境和装备的整体功能、质量控制方法及工艺条件进行验证,确认在特定条件下进行试生产能否始终如一地生产出符合质量要求的产品,一般试生产三批产品。对已进入稳定生产的产品要进行回顾性验证,同一产品需统计出不少于 20 批的产品质量数据并加以确认,确保其质量稳定。

(七)物料验证

主要原辅材料变更时,应确认原辅材料改变后生产出来的产品能符合质量要求。

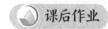 课后作业

一、选择题

二、填空题

1.( )通常指投入使用前必须完成并达到设定要求的验证。

2.验证生命周期以( )为起点,经过设计阶段、建造阶段、安装确认、运行确认和性能确认来证实用户需求说明是否完成的一个周期。

3.所有生产设备/系统都需要进行调试,完整的调试工作包含了( )、启动/调试和( )三个阶段的工作。

4.验证方案需经( )批准后方可实施。

5.验证档案保存期限为( )年。

三、简答题

1.验证是如何进行分类的?

2.简述制药企业验证程序。

项目八　认识药品生产企业变更、偏差管理

项目介绍

本项目主要学习药品生产企业变更、偏差管理。药品生产企业变更主要包含GMP关于药品生产企业变更控制的相关规定，变更控制的定义、适用范围、分类和程序等。通过完成2个教学任务，能知晓药品生产企业变更分类和程序以及能按照相关流程处理药品生产企业偏差以及进行偏差的纠正和预防。通过任务1的案例学习，同学们能深刻体会按程序办事的具体意义和培养遵纪守法意识。通过任务2的案例学习，同学们能了解药品生产企业偏差的处理方法及如何纠正偏差和预防偏差的出现，从而保证企业员工能科学严谨地处理偏差问题。

思维导图

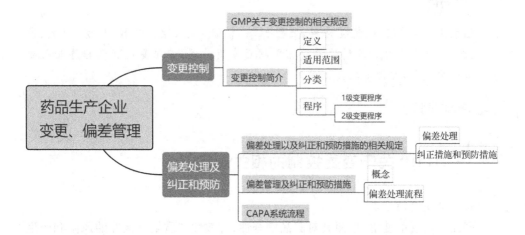

教学视频

任务 1　了解药品生产企业的变更控制

🔲 任务目标

• 了解 GMP 关于药品生产企业变更控制的相关规定,熟悉变更控制的定义、适用范围、分类和程序;

• 能完成常规变更项目的变更流程;

• 具备严谨细致工作作风,按程序办事,养成遵纪守法意识。

💗 课程思政

通过活动 1 的案例分析,引导学生思考对制药企业原辅料、包装材料、质量标准、检验方法、操作规程、厂房、设施、设备、仪器、生产工艺和计算机软件等相关项目变更的时候,要严格按照变更程序完成变更流程,自觉履行 GMP 要求,恪守"守诺、守时、有序、自律、不苟"的精神。

➕ 活动内容

活动 1　以原辅料、包装材料、质量标准、检验方法、操作规程、厂房、设施、设备、仪器、生产工艺和计算机软件等相关项目变更为例,按照变更管理程序相关要求完成变更流程,并做好相关记录。

🔲 知识链接

一、GMP 关于变更控制的相关规定

1.药品变更的分类

药品上市后的变更,按照其对药品安全性、有效性和质量可控性的风险和产生影响的程度,实行分类管理,分为审批类变更、备案类变更和报告类变更。

2.哪些变更需要在实施前先申报审批?

以下变更,持有人应当以补充申请方式申报,经批准后实施:

(1)药品生产过程中的重大变更;

(2)药品说明书中涉及有效性内容以及增加安全性风险的其他内容的变更;

(3)持有人转让药品上市许可;

(4)国家药品监督管理局规定需要审批的其他变更。

3.哪些变更需要在实施前先备案?

以下变更,持有人应当在变更实施前,报所在地省、自治区、直辖市药品监督管理部门备案:

(1)药品生产过程中的中等变更;

(2)药品包装标签内容的变更;

(3)药品分包装;

(4)国家药品监督管理局规定需要备案的其他变更。

境外生产药品发生上述变更的,应当在变更实施前报药品审评中心备案。

药品分包装备案的程序和要求,由药品审评中心制定发布。

4.哪些变更需要在年度报告中报告?

以下变更,持有人应当在年度报告中报告:

(1)药品生产过程中的微小变更;

(2)国家药品监督管理局规定需要报告的其他变更。

二、变更控制简介

(一)定义

欧盟 GMP 指南附录的术语表中关于变更控制的定义如下:变更控制是由适当学科的合格代表对可能影响厂房、系统、设备或工艺的验证状态的变更提议或实际的变更进行审核的一个正式系统,其目的是使系统维持在验证状态而确定需要采取的行动并对其进行记录。

(二)适用范围

任何可能影响产品质量或重现性的变更都必须得到有效控制,变更的内容包括但不限于如下所列:原辅料的变更;标签和包装材料的变更;处方的变更;生产工艺的变更;生产环境(或场所)的变更;质量标准的变更;检验方法的变更;有效期,复检日期,贮存条件或稳定性方案的变更;验证的计算机系统的变更;厂房、设备的变更;公用系统的变更;产品品种的增加或取消;清洁和消毒方法的变更;其他。

(三)分类

根据变更的性质、范围和对产品质量潜在的影响程度以及变更是否影响注册、变更时限等,可以有不同的分类方法,公司可根据自身实际情况选择适当的分类方法。变更分类包括但不限于如下所列:

主要变更:对产品关键质量特性可能有潜在的重大影响,并需要主要的开发工作(如:稳定性试验、对比试验和再验证等)以确定变更的合理性。

次要变更:对产品的关键质量特性不大可能产生影响,亦不会使生产工艺发生漂移,因而无须主要的开发工作便可批准执行的变更。

涉及注册的变更:超出目前注册文件的描述,需要报告或报送药品监督部门批准的变更。

不涉及注册的内部变更:注册文件中无描述或在注册文件描述的范围内,无须报送药品监督部门批准的变更。

永久变更:批准后将长期执行的变更。

临时变更:因某种原因而作出的临时性的改变,但随后将恢复到现有状态。

(四)程序

1.Ⅰ级变更程序(不影响注册的内部变更程序)

任何变更都应该经过如图 2-13 所示的程序:

变更申请—变更评估—变更批准—跟踪变更的执行—变更效果评估—变更关闭。

(1)变更申请

变更发起人应起草一份变更申请,变更申请至少包括但不限于如下内容:变更描述;变更理由;受影响的文件和产品;受影响的生产厂、承包商、API 的接收厂和客户等;支持变更的追加文件;行动计划;变更申请人和批准人的签名。

变更申请应首先提交变更系统管理员进行编号、登记和审核,合格后交相关部门和人员间进行传阅和评估。

(2)变更评估

变更应由相关领域的专家和有经验的专业人员组成专家团队进行评估,例如由生产、质量控制、工程、物料管理、EHS、药政法规和医学部门的人员等组成专家团队,评估变更可能带来的影响并确定应采取的行动,包括是否需要进行开发性的研究工作以确保变更在技术上的合理性。这些开发性的工作可能包括但不限于如下内容:稳定性研究;生物等效性研究;验证和(或)确认研究;小规模和(或)试验批生产。

应制定预期可接受的评估标准。可接受的标准应根据产品质量标准、结合相关的验证、稳定性、溶出对比等通用指南而制定,并应在研究方案中描述并经过质量和相关部门的批准,可以使用质量风险管理系统来评估变更,评估的形式和程度应与风险水平相适应。

应评估变更是否会对注册产生影响。不涉及注册的变更可以按内部程序批准。涉及注册的变更应按"Ⅱ级变更程序(涉及注册的变更程序)"操作。

评估的结果应由相关部门和质量负责人批准。

（3）变更批准

批准变更至少要提供如下信息：开发性工作所产生的所有支持数据；需要的其他文件和信息；变更批准后应采取的行动（例如：修改相关文件、完成培训）行动计划和责任分工。

变更必须得到相关部门和质量部门的批准。

变更如果影响到其他生产厂、承包商、API 的接收厂和客户等，则应通知外部并获得其认可。

（4）变更执行

只有得到书面批准后，方可执行变更，应建立起追踪体系以保证变更按计划实施。

（5）变更效果的评估

变更执行后应进行效果评估，以确认变更是否已达到预期的目的。对于次要或明显的变更评估可以作为变更执行过程的一部分。但是，对于影响和范围较大的变更，评估要在得到了适当数据的基础上进行。

（6）变更关闭

当变更执行完毕，相关文件已被更新，重要的行动已经完成，后续的评估已进行并得出变更的有效性结论后，变更方可关闭。

2. Ⅱ级变更程序（涉及注册的变更程序）

涉及注册的变更除需经过内部审批外，还需通过相关市场的药监部门的批准，通常，涉及注册的变更还需提供如下附加方面的信息：受影响的市场；变更的注册要求；跨国公司的全球性审批（如适用）；制备注册文件；申请注册的策略；注册批准后的通知；存在不同批准时限的全球性变更的执行策略。

世界各地区或国家对于涉及注册的变更有不同的分类、注册文件的要求和报告、备案或注册审批的规定，应遵守不同地区或国家的要求。我国《药品注册管理办法》（2020 年 1 月 22 日国家市场监督管理总局令第 27 号公布，自 2020 年 7 月 1 日起施行）。

关于药品生产企业涉及注册需要上报监管部门的变更规定如下：修改药品注册标准、变更药品处方中已有药用要求的辅料、改变影响药品质量的生产工艺等的补充申请，由省、自治区、直辖市药品监督管理部门提出审核意见后，报送国家食品药品监督管理总局审批，同时通知申请人。

修改药品注册标准的补充申请，必要时由药品检验所进行标准复核。

改变国内药品生产企业名称、改变国内生产药品的有效期、国内药品生产企业内部改变药品生产场地等的补充申请，由省、自治区、直辖市药品监督管理部门受理并审批，符合规定的，发给《药品补充申请批件》，并报送国家药品监督管理局备案；不符合规定的，发给《审批意见通知件》，并说明理由。

按规定变更药品包装标签、根据国家药品监督管理部门要求修改说明书等的补充申请，报省、自治区、直辖市药品监督管理部门备案。

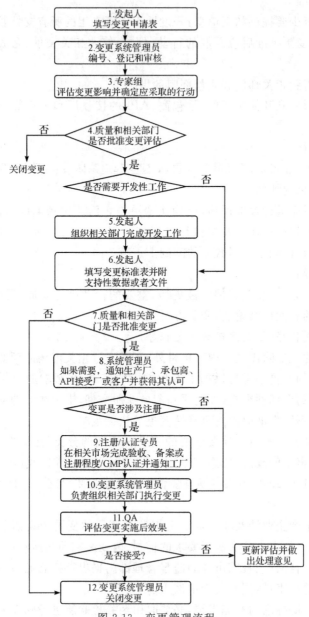

图 2-13 变更管理流程

　　进口药品的补充申请,由国家药品监督管理局审批。其中改变进口药品制剂所用原料药的产地、变更进口药品外观但不改变药品标准、根据国家药品标准或国家药品监督管理局的要求修改进口药说明书、补充完善进口药说明书的安全性内容、按规定变更进口药品包装标签、改变注册代理机构的补充申请,由国家药品监督管理局备案。

对药品生产技术转让、变更处方和生产工艺可能影响产品质量等的补充申请，省、自治区、直辖市药品监督管理部门应当根据其《药品注册批件》附件或者核定的生产工艺，组织进行生产现场检查，药品检验所应当对抽取的三批样品进行检验。

国家药品监督管理局核发的药品批准文号、《进口药品注册证》或者《医药产品注册证》的有效期为5年。

任务 2　了解药品生产企业的偏差处理及纠正和预防

任务目标

• 了解 GMP 关于药品生产企业偏差处理及纠正和预防措施的相关规定，熟悉偏差、纠正以及纠正和预防措施（CAPA）的概念；

• 能按照相关流程处理药品生产企业偏差以及进行偏差的纠正和预防；

• 具备药品质量意识。

课程思政

通过活动1的案例分析，引导学生思考在制药企业岗位要严格按照相关流程处理药品生产企业偏差以及进行偏差的纠正和预防。通过规范相关的流程的学习培养药品质量意识。

活动内容

活动 1　学习药品生产企业偏差处理流程相关内容，分析讨论以下案例中存在的主要问题及原因，并且提出解决措施。

【案例1】　在某次 GMP 检查期间，检查员要求查看关于工艺偏差和超标结果的调查。厂家告知这些调查已经做了但没有形成文件。

【案例2】　GMP 检查过程中发现某企业没有按书面程序要求将生产过程中的偏差报告质量管理部门。

【案例3】　某企业数批产品的收率超过生产设备的实际生产能力，但批记录审核没有发现这一问题，未将其列为偏差。

【案例4】　某企业质量部门采用 A 批次物料的 IR 图谱对进厂的 B 批次和 C 批次两个批号的物料进行放行。

【案例5】　某企业质量部门没有发现实验室人员提交的物料 IR 图谱，没有代表进厂物料的真实结果。

【案例6】　某企业实验室人员可以修改打印 IR 图谱有关的原始数据，缺乏安全控制的系统。

表 2-32　六个案例分析结果

案例	主要问题及原因	处理方法
案例 1		
案例 2		
案例 3		
案例 4		
案例 5		
案例 6		

活动 2　应用偏差处理以及 CAPA 的相关知识,对以下案例中相关偏差及其纠正和预防措施进行分析说明。

【**案例 1**】　客户反映某企业生产的产品铝塑板缺粒,营销部门在解决给客户索赔的同时,将信息反馈到 QA,QA 判断该问题出现在产品的内包装上,即将信息反馈至生产部,由生产部调查、提出解决措施。

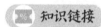 知识链接

一、GMP 关于偏差处理以及纠正和预防措施的相关规定

(一)偏差处理

(1)各部门负责人应当确保所有人员正确执行生产工艺、质量标准、检验方法和操作规程,防止偏差的产生。

(2)企业应当建立偏差处理的操作规程,规定偏差的报告、记录、调查、处理以及所采取的纠正措施,并有相应的记录。

(3)任何偏差都应当评估其对产品质量的潜在影响。企业可以根据偏差的性质、范围、对产品质量潜在影响的程度将偏差分类(如重大、次要偏差),对重大偏差的评估还应当考虑是否需要对产品进行额外的检验以及对产品有效期的影响,必要时应当对涉及重大偏差的产品进行稳定性考察。

(4)任何偏离生产工艺、物料平衡限度、质量标准、检验方法、操作规程等的情况均应当有记录,并立即报告主管人员及质量管理部门,应当有清楚的说明,重大偏差应当由质量管理部门会同其他部门进行彻底调查,并有调查报告。偏差调查报告应当由质量管理部门的指定人员审核并签字。

企业还应当采取预防措施有效防止类似偏差的再次发生。

(5)质量管理部门应当负责偏差的分类,保存偏差调查、处理的文件和记录。

(二)纠正措施和预防措施

(1)企业应当建立纠正措施和预防措施系统,对投诉、召回、偏差、自检或外部检查结果、工艺性能和质量监测趋势等进行调查,并采取纠正和预防措施。调查的深度和形式应当与风险的级别相适应。纠正和预防措施系统应当能够增进对产品和工艺的理解,改进产品和工艺。

(2)企业应当建立实施纠正和预防措施的操作规程,内容至少包括:

①对投诉、召回、偏差、自检或外部检查结果、工艺性能和质量监测趋势以及其他来源的质量数据进行分析,确定已有和潜在的质量问题。必要时,应当采用适当的统计学方法;

②调查与产品、工艺和质量保证系统有关的原因;

③确定所需采取的纠正和预防措施,防止问题的再次发生;

④评估纠正和预防措施的合理性、有效性和充分性;

⑤对实施纠正和预防措施过程中所有发生的变更应当予以记录;

⑥确保相关信息已传递到质量受权人和预防问题再次发生的直接负责人;

⑦确保相关信息及其纠正和预防措施已通过高层管理人员的评审。

(3)实施纠正和预防措施应当有文件记录,并由质量管理部门保存。

二、偏差管理及纠正和预防措施

偏差处理流程如图 2-14 所示,主要包括以下内容。

(一)概念

1.偏差(deviation)

偏差是指对批准的指令(生产工艺规程、岗位操作法和标准操作规程等)或规定标准的偏离,是指在产品检验、生产、包装或存放过程中发生的任何偏离批准的规程、处方、质量标准、趋势、设备或参数的非计划性差异。

2.偏差管理(deviation management)

偏差管理是指对生产或检验过程中出现的或怀疑存在的可能会影响产品质量的偏差的处理程序,即依据现场、现物、现实,发现问题,查找原因,制定纠正和预防措施,并通过 PDCA 循环来进行改进和创新。

3.纠正(correction)

纠正又称纠正行动,是指为了消除已发现的问题或不合格而采取的措施,这是管理系统中要求的短期解决不合格或问题的行为。

4.纠正和预防措施(CAPA)

(1)纠正措施(corrective actions):是为了消除已发现的不合格或其他不期望

情况的根源所采取的措施,这是管理系统中要求以特定的方式对已发生或正在发生的问题进行定期收集、分类、汇总,查找原因,提供解决方案,从而防止不合格或问题的行为。

(2)预防措施(preventive actions):是指为消除潜在不合格或其他潜在不期望情况的原因所采取的措施。一个潜在不合格可以有若干个原因。

(3)纠正和预防措施(corrective and preventive action,CAPA):是集中纠正措施和预防措施,持续改进,不断提高,并提供许多切实可行的管理办法,从而引导整个质量系统和整个组织共同持续发展。

建立纠正和预防措施(CAPA)系统的意义,就是不仅要纠正某一个体性的缺陷,而且要找到导致缺陷的根本原因,采取预防措施,防止同类缺陷的重复发生。并且要对各种途径发现的单一缺陷进行统计、分析评估、采取主动性预防措施、追踪管理等一系列管理活动,从而防止类似缺陷在其他方面、不同产品线的重复出现。

(二)偏差处理流程

偏差处理流程如图 2-14 所示,主要包括以下内容。

1.偏差发生

清晰明确的生产工艺、物料平衡限度、质量标准、检验方法、操作规程等是偏差发现和识别的基础,只有当企业已经建立了保证药品安全性、可靠性和质量可控所需的必要文件时,才可能发现和识别偏差。

任何企业,无论设备多先进,管理多严格,在生产过程中都不可避免地存在发生偏差的可能性,但企业首先应通过完善的组织机构,合理的文件系统和充分的人员培训来最大限度地预防偏差的发生。

2.偏差的识别

偏差的识别是偏差处理活动的起点。药品生产企业中所有药品生产质量相关人员均应接受偏差管理程序培训,理解偏差概念并具备识别偏差的能力。特别是一线操作员和 QA 现场检查人员对偏差识别的培训、经验和能力是非常关键的。

偏差也可能没有在操作过程中被发现,而是在记录复核或审核过程中被识别出来。在对此类偏差进行调查 、定义纠正(correction)行动以及纠正和预防措施(CAPA)或偏差趋势分析的过程中,应包括对员工是否具备适当偏差识别能力的评估;必要时应采取适当的改进措施(例如培训、职责或职务的调整等)。

3.偏差记录和报告主管

GMP 记录的设计应能保证相关人员方便地对生产质量活动中的任何偏差进行及时记录。一般在批生产记录或其他相关的记录上应留有一定的空白用于记录各种偏差(异常情况),并有完整的偏差记录表格以保证偏差调查处理过程的可追溯性。

任何偏离预定的生产工艺、物料平衡限度、质量标准、检验方法、操作规程等的情况都应当以文件形式记录,并有清楚的解释或说明。对产品质量有潜在影响的偏差应当进行调查,调查及结论均应记录在案。

任何偏离预定的生产工艺、物料平衡限度、质量标准、检验方法、操作规程等的情况均应立即报告主管人员及质量管理部门,报告时应给出准确、完整的信息,以便进行偏差的正确分类和(必要时)组织进行调查和处理。

4.判断是否需执行紧急措施

偏差有时涉及安全问题或者其他紧急的情况,必要时偏差发生部门的主管和技术人员应当根据公司的安全程序或其他适用的程序,判断并执行偏差的紧急(即时)处置,以防止偏差继续扩大或恶化,并增强对相关潜在受影响产品的控制(例如增强放行控制等),常见的紧急措施包括:暂停生产;物料或产品隔离;物料或产品分小批;设备暂停使用;紧急避险等)。

执行的所有紧急措施都必须在偏差记录中进行翔实的记录。

5.偏差报告质量管理部门

偏差是否立即报告质量管理部门,是质量管理部门能否有效进行偏差分类和会同其他部门进行调查的前提。

偏差发生后,发生部门的主管、技术人员或其授权人员应立即向质量管理部门提供真实全面的偏差信息。

6.偏差分类

接到偏差报告后(或在现场检查时发现偏差时),质量管理部门应迅速进行偏差的分类,GMP所要求的最基本的分类是针对质量影响的分类,此外为便于进行偏差的追溯管理、统计分析和推动质量管理体系的持续改进,质量管理部门可同时采用其他辅助分类编码方式。

任何偏差都应评估其对产品质量的潜在影响,企业可以考虑下列因素,并根据自身品种、工艺特点和质量体系情况建立适当的偏差分类标准(对于具有多个生产基地的集团企业而言,还应考虑集团质量管理的标准化和统一性):偏差的性质;偏差的范围大小;对产品质量潜在影响的程度;是否影响患者健康;是否影响注册文件。偏差可以采用不同的分类方式如下:重大偏差,次要偏差;关键偏差,中等偏差,微小偏差;关键偏差,重要偏差,小偏差;I类偏差,Ⅱ类偏差,Ⅲ类偏差。

7.根本原因调查

针对根本原因的调查是评估偏差影响和提出纠正(correction)与预防差错的基础,应要有清晰合理的解释;对于不能排除对产品质量有潜在影响的偏差,应审核根本原因调查的结论、潜在影响的评估结论和跨职能(跨学科)团队确定的纠正和预防措施(CAPA)的前提和基础,基于对根本原因的不同理解,对偏差影响范围和程度、什么是正确的纠正(Correction)以及纠正和预防措施(CAPA)的判断可能会大相径庭。针对不同的偏差,在部分情况下,需要有一个跨职能(跨学科)团队(CrossFunctional Team,CFT)对偏差进行调查处理,以发现根本原因并评估该偏差的影响;部分情况下偏差的调查可以在质量部门的监督下由特定的部门人员完成。偏差调查常常需要多个领域的专业知识,并且超越单个职能部门(特别是偏差发生部门)的局限,跨职能团队的意义在于召集所有必要专业领域的人员参与调查,并且保证各个方面的问题都能得以讨论和解决。

该团队的成员通常包括下列人员:生产的相关负责人;质量控制的相关负责人;注册的相关负责人;质量保证的相关负责人。

如有必要,也可引入其他领域的专业人员,例如设备工程的相关负责人和研发(或技术)的相关负责人等。在特殊情况下,偏差调查可能需要寻求公司外部资源的帮助,例如需要进行非常特殊的检验或研究,或者需要寻求专业机构的咨询意见。跨职能(跨学科)团队需要评估自身的知识、能力、试验/检验设备和人力资源是否充分,必要时寻求公司管理层的支持。

跨职能(跨学科)团队需要足够数量的有知识和能力的不同部门人员,投入足够的时间进行偏差的调查处理。公司管理层在设置部门和人员职能时应包括这一重要职责,在配置各部门人力资源时应充分考虑这一职责的需要。

根本原因调查可使用多种技术,常见的根本原因分析方法包括头脑风暴法、鱼骨图法、5Why法(5次为什么)、KT问题分析法等。

8.偏差影响评估

在识别根本原因的基础上,才能对偏差的影响范围和程度进行正确的评估。偏差影响评估通常包括两个方面:

对产品质量的影响,包括但不限于:对直接涉及的产品质量的影响;对其他产品的影响。

对质量管理体系的影响,包括但不限于:对验证状态的影响;对上市许可文件/注册文件的影响;对客户质量协议的影响。

进行偏差影响评估时应包括可能受该偏差影响但已被销售的相关批次。

许多情况下可能需要进行额外的文献查询或实验研究以评估偏差的影响,例如需要研究扩大工艺参数范围对成品质量的影响。对重大偏差的评估还应考虑是否需要对产品进行额外的检验以及对产品有效期的影响,必要时应对涉及重大偏差的产品进行稳定性考察。

9.建议纠正行动以及纠正和预防措施

基于根本原因调查和偏差影响评估的结论,跨职能(跨学科)团队应提出具体的纠正行动以消除偏差的影响。这些措施应明确相关的负责人和执行时限。常见的偏差纠正行动包括降级、返工、销毁、重新包装、重新贴签等。

跨职能(跨学科)团队应同时提出具体的纠正和预防措施,以防止相同或相似的偏差的发生或再次发生。纠正和预防措施也应明确相关的负责人和执行时限。常见的纠正和预防措施包括修改程序文件、重新培训、改进相关的系统等。

成品或中间体的放行不一定需要预先完成偏差调查中确定的所有整改措施或

方案(例如当整改方案与需要持续进行的培训、维护保养、工艺研究相关时),但是,质量受权人在进行放行产品决策时,应获得相关偏差调查和处理的全面信息;对产品质量没有影响的偏差,要有清晰合理的解释;对于不能排除对产品质量有潜在影响的偏差,要有审核根本原因调查的结论、潜在影响的评估结论和跨职能(跨学科)团队确定的整改措施。

10. 批准纠正以及纠正和预防措施

质量管理部门负责审核、批准跨职能(跨学科)团队或独立负责偏差调查和影响评估的人员所建议的纠正行动以及纠正和预防措施。必要时应对所建议的纠正行动进行补充或修订,以充分保证药品的安全性和有效性。

11. 完成纠正行动

跨职能团队中的相关部门应遵照已批准的方案执行纠正行动。在执行过程中,如因客观原因不能完全符合原方案的要求(例如完成时限等),应及时与质量管理部门进行沟通;如果需要部分修改原方案的,应重新获得质量管理部门的批准。

质量管理部门应指定人员进行跟踪,核实所批准的纠正行动的完成情况。

12. 完成偏差报告

批准的纠正行动执行完毕后,跨职能团队应提交纠正行动完成情况的报告,由质量管理部门审核批准。

如果企业的偏差管理程序与CAPA程序是分立的,则在质量管理部门批准偏差报告后,可以结束该偏差的处理,并启动相对应的纠正和预防措施(CAPA)跟踪程序。

13. 偏差记录归档

偏差报告完成后,相关记录和报告应及时归档保存,企业应明确规定偏差调查、处理的文件和记录保存的职责、方式和保存期限。

质量管理部门应负责保存所有与GMP和质量管理体系相关的偏差调查、处理的文件和记录。偏差调查、处理的文件和记录的保存方式应保证与相关产品的可追溯性、易于查找并能在内外部审计中迅速提供。与批生产、批包装过程有关的偏差记录和调查报告应纳入批记录;其他与批生产、批包装过程无直接关系的偏差调查记录和报告,也应以合理的方式编号保存。

对于偏差记录和报告,特别是需要展开正式调查的偏差[例如关键偏差(critical deviation)和重大偏差(major deviation)],按照预先定义的规则编号保存是一种良好的实践,这可以防止造假并便于进行统计和趋势分析。

偏差调查、处理文件(包括管理程序、记录表格和趋势分析报告)的保存时限应遵循企业文件管理的规定,一般应不短于相关产品的生命周期;具体偏差的调查、处理记录的保存时限应至少与相关批记录保存时限相当,当一个偏差与多个批次(甚至多个产品)相关时,其保存时限应综合各批次/产品的生产日期和有效期取最长的情况。

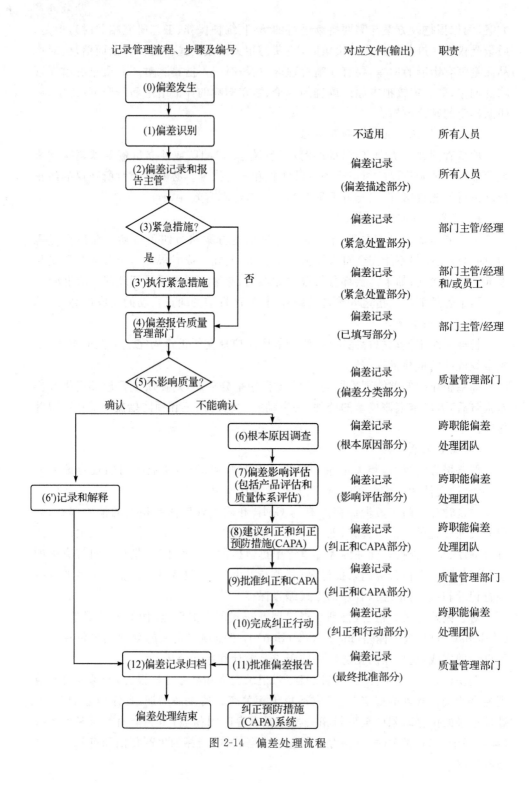

图 2-14　偏差处理流程

(三)CAPA 系统流程

偏差处理等问题通常需要一个由质量管理部门领导的跨职能(跨学科)团队进行调查处理,相同的团队可以负责其后续 CAPA 的管理;必要时,管理层的支持和批准也是 CAPA 所需要的。

纠正和预防措施(CAPA)程序一般包括:问题识别、评估、问题调查、原因分析(确定根本原因)、制定 CAPA 计划、执行 CAPA 计划、CAPA 跟踪、CAPA 关闭(见图 2-15)。

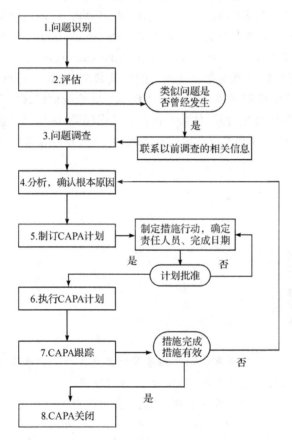

图 2-15　CAPA 流程

就导致缺陷的原因而言,通常包括但不限于:程序或要求缺陷,包括:没有规定或要求的描述不充分、与法规有差异、不具有可操作性等。如缺乏设备维护程序、生产操作指导描述不清晰等;没有按要求执行,包括:培训或人员资格确认不充分、缺乏资源等。如工艺参数设计与控制手段不匹配、偏差调查没有发现根本原因、未按批准的程序进行取样或检验等。

而针对这些缺陷的纠正和预防措施,通常包括但不限于:改进员工培训效果,提高人员管理绩效;更新程序、操作指导、分析方法,增加内部控制标准等;改进职责分配;增加检查频次、改进检查的方式;增加资源投入、更新设备;优化工艺过程;改变工作优先级别。

需要指出的是,加强培训并不是唯一的预防措施,在某些情况下,通过优化结构或是简化文件或程序也可以取得改进。在极少数情况下,尽管对问题进行了彻底的调查,但不需要或者不能制定相应的预防措施,此类决策及其理由必须书面记录。这些记录对将来的CAPA决策具有很大的价值。

所有的纠正和预防措施都应明确定义行动的具体内容(what to do),谁负责执行(who to do),完成期限(when to complete the CAPA),谁负责跟踪其完成情况(who to follow it up),谁负责评估其有效性(who to evaluate its effectiveness),谁负责最终关闭该项CAPA(who to decide its final closure)。

CAPA执行过程中,可能会与其他系统链接起来,比如变更系统、风险管理系统,在CAPA程序中应明确描述CAPA系统与其他系统的链接关系。

应制定各步骤的合理时限,如果在执行中超出期限,应给予特殊关注。

所有的CAPA行动都要进行跟踪直至执行完毕,并且在最终关闭之前应评估其有效性。

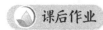 课后作业

一、选择题

二、填空题

1. 企业应当建立(　　　)对所有影响产品质量的变更进行评估和管理。需经药品监督管理部门批准的变更应当在得到批准后方可实施。

2. 企业应当建立偏差处理的操作规程,规定偏差的(　　)、(　　)、(　　)、(　　)以及所采取的(　　),并有相应的(　　)。

3. 改变原辅料、与药品直接接触的包装材料、生产工艺、主要设备以及其他影响药品量的主要因素时,还应当对变更实施后最初至少(　　)批次的药品进行评估。

4. 根据变更的性质、范围和对产品质量潜在影响的程度,将变更分类:(　　)、(　　)、(　　)。

5. 变更实施时,应当确保与变更相关的文件(　　)。

三、简答题

1. 简述变更控制管理程序。

2. 简述偏差造成损失和风险。

项目九　认识药品生产企业质量控制实验室管理

📋 项目介绍

　　本项目主要学习药品生产企业质量控制实验室管理相关规定。GMP 对实验室的一般要求主要包括取样与留样、物料与产品的检验、委托检验的管理、质量标准、试剂与试液的管理、标准品及对照品的管理、实验室设备和分析仪器的管理、实验室结果调查、原始数据的管理等内容的法规条款。通过完成 3 个教学任务，了解 GMP 对实验室管理的相关要求，会查阅并使用中国药典，能分析药品常规剂型的质量检测项目，会制定药品质量检定的基本原则。通过任务 1 的学习，同学们能深刻体会药品生产企业质量控制实验室需要符合 GMP 对实验室管理的相关要求，每个员工均要树立协作互助精神、知法守法的法规意识。通过任务 2 的实践，同学们更加熟悉药品质量标准，了解中国药典在药品生产企业中的应用，具备按规范操作的职业素养和协作互助精神。通过任务 3 的实践，同学们能深刻体会药品质量检查原则的具体意义，增强按规范操作的职业素养和协作互助精神的意识。

⭐ 思维导图

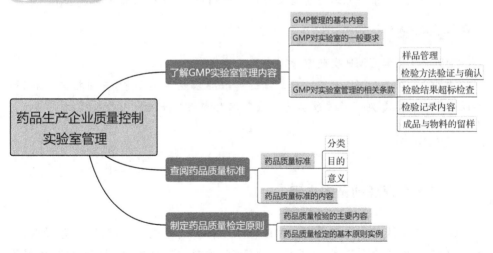

教学视频

任务 1　了解 GMP 实验室管理内容

任务目标

- 了解 GMP 对实验室管理的相关要求,了解 GMP 实验室管理内容;
- 能判断药品生产企业质量控制实验室是否符合 GMP 对实验室管理的相关要求;
- 具备协作互助精神、知法守法的法规意识。

课程思政

通过任务 1"了解 GMP 实验室管理内容"的学习,引导学生思考在制药企业岗位知法守法的意义,明白药品生产企业质量控制实验室需要符合 GMP 对实验室管理的相关要求,每个员工均要树立协作互助精神、知法守法的法规意识。

活动内容

活动 1　了解 GMP 实验室管理内容。

活动 2　查阅 GMP 对实验室管理的一般要求及相关条款,查阅相关资料、回答以下问题:GMP 对实验室管理的一般要求有哪些?并说出相关条款。

知识链接

一、GMP 管理的基本内容

GMP 管理的基本内容如下:GMP 总体内容包括机构与人员、厂房和设施、设备与仪器、卫生与洁净管理、文件与记录管理、物料与产品控制、生产管理、质量管理、发运和召回管理等方面内容,涉及药品生产与质量的各个方面,强调通过对生产全过程的质量管理来保证生产出优质药品。

从质量管理的角度,GMP可以分为质量控制系统和质量保证系统两大方面。一方面是对原辅料、中间品、产品的系统质量控制,为质量控制系统。另一方面是对影响药品质量的,生产过程中易产生差错和污染等问题进行系统的严格管理,以保证药品质量,为质量保证系统。

二、GMP 对实验室的一般要求

GMP对实验室的一般要求包括:质量控制实验室总体描述、取样与留样、物料及产品的检验、委托检验的管理、质量标准、试剂及试液的管理、标准品及对照品的管理、实验室设备和分析仪器的管理、实验室结果调查、原始数据的管理、制药用水、药品生产环境和人员、制药用气体的质量监测等内容。

三、GMP 实验室管理内容

(一)取样管理

取样应当至少符合以下要求:

(1)样品的容器贴有标签,注明样品名称、批号、取样日期、取自哪一包装容器、取样人等信息;

(2)样品按照规定的贮存要求保存。

(二)检验方法验证与确认

(1)质量控制的基本要求:检验方法经过验证或确认;

(2)物料和不同生产阶段产品的检验应当至少符合以下要求:

企业确保药品按照注册批准的方法进行全项检验;符合下列情形之一的,对检验方法进行验证:

①采用新的检验方法;

②检验方法需变更的;

③采用《中华人民共和国药典》及其他法定标准未收载的检验方法;

④法规规定的其他需要验证的检验方法。

对不需要进行验证的检验方法,企业应当对检验方法进行确认,以确保检验数据准确、可靠。

(三)检验结果超标(OOS)调查

质量控制实验室应当建立检验结果超标调查的操作规程。任何检验结果超标都必须按照操作规程进行完整的调查,并有相应的记录。

(四)检验记录

检验记录应当至少包括以下内容：

(1)产品或物料的名称、剂型、规格、批号或供货批号，必要时注明供应商和生产商(如不同)的名称或来源；

(2)依据的质量标准和检验操作规程；

(3)检验所用的仪器或设备的型号和编号；

(4)检验所用的试液和培养基的配制批号、对照品或标准品的来源和批号；

(5)检验所用动物的相关信息；

(6)检验过程，包括对照品溶液的配制、各项具体的检验操作、必要的环境温湿度；

(7)检验结果，包括观察情况、计算和图谱或曲线图，以及依据的检验报告编号；

(8)检验日期；

(9)检验人员的签名和日期；

(10)检验、计算复核人员的签名和日期。

(五)成品与物料的留样

每批药品均应当有留样，如果一批药品分成数次进行包装，则每次包装至少应当保留一件最小市售包装的成品；

每批药品的留样数量至少应当能够确保按照注册批准的质量标准完成两次全检(无菌检查和热源检查等除外)；

留样应当按照注册批准的贮存条件至少保存至药品有效期后一年；

除稳定性较差的原辅料外，用于制剂生产的原辅料(不包括生产过程中使用的溶剂、气体或制药用水)和与药品直接接触的包装材料的留样应当至少保存至产品放行后两年。如果物料的有效期较短，则留样时间可相应缩短。

任务2　查阅药品质量标准

🔖 任务目标

- 熟悉药品质量标准，知道[检查]项下有哪些项目；
- 会查阅中国药典；
- 具备团结合作的协作意识、按照规范操作的实践观。

课程思政

通过查六味地黄丸(浓缩水丸)的检查项目任务的实践训练,引导学生熟悉药品质量标准,了解中国药典在药品生产企业中的应用,培养学生具备按规范操作的职业素养和协作互助精神。

活动内容

活动1　学会查阅中国药典:查六味地黄丸(浓缩水丸)的检查项内容。

活动任务

查阅最新版药典,回答以下问题:

(1)任何药品根据药典进行检查合格,是否就可判定其为合格产品,为什么?

(2)六味地黄丸(浓缩水丸,200丸/瓶,每丸0.18克)的检查项下有哪些项目?各自的标准要求是什么?

知识链接

一、药品质量标准

药品检验即依据药品质量标准规定的各项指标,运用一定的检验方法和技术,对药品质量进行综合评定,又称药品质量检验。我国《药品管理法》规定,未经检验的药品不得销售,否则,按假药论处。药品生产企业必须执行进货验收和出厂检验制度,严格按照国家药品质量标准对药品(包括原料药和制剂)进行全检,绝不能让质量不合格的药品流入市场。药品检验是保证药品质量的重要措施和有效手段,对防止不合格原料或中间体进入下一环节,杜绝不合格药品出厂销售起到重要作用。

《药品管理法》规定,药品生产必须符合国家药品质量标准。国家药品质量标准包括《中国药典》和国务院药品监督管理部门颁发的药品标准。药品质量标准是国家对药品质量及其检验方法所作的技术规定,是药品生产、经营、使用、检验和监督管理部门共同遵循的法定依据。

(一)分类

为保证药品质量而对各种检查项目、指标、限度、范围等所做的规定,称为药品质量标准。药品质量标准是药品的纯度、成分含量、组分、生物有效性、疗效、毒副作用、热原度、无菌度、物理化学性质以及杂质的综合表现。

药品质量标准分为法定标准和企业标准两种。法定标准包括《中华人民共和国药典》、《中华人民共和国卫生部药品标准》(简称《部颁标准》)和《中药饮片炮制规范》、等。无法定标准和达不到法定标准的药品不准生产、销售和使用。

药品检验方法验证内容有:准确度、精密度(包括重复性、中间精密度和重现性)、专属性、检测限、定量限、线性、范围和耐用性。视具体方法拟订验证的内容。附表中列出的分析项目和相应的验证内容可供参考。

(二)目的

加强对药品质量的控制及行政管理,保障人民群众用药安全有效。

(三)意义

加强药品质量管理对我国的医药科学技术、生产管理、经济效益和社会效益具有良好的影响与促进作用。有利于促进药品国际技术交流和推动进出口贸易的发展。

二、药品质量标准的内容

药品质量标准的内容一般包括:品名(包括中文名、汉语拼音名、英文名);有机药物的结构式;分子式与分子量;来源或有机药物的化学名称;含量或效价规定;性状;鉴别;检查;含量或效价测定;类别;规格;贮藏;制剂等。

任务 3　制定药品质量检定原则

📥 任务目标

- 了解药品质量检查原则,知道药品质量检验的主要内容;
- 具有制定药品质量检定的基本原则的能力;
- 具备团结合作的协作意识、按规范操作的职业素养。

💟 课程思政

通过任务 3 中活动 1 的实践训练,引导学生了解如何制定药品质量检查原则、制定药品检定规则,培养学生按规范操作的职业素养和协作互助精神。

➕ 活动内容

活动 1　了解制定药品质量检定原则的方法

活动任务

药厂制定《药品质量检定的基本原则》参考的内容是什么？请问你将如何制定一份中药材质量检定的基本原则？（请至少写 3 条来说明你的思路）

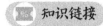 知识链接

一、药品质量检验的主要内容

药品质量检验的主要内容有：

（1）性状主要记述药物的外观、臭、味、溶解性、一般稳定性情况以及物理常数等。

（2）鉴别是指用规定的方法来辨别药物的真伪，是药品质量控制的重要环节。有化学方法、物理化学方法、生物学方法等。

（3）检查一般包括有效性、均一性、纯度要求和安全性四个方面的内容。

（4）含量测定是指用规定的方法测定药物中有效成分的含量等。

在药品检验的过程中，如何才能保证药品检验结果正确、可靠，保证人们用药的安全有效？这就需要药品检验人员遵守国家标准规定的基本原则。

二、药品质量检定的基本原则实例

表 2-33 药品质量检定的基本原则样式   页号：

题目：药品质量检定的基本原则	起草：		日期：
	审核：		日期：
标准编码：××SMP0800301	批准：		日期：
编订部门：质量保证部		执行日期： 年 月 日	
分发部门：质监办、化验室、车间中控室			

××××制药有限公司标准管理规程（SMP）

（1）目的：制定药品质量检定的基本原则，对质量检定具有法定约束力。

（2）适用范围：药品生产质量检定全过程。

（3）有关责任：化验室、中控室。

（4）引用标准：《中国药典》。

（5）规程内容

①药品质量检定的基本原则。

标准性状项下记载药品的外观、臭、味、溶解度以及物理常数等。

（a）外观性状是对药品的色泽和外表感观的规定。遇有对药品的晶型、细度或溶液的颜色作严格控制时，应在检查项下另作具体规定。

(b)溶解度是药品的一种物理性质,药品的近似溶解度用下列名词表示:极易溶解、易溶、溶解、略溶、微溶、极微溶解、几乎不溶或不溶。

(c)物理常数包括相对密度、馏程、熔点、凝点、比旋度、折光率、黏度、吸收系数、碘值、皂化值和酸值等,测定结果不仅对药品具有鉴别意义,也反映药品的纯度,是评价药品质量的主要指标之一。

②检验方法和限度。

(a)药品均应按法定的方法进行检验;如采用其他方法,应将该方法与法定的标准中的检验方法做比较试验,根据试验结果掌握使用,但在仲裁时仍以法定标准规定的方法为准。

(b)标准中规定的各种纯度和限度数值,系包括上限和下限两个数值本身及中间数值。规定的这些数值不论是百分数还是绝对数字,其最后一位数字都是有效位。

(c)原料药的含量(%),除另有注明者外均按质量分数计。如规定上限为100%以上时,系指用本药典规定的分析方法测定时可能达到的数值,它为药典规定的限度或允许偏差,并非真实含有量;如未规定上限时,系指不超过101.0%。

③标准品、对照品。

标准品、对照品系指用于鉴别、检查、含量测定的标准物质。

④计量。

(a)试验用的计量仪器均应符合国家技术监督部门的规定。

(b)法定计量单位名称和单位符号。

(c)使用的滴定液和试液的浓度,以 mol/L(摩尔/升)表示者,其浓度要求精密标定的滴定液用"×××滴定液(YYY mol/L)"表示;作其他用途不需精密标定其浓度时,用"YYY mol/L×××溶液"表示,以示区别。

(d)百分比用"%"符号表示,系指质量分数;但溶液的百分比(除另有规定外)系指溶液 100mL 中含有溶质的量(以 g 计);乙醇的百分比系指在 20℃时容量的比例。

(e)液体的滴,系在 20℃时,以 1.0mL 水为 20 滴进行换算.

(f)溶液后标示的"1→10"等符号,系指固体溶质 1.0g 或液体溶质 1.0mL 加溶剂使成 10mL 溶液,未指明用何种溶剂时,均系指水溶液;两种或两种以上液体的混合物,名称间用半字线"—"隔开,其后括号内所示的":"符号,系指各液体混合时的体积(质量)比例。

(g)法定标准中所用药筛,选用国家标准的 R40/3 系列。

(h)乙醇未指明浓度时,均系指 95%(体积分数,mL/mL)的乙醇。

(i)计算分子量以及换算因子等使用的原子量均按最新国际原子量表推荐的原子量。

⑤取样量的准确度和试验精密度。

(a)试验中供试品与试药等"称重"或"量取"的量,均以阿拉伯数字表示,其精确度可根据数值有效数位来确定。

(b)恒重(除另有规定外)系指供试品连续两次干燥或炽灼后的质量差异在0.3mg 以下的质量;干燥至恒重的第二次及之后各次称重均应在规定条件下继续干燥 1h 后进行;炽灼至恒重的第二次称重应在继续炽灼 30min 后进行。

(c)试验中规定"按干燥(或无水物,或无溶剂)计算"时(除另有规定外)应取未经干燥(或未去水,或未去溶剂)的供试品进行试验,并将计算中的取用量按检查项下测得的干燥失重(或水分,或溶剂)扣除。

(d)试验中的"空白试验",系指在不加供试品以等量溶剂替代供试液的情况下,按同法操作所得的结果;含量测定中的"并将滴定的结果用空白试验校正",系指按供试品所耗滴定的量(mL)与空白试验中所耗滴定液量(mL)之差进行计算。

(e)试验时的温度(未注明者)系指在室温下进行;温度高低对试验结果有显著影响者,应以 25℃±2℃为准(除另有规定外)。

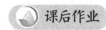
课后作业

一、单项选择题

二、填空题

1.留样应当按照注册批准的贮存条件至少保存(　　　)。

2.样品的容器应当贴有标签,注明(　　)、(　　)、(　　)、(　　)、(　　)等信息。

3.质量控制的基本要求:(　　　)。

4.质量控制实验室应当(　　　)。任何检验结果超标都必须按照操作规程进行完整的调查,并有相应的记录。

5.药品质量标准分为(　　)和(　　)两种。法定标准又分为(　　)、(　　)和(　　)。

6.药品质量检验的主要内容包括:(　　)、(　　)、(　　)、(　　)。

三、简答题

1.GMP 对实验室的一般要求有哪些?

2.什么是药品质量标准? 药品质量标准可以分为哪几类?

项目十　认识药品生产企业风险管理

项目介绍

　　通过本项目的学习与训练,学生了解 GMP 对药品质量风险管理的相关规定,熟悉药品质量风险管理的相关概念。通过案例《XXX 膏药的质量风险管理》的学习,练习常用风险管理工具 HACCP、FMEA 两种方法,掌握操作要点。通过任务 1 中活动 1,引导学生利用辩证逻辑思维,以具体案例创设情境,培养学生养成严谨细致、认真负责的工作态度。通过练习,学生能利用风险管理工具进行药品质量风险的分析;能通过科学的方法对可能发生的风险进行预测,并采取有效的措施进行控制;能通过科学的手段及时发现不安全因素,主动采取措施降低风险发生的概率和危害,不断提升药品生产质量管理能力。

思维导图

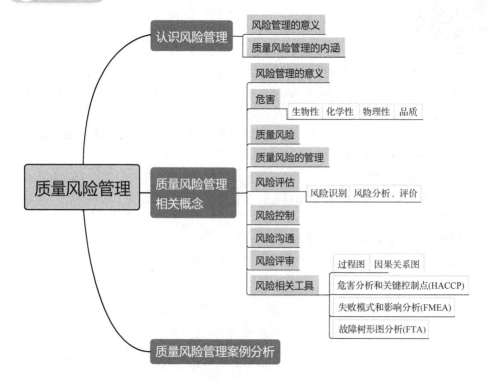

教学视频

任务 1 分析讨论药品制药过程风险管理

任务目标

• 了解 GMP 对药品质量风险管理的相关规定,熟悉药品质量风险管理的相关概念和风险评估工具;
• 能利用风险管理工具进行药品质量风险的分析;
• 树立药品安全意识,培养学生辩证思维的能力,养成科学严谨的态度。

课程思政

通过任务 1 中活动,引导学生利用辩证逻辑思维,以具体案例创设情境,培养学生养成严谨细致、认真负责的工作态度。明白药品生产安全意识需要科学精神,科学精神是药学人守护药品安全的第一要素。

活动内容

活动 1 阅读×××膏药的质量风险管理案例后填写表 2-34,并分别采取 HACCP、FMEA 两种方法对该膏药的生产环境进行风险评估和风险管理。

表 2-34 质量风险管理案例

工序名	项目	风险评估	具体风险	风险值	风险应对策略	CAPA

1. HACCP 表格

(1)HACCP 评分表格

风险发生的频次：可分为 5 级，详见表 2-35。

表 2-35　HACCP 评估风险发生的频次等级

等级	等级名称	频次
1	不太可能发生	发生频次超过五年一次
2	稀少	发生频次为每三年一次
3	可能发生	发生频次为每两年一次
4	很可能发生	发生频次为每一年一次及以上
5	经常发生	几乎每次都可能发生

风险发生的严重程度：可分为 5 级，详见表 2-36。

表 2-36　HACCP 评估风险发生的严重程度等级

等级	等级名称	严重程度
1	可忽略	不产生危害
2	微小	危害轻微，不需要采取纠正措施
3	中等	产生一定危害，需要采取纠正措施
4	严重	危害严重，产品可能报废
5	非常严重	危害极为严重，产品报废

风险值计算公式及风险程度判断(见表 2-37)：

$$风险值＝风险发生频次等级×风险严重程度等级$$

表 2-37　风险值计算与严重程度判断

频次		严重程度等级				
		5	4	3	2	1
		非常严重	严重	中等	微小	可忽略
经常发生	5	25	20	15	10	5
很可能发生	4	20	16	12	8	4
可能发生	3	15	12	9	6	3
稀少	2	10	8	6	4	2
不太可能发生	1	5	4	3	2	1

注：低风险：1～5；中等风险：6～12；高风险：15～25。

（2）HACCP 评估表（见表 2-38）

表 2-38　HACCP 评估步骤

项目	HACCP 第 1 步			HACCP 第 2 步	HACCP 第 3 步	HACCP 第 4 步	HACC 第 5 步
	潜在危害	危害发生的可能原因	是否为显著危害	是否为关键控制点	当前工艺控制范围	目前采取的控制措施	纠偏措施

2. FMEA 表格

（1）FMEA 评分表

风险发生的频次：可分为 3 级，详见表 2-39。

表 2-39　FMEA 评估风险发生的频次等级

等级	等级名称	频次
1	不太可能发生	罕见
2	可能发生	偶尔发生
3	经常发生	频繁发生

风险发生的严重程度：可分为 3 级，详见表 2-40。

表 2-40　FMEA 评估风险发生的严重程度等级

等级	等级名称	严重程度
1	可忽略	不产生危害
2	中等	产生一定危害，需要采取纠正措施
3	非常严重	危害极为严重，产品报废

风险的可识别性：可分为 3 级详见表 2-41。

表 2-41　FMEA 评估风险的可认别性等级

等级	等级名称	可认别性
1	容易被识别	有完善的制度保证被发现
2	可被识别	有比较完善的制度保证被发现
3	无法识别	无制度保证被发现

风险值计算公式及风险程度判断：

风险值＝风险发生频次等级×风险严重程度等级×风险可识别性

低风险：4 以下；中等风险：4～8；高风险：9 以上。

(2)FMEA 评估表(见表 2-42)

表 2-42　FMEA 评估步骤

项目	可能存在的质量风险	导致质量风险的原因	严重性	发生的可能性	可识别性	RPN	当前工艺控制措施	降低风险措施

降低风险措施执行后再评估如表 2-43 所示。

表 2-43　采取措施后 FMEA 评估过程

项目	可能存在的质量风险	导致质量风险的原因	采取降低风险措施后的严重性	采取降低风险措施后的发生的可能性	采取降低风险措施后的可识别性	采取降低风险措施后的 RPN	风险水平是否处于可接受水平

风险评估结论:

经过对……工艺的评估,对工艺中高风险事项采取了降低风险措施,经过确认,采取降低风险措施后工艺中各风险事项均处于中、低风险水平,均处于可接受水平,且降低风险措施执行后未产生新的风险。因此,可以接受本次质量风险评估结论。

■ 知识链接

一、质量风险管理的内涵

风险管理是一种预防性和系统性的管理方法,目标是用最小的风险管理成本获得最大的安全保障。风险管理的本质是事前预防,做好防范,通过科学的方法对可能发生的风险进行预测,并采取有效的措施进行控制。风险管理制度对生产的各个环节可能出现的风险进行管理和控制,通过科学的手段及时发现不安全因素,主动采取措施降低风险发生的概率和危害,不断提升药品生产质量管理能力。

质量风险管理是一个系统化的过程,是对产品在整个生命周期过程中,风险的识别、衡量、控制以及评价的过程。产品的生命周期包括产品从最初的研发、生产、投入市场一直到退出市场的全部过程。

产品质量管理经历了质量检验阶段、统计质量阶段和全面质量管理阶段。事实证明全面质量管理能够最大限度保证产品质量。在防范产品质量风险时，应该实施全面风险管理。全面风险管理是由企业管理层和所有员工所共同参与的，目的就是要把风险控制在企业可承受范围之内，并增进企业价值的过程，也就是要将风险意识转化为全体员工的共同认识和自觉行动。全面风险管理需要风险管理专业人才、系统科学的方法来实施，以确保所有的风险都得到识别，让识别的风险都得到有效控制。

二、风险管理的意义

如果一个制药企业能够及时准确地识别风险并加以有效的管理，可以有效地避免生产的中断、偏差的发生、法规不符合性、对患者造成不良影响、财务损失等日常质量管理中常见的问题，并且风险管理能够对项目的管理、变更控制、验证、资源的合理分配、药品的研发、确定稳定的生产工艺、识别关键工艺参数、决策者进行正确的决策等提供有益的帮助，这也是无论是生产企业还是药品监管部门等越来越重视风险管理的原因。

质量风险管理（QRM）方法能够促使企业主动地确认并控制研发和生产过程中潜在的质量问题，进一步保证和加强产品和工艺的质量，其意义包括以下几个方面：

①主动发现风险问题，对可能发生的失败有纠正的计划和对策；

②对生产过程中有更多的了解；

③识别出关键生产过程参数；

④以前瞻性或回顾方式全面评估企业质量风险，帮助管理者进行战略决策；

⑤帮助管理者提升工作的计划性；

⑥有效控制风险项目，保证实施；

⑦最大限度地降低药品生产过程中污染、交叉污染以及混淆、差错等风险，确保持续稳定地生产出符合预定用途和注册要求的药品，保护患者利益至上。

三、药品质量风险管理相关概念

（一）风险的定义

风险是危害发生的可能性及危害的严重性的集合体。

可能性：危害发生的可能性/概率。

严重性：危害的后果的严重程度。

有效地控制风险就是对风险的可能性和风险的严重性进行控制。

（二）危害

对健康造成的损害，包括由产品质量（安全性、有效性、质量）损失或可用性问题所导致的危害。

1. 生物性

主要包含细菌、霉菌、病毒、寄生虫等方面的污染。

2. 化学性

主要包含生产过程中由于清洁剂、杀菌剂残留带来的污染,以及物料在生产、储存以及转运过程中一些致敏物质、有毒金属方面的污染,包括成分的溶出、交叉污染带来的污染等。

3. 物理性

主要包含杂质、性状等方面不符合产品质量标准要求。

4. 品质

主要指产品在规格、装量、产品标志等方面因生产过程中的差错等方面原因引起的不合格。

(三)质量风险

质量风险是危害出现的可能性和危害的严重性的结合。

产品的质量是企业的生命。从风险源来讲,影响产品质量的风险源很多,涵盖人员、设备和设施、物料、生产管理、质量检测等多个维度。质量风险无处不在,质量管理的本身就有一定的难度。

(四)质量风险管理(QRM)

质量风险管理是一个系统化的过程,是对产品在整个生命周期过程中,对风险的识别、衡量、控制以及评价的过程。产品的生命周期包括产品从最初的研发、生产、投入市场一直到退出市场的全部过程。

质量风险管理是一个组织机构为识别、量化和降低会影响产品质量的操作、供应商和供应链的风险而创建的合作解决途径,其集合了领导力、业务流程、文化和技术能力。质量风险管理是管理方针、规程和实践的系统应用,用来分析、评价和控制整个产品生命周期的风险。

质量风险管理是用来识别、评估和控制质量风险的一个系统程序。它可以被前瞻性以及回顾性地应用。

质量风险管理系统,应根据知识和工艺的经验对质量风险进行识别、评估和控制,控制应与最终保证质量风险在可接受范围内的目标相关联。质量风险管理过程的投入水准、形式和文件应当与风险的等级相当。

(五)药品质量风险管理

在整个产品生命周期中就药品的质量风险进行评估、控制、沟通和审核的系统过程。与质量体系相结合,它是一项指导科学性和实践性决策,用以维护产品质量的过程。

(六)风险评估

风险评估在进行质量风险管理过程中,对用于支持风险决策的信息进行组织的过程,包含危害的确认,以及这些危害相关风险的分析和评估。风险评估是基于风险发生的频次和风险的严重程度两方面考虑而得出的综合结论,评估结果可以被量化。其目的是为风险降低(控制)做准备。

1.风险辨识

分辨和识别产生质量风险的因素,可以通过一些信息的系统收集、参考和运用来获得。这些信息可能包括历史数据、理论分析、意见以及利益共享方的考虑。

2.风险分析、评价

对已经辨识的风险因素采用定性或定量的方法进行分析,评估风险发生的可能性和严重程度;根据分析结果,权衡利益、风险和资源,选择应对策略。

(七)风险控制

根据风险评估,制定各种针对性的控制方案,目的是降低风险到一个可接受的水平。风险控制包括做出的降低和/或接受风险的决定。

1.风险降低

着眼于当风险超过某个特定(可接受)水平后缓和或避免质量风险的过程,可能包括用于减缓伤害的严重性或概率所采取的行动。

2.风险接受

风险接受是一个接受风险的决定。

(八)风险沟通

风险沟通是分享有关风险和风险管理的信息,在风险管理过程之中或结果输出均存在,是决策者与其他相关方在风险和风险管理方面信息的共享,相关各方可在风险管理程序的任意阶段进行交流。

(九)风险评审

质量风险管理的总结形成文件的阶段。

(十)风险管理相关工具

过程图、因果关系图(鱼骨图)、HACCP 等。

(十一)风险评估开展范围

趋势分析、变更控制、偏差调查、生产工艺、清洁验证、其他验证和确认。

四、危害分析和关键控制点(hazard analysis and critical control point,HACCP)

HACCP 是一个系统的、前瞻性的和预防性的用于确保产品质量、可靠性和安全性的方法。它是一个结构化的方法,应用了技术和科学的原理分析、评估、预防和控制风险,或与设计、开发、生产和产品有关的危害的负效应。HACCP 共有 7 步,该工具的应用需基于对过程或产品有深刻的理解。①列出过程每一步的潜在危害,进行危害分析和控制;②确定主要控制点;③对主要控制点建立可接受限度;④对主要控制点建立监测系统;⑤确定出现偏差时的正确行动;⑥建立系统以确保 HACCP 被有效执行;⑦确定所建立的系统被持续维持。

五、潜在失效模式与后果分析(failure mode and effects analysis,FMEA)

failure:预测可能会发生的故障及不良后果。

mode:对可能发生的故障,不良的形态(模具、位置、倾向)进行分类。

effect:各部品和装置各自对可能会发生的故障及不良的后果(影响、结果、程度)造成怎样的影响。

analysis:有管理上的变化时,通过一些可靠性调查(做一些破坏性试验来调查其可靠性),对预测的故障原因进行解析性评价;并在试验得到的结果上进行矫正活动。

FMEA 表示故障形态和结果分析,是确定某个产品或工艺的潜在故障模式、评定这些故障模式所带来的风险、根据影响的重要程度予以分类并且制定和实施各种改进和补偿。

六、案例:某膏药的质量风险管理

(一)物料购进与发放环节的质量风险管理

原辅料购进与发放环节登记见表 2-44。

表 2-44 原辅料购进与发放环节登记

原辅料	供应商	进货批次	不合格批次	发放情况
×××膏药原粉	自制	375	0	称量复核符合规定
冰片	广州市黄埔化工厂 云南省普洱市林缘香料有限公司 株洲松本林化有限公司	30	0	
二甲亚砜	本溪市轻化工研究所实验厂	5	0	
羊毛脂	上海华亭羊毛脂厂 上海洲辉羊毛脂有限公司	15	0	
凡士林	×××化工厂	74	7	

包装材料购进与发放环节登记见表 2-45。

表 2-45 包装材料购进与发放环节登记

包装材料	供应商	进货批次	不合格批次	发放情况
复合管	自制	28	0	称量复核符合规定
注入器	自制	25	0	
小盒	武汉长印包装印务公司 武汉中原印务有限责任公司 深圳九星印刷包装集团有限公司	35	0	
说明书	武汉七彩印务有限公司 武汉光华印务有限公司	33	0	
纸箱	宜昌康得利包装有限公司	17	0	

风险评估:凡士林的购进存在质量风险。

风险值=风险发生频次等级×风险严重程度等级

=4 等级(很可能发生:发生频次为每年一次及以上)

×3 等级(中等:产生一定危害,需要采取纠正措施)

=12(中等风险)

风险应对策略:减少风险。

建议纠正和预防措施(CAPA):

(1)寻找其他合格供应商;

(2)对现有供应商进行控制、引导⋯⋯

(二)生产环境方面的质量风险管理

生产环境换气管理要求见表 2-46。

表 2-46　生产环境换气管理要求

洁净级别	换气次数标准	不合格房间数	房间名称	换气次数
D 级	≥15 次	8	女二更	11
			男一更	8
			男二更	2
			容器具清洗间	12
			物料暂存间	10
			工卫间	11
			不合格暂存间	12
			辅料配制室	6

生产环境空气悬浮粒子要求见表 2-47。

表 2-47　生产环境空气悬浮粒子要求

洁净级别	粒子大小	尘粒最大允许数	不合格房间数	房间名称	数目
D 级	≥0.5μm	≤3520000	6	工卫间	≥0.5μm8721385
				废弃物暂存间	≥0.5μm21941480
	≥5μm	29000		内包材暂存间	≥0.5μm7257367
				配膏室1	≥0.5μm17887090
				配膏室2	≥0.5μm19897355
				配膏室3	≥0.5μm26805926

洁净级别	沉降菌	检测结果
D 级	≤100	全部合格

风险评估:空气净化系统存在质量风险。

风险值＝风险发生频次等级×风险严重程度等级

　　＝4 等级(很可能发生:发生频次为每一年一次及以上)

　　　×3 等级(中等:产生一定危害,需要采取纠正措施)

　　＝12(中等风险)

风险应对策略:减少风险。

建议纠正和预防措施(CAPA):

(1)对空气净化系统开展全面排查;

(2)更换高、中效,调节风量,改善洁净区;

(3)改进卫生状况。

(三)配制工序的质量风险管理

1. 辅料处理(见表 2-48)

表 2-48 辅料处理结果

步骤	评估指标	结论
灭菌	成品微生物检查结果	未出现不合格现象
计量	校验合格率	100%

2. 配制(详见图 2-16 和图 2-17)

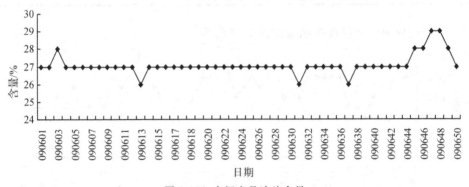

图 2-16 中间产品冰片含量

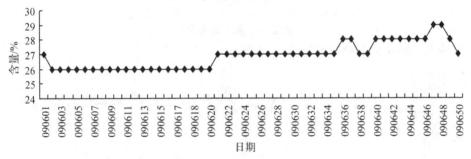

图 2-17 成品冰片含量

风险值＝风险发生频次等级×风险严重程度等级

　　　　＝1 等级(不太可能发生：发生频次超过五年一次)

　　　　　×4 等级(严重：危害严重,产品可能报废)

　　　　＝4(低风险)

风险应对策略：接受风险。

(四)灌装工序的质量风险管理

灌装工序的质量管理异常情况详见表 2-49。

表 2-49 灌装工序的质量管理异常情况概述

项目	批号	异常情况与偏差概述
内包材	090326	药管上有黑点
	090365	使用三樱复合管 0902001 管帽有黑色污迹
	090411	部分复合管管体有不明显的"白色圆点"
	090403	复合管管肩处有压痕
性状	090341	转料过程中发现有黑色异物
装量	090428	2400 装量突然跌至 7.5g 左右
	090540	800 灌装机装量不稳,停机修理
	090510	装量检测中有 1 支不符合内控质量标准
	090608	装量检测中有 1 支不符合内控质量标准
批号	090418	抽查发现封尾批号处 1 和 8 之间多一条竖线
	0906124	灌装过程中有冒烟,批号字模糊

生产过程中的装量检查数据如图 2-18 所示。

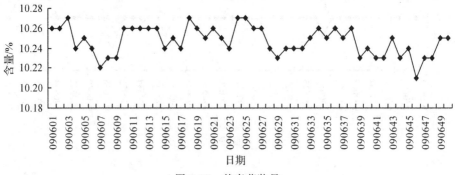

图 2-18 某膏药装量

成品检验中的装量数据如图 2-19 所示。

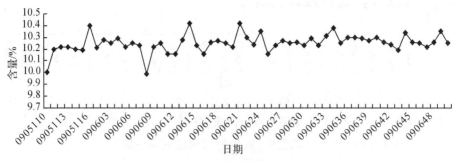

图 2-19 某膏药装量

风险评估:装量控制方面存在质量风险。

风险值＝风险发生频次等级×风险严重程度等级

　　　＝4 等级(很可能发生:发生频次为每年一次及以上)

　　　　×4 等级(严重:危害严重,产品可能报废)

　　　＝16(高风险)

风险应对策略:减少风险。

建议纠正和预防措施(CAPA):

(1)增加抽检次数;

(2)灌装设备的维护保养等。

(五)包装工序的质量风险管理

三期打印环节:

某膏药 2206123 批包装现场发现纸箱上三期打印错误,将有效期打成"2025/06/"(正确的应为 2024/06/),截至发现时已打印了 100 个。

风险值=风险发生频次等级×风险严重程度等级

　　　　=4 等级(很可能发生:发生频次为每年一次及以上)

　　　　　×4 等级(严重:危害严重,产品可能报废)

　　　　=16(高风险)

风险应对策略:减少风险。

建议纠正和预防措施(CAPA):加强复核并增加抽查次数等。

(六)　储存过程中的质量风险管理

储存过程中某药品冰片含量要求见表 2-50。

表 2-50　储存过程中某药品冰片含量　　　　　(单位:%)

批号	检查项目	1 月	3 月	6 月	9 月	12 月	18 月	24 月	30 月	36 月
190814		26	25	25	24	25	28	25	24	24
190246		27	27	24	26	27	26	25	26	
190301		27	24	26	26	26	25	25		
190421		26	25	23	25	24	25	25		
191145		26	27	25	27	26	26			
200960	冰片含量	27	25	27	25					
200961		28	26	27	26					
200962		28	25	27	26					
201041		27	25	27	26					
201067		26	26	28	27					
201068		28	27	30	28					

风险值=风险发生频次等级×风险严重程度等级

　　　　=1 等级(不太可能发生:发生频次超过五年一次)

　　　　　×4 等级(严重:危害严重,产品可能报废)

　　　　=4(低风险)

风险应对策略:接受风险。

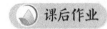 课后作业

一、选择题

二、填空题

1. 企业应当采用（　　　）的方式，对药品流通过程中的质量风险进行评估、控制、沟通和审核。

2. 药品质量风险管理的程序是对药品生命周期内的质量风险进行持续不断的评估、控制、沟通审核的系统过程。风险评估包括三个方面：（　　　）、（　　　）、（　　　）。

3. 公司成立质量风险管理小组，组长由（　　　）担任，主持质量风险管理的日常工作，成员包括各部门经理等。

4. 质量风险管理程序包括（　　　）、（　　　）、（　　　）、（　　　）、（　　　），持续地贯穿于整个产品生命周期，同时风险沟通贯穿于整个风险管理过程。

5. 风险是发生特定危害事件的（　　　）的集合。

三、简答题

1. 请罗列风险识别常用的工具。

2. 简述质量风险评估过程。

3. FMEA 工具中 RPN 计算方式及风险等级的判断标准是什么？

4. HACCP 工具的使用共有哪几步？

5. 经过 FMEA 评估后的高风险事项应如何处理？

项目十一　认识药品生产企业其他质量保证措施

🔖 **项目介绍**

　　本项目主要学习 GMP 规定的产品质量回顾、投诉管理、召回管理和自检的要求;学习药品不良反应的含义和我国法律对药品生产企业上报不良反应的规定。通过完成 1 个教学任务,同学们能知晓产品的质量回顾、投诉管理、召回管理、不良反应申报和 GMP 自检的管理要点,能深刻体会知法守法的具体意义和"事事有记录、事事有人负责"的 GMP 基本要求。通过活动 1 的实践,并结合分组讨论药品生产企业产品的质量回顾、投诉管理、召回管理、不良反应申报和 GMP 自检的管理内容,同学们能整理出其对应的管理要点。

⭐ **思维导图**

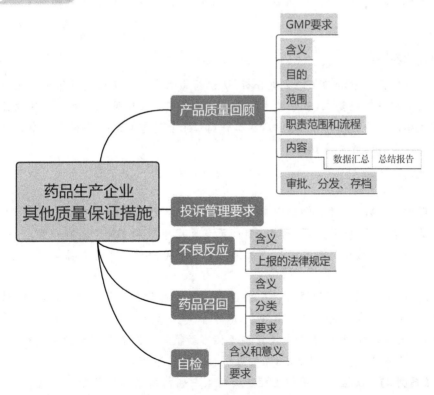

任务 1　整理归纳药品生产企业其他质量保证措施

任务目标

• 了解 GMP 对投诉、不良反应、召回、自检、产品质量回顾的管理要点,知晓产品质量回顾、召回、自检和药品不良反应的含义,了解药品数据和记录的管理要求;

• 能进行相关案例分析;

• 培养协作互助精神、知法守法的法治素养和对人民生命健康负责的职业道德。

课程思政

通过任务 1 中活动 1 的案例分析,认识药品生产企业其他质量保证措施,药品不良反应相关管理要求,引导学生思考在药品生产企业岗位上知法守法的意义,培养学生知法守法的法治素养,以后在工作岗位上能遵守 GMP,要树立事事有记录、事事有人负责的责任意识。

活动内容

活动 1　以下 4 个案例均是药品生产企业在生产管理过程中存在着生产企业产品的质量回顾、投诉管理、召回管理、不良反应申报和 GMP 自检的管理不到位等问题,请用药品生产企业其他质量保证措施相关知识分析各药品生产企业的法律责任。

【案例 1】　某药厂把退货回来的旧批号药品进行翻新再出售,从 1998—2002 年 9 月,共更改药品批号 22 个品种,508 个批次。他们洗掉了这些药品原来的生产日期,印上新批号,经过重新包装后再返回市场销售。该企业更改批号的行为由来已久,涉及品种之多,批次之广,企业管理之混乱非常惊人。

【案例 2】　某医院住院的重症肝炎病人中在使用某制药厂生产的某药后出现

2例急性肾功能衰竭病例,后证实是由于该药厂违反有关规定,用其他物料冒充原工艺处方中的辅料,在原辅料阶段就构成了假药。

【案例3】 2006年8月初,某省食品药品监管局组织GMP跟踪检查时发现,S药品生产企业两项关键项和九项一般项不符合GMP规范要求,随即口头责令该企业停产整顿,8月10日下达了书面的《责令停产整顿通知书》。2006年10月份,S药品生产企业在没有向该省食品药品监管局汇报并取得同意的情况下,擅自生产了A药品,并投放市场销售。

【案例4】 某省药监局接到通知:某制药公司生产的两个批次某注射液发生了严重"不良反应"。经查,该公司所抽验的产品无菌、热原均不合格,导致11人死亡。该企业无完整的药品质量回顾记录,自检计划不完整,责任不明确,随后该企业大容量注射剂GMP证书被收回,某注射液批准文号被撤销,相关责任人也受到了处罚。

表 2-51 四个案例分析结果

案例	文件名称	文件类型	违反GMP第几条	具体条款内容
案例1				
案例2				
案例3				
案例4				

知识链接

一、GMP规定的产品质量回顾要求

应当按照操作规程,每年对所有生产的药品按品种进行产品质量回顾分析,以确认工艺稳定可靠,以及原辅料、成品现行质量标准的适用性,及时发现不良趋势,确定产品及工艺改进的方向。应当考虑以往回顾分析的历史数据,还应当对产品质量回顾分析的有效性进行自检。当有合理的科学依据时,可按照产品的剂型分类进行质量回顾,如固体制剂、液体制剂和无菌制剂等。回顾分析,应当有报告。

企业至少应当对下列情形进行回顾分析:

(1)产品所用原辅料的所有变更,尤其是来自新供应商的原辅料;

(2)关键中间控制点及成品的检验结果;

(3)所有不符合质量标准的批次及其调查;

(4)所有重大偏差及相关的调查、所采取的整改措施和预防措施的有效性;

(5)生产工艺或检验方法等的所有变更;

(6)已批准或备案的药品注册所有变更;

(7)稳定性考察的结果及任何不良趋势;

(8)所有因质量原因造成的退货、投诉、召回及调查;

(9)与产品工艺或设备相关的纠正措施的执行情况和效果;

(10)新获批准和有变更的药品,按照注册要求上市后应当完成的工作情况;

(11)相关设备和设施,如空调净化系统、水系统、压缩空气等的确认状态;

(12)委托生产或检验的技术合同履行情况。

应当对回顾分析的结果进行评估,提出是否需要采取纠正和预防措施或进行再确认或再验证的评估意见及理由,并及时、有效地完成整改。

药品委托生产时,委托方和受托方之间应当有书面的技术协议,规定产品质量回顾分析中各方的责任,确保产品质量回顾分析按时进行并符合要求。

二、产品质量回顾的含义

产品质量回顾是指企业针对一系列的生产和质量相关数据的回顾分析,以评价产品生产工艺的一致性,及相关物料和产品质量标准的适用性,以对其趋势进行识别并对不良趋势进行控制,从而确保产品工艺稳定可靠,符合质量标准的要求,并为持续改进产品质量提供依据。

三、产品质量回顾的目的

在药品生产企业开展产品质量回顾的目的,是通过每年定期对药品生产企业生产的所有药品按品种进行分类后,开展产品质量汇总和回顾分析,以确认其工艺和流程稳定可靠程度,以及原辅料、成品现行质量标准的适用性,及时发现出现的不良趋势,从而确定对产品及工艺、控制过程进行改进的必要性和改进的方法。

四、产品质量回顾的范围

产品质量回顾的范围包括药品生产企业及其附属机构生产的所有医药产品以及合同生产所有医药产品,包括由本公司生产或为本公司生产的所有上市的(国内销售或出口的)原料药、药品以及医疗器械,涉及隔离和暂存、拒收的所有批次。同时药品生产企业也要结合以前的质量回顾结果,确认药品生产的各种趋势,并最终形成一份书面报告。企业的质量回顾可以根据产品类型进行分类,如固体制剂、液体制剂、无菌制剂等。通常企业的产品质量回顾应该在年度生产结束后 3 个月内全部完成,但企业应该在日常生产结束后即完成相关数据的采集、汇总,避免在年度生产结束后才统一进行数据的采集。企业应该记录需要开展纠正措施的原因,并保证批准的纠正和预防性措施能够及时有效地完成。企业应该建立相应的管理程序,对这些措施的有效性进行审核和管理,在企业的自检过程中还应该对该程序的有效性进行回顾。

五、产品质量回顾职责分配和流程

(1)质量保证部门(QA)负责公司产品质量回顾规程的起草、修订、审核、培训,组织企业对生产产品实施质量回顾,并对质量回顾的执行情况进行监督。

(2)QA负责制定产品质量回顾计划,并指定任务责任人。

(3)各相关部门指定负责人协助提供本部门质量回顾相关信息或文件,包括生产、检验、变更、验证、上市申请等,并保证其数据的真实性,必要时需要对本部门提供的数据进行趋势分析。

(4)QA负责整理收集的数据信息,对数据(事件)进行趋势分析,异常数据(事件)分析,必要时组织相关部门进行进一步讨论,制定改进和预防质量管理体系计划,包括每个措施的责任人,计划完成日期,并做出质量回顾报告结论,起草质量回顾报告。

(5)质量部门负责人组织包括生产、质量控制、质量保证、工程等各部门负责人对产品质量回顾总结报告进行审核,并确认结论的真实性和有效性,必要时进行讨论。

(6)QA将批准的产品质量回顾总结报告的复印件分发至各相关部门。

(7)各相关部门按产品质量回顾报告中制定的改进和预防性措施或其他再验证措施及完成时间,按时有效地完成任务。

(8)QA负责跟踪措施的执行情况,并将其执行情况汇总在下次产品质量回顾报告中。必要时,将整改措施的执行情况向相关部门负责人进行定期通报。在公司每年的内审中,应该对之前的产品质量回顾的完成情况进行检查。

六、质量回顾的内容

质量回顾的内容通常分为两个部分:

(一)各项数据的汇总

按照公司规程的要求,对相应时间范围内所有的生产和检验等方面数据进行收集。产品质量回顾的数据汇总至少应包括生产周期中的以下内容:

(1)产品的基础信息,包括产品的名称、规格、包装形式、有效期、处方、批量等。

(2)每种产品的所有生产批号、生产日期、终产品检验结果(物理、化学、微生物等)、关键中间控制检验结果(必要时),成品收率、产品最终放行情况(合格或不合格)等信息的汇总,并需对关键数据进行趋势分析。

(3)对生产中涉及的关键工艺参数的统计及趋势评估(仅适用于 API 生产企业)。

(4)每种产品的所有生产批次(合格或不合格)所用到的各批次原辅料、中间体和包装材料的信息(特别是来自新供应商的物料)。

(5)产品进行的返工和重加工的原因、涉及数量及处理结果。

(6)所涉及的所有原辅料、包材、中间体、成品的所有检验结果超规格的批次及其调查结果。

(7)所有重大偏差或不符合事件及其调查报告(内容、原因),以及已经采取的纠正和预防性措施的效果。

(8)与产品相关的原辅料、包装材料(含印字包材)的变更。

(9)产品及其原辅料质量标准、内控标准及分析方法的变更。

(10)对生产设施、设备、工艺参数等进行的所有变更(包括内容、申请时间及执行情况)。

(11)对企业已提交/获得批准/被拒绝的上市许可变更申请的审核,包括向第三国(仅用于出口)递交的上市许可申请,以及上市后对相关承诺的执行情况。企业仅需要负责提供本公司上市产品的信息,合同生产产品由委托方给予必要的信息。

(12)产品的稳定性实验结果和任何不良趋势(包括试验原因、含量趋势图、异常点分析、各检验项目趋势总结等)。

(13)所有与质量相关的退换货、投诉和召回的情况,以及对其进行的调查(包括发生的原因、涉及数量及其最终处理结果)。

(14)企业之前对产品工艺或设备开展的整改措施是否有效。

(15)生产相关设备和设施的验证状态,如 HVAC、水系统、压缩空气系统等。

(16)必要时需要对之前完成的产品质量回顾报告中的纠正和预防措施执行结果确认。

(17)对药品不良反应的情况进行回顾。

(18)对环境监测结果进行回顾。

(19)各项技术协议的现行性和有效性。

(20)其他信息。

(二)最终的总结报告

在完成所有的数据汇总之后,企业在各种数据的基础上,对产品的生产情况(包括偏差、趋势等情况)进行总结;并出具正式的总结报告。产品质量回顾总结报告应包括但不限于以下内容:

1.产品质量回顾具体计划

产品质量回顾计划包括产品质量回顾的具体时间范围和回顾总结完成截止日期,原则上产品质量回顾应覆盖一年的时间,但不必与日历的一年相一致。但如果产品每年生产的批次少于 3 批,则产品质量回顾可以延期至有 3 批产品生产后再进行,除非法规部门对此有特殊要求。

2. 对产品质量回顾的数据趋势和总结

根据所生产产品的检验数据和生产数据,以表或图的形式进行分析并给出评价性的结论,例如:

(1)根据产品年度质量回顾数据显示,本年度该产品生产质量稳定,各项工艺参数没有发生显著变化,没有出现不良趋势。

(2)本年度该产品多次出现某项指标超标,出现不良趋势,因此应制定整改措施进行改进。

①对支持性数据回顾所发现的问题。

②需要采取的预防和改正行动的建议。

③预防和改正行动的行动计划和责任人及完成时间。

④之前产品质量回顾中预防和改正行动的完成情况。

⑤通过产品质量回顾,总结当前产品的生产情况及结论。

⑥产品工序能力的分析(如果有)。

七、质量回顾报告的审核及批准分发及存档

当产品质量回顾完成后,应由相关部门负责人进行审核并批准。需要明确预防和改正行动的建议,并明确预防和改正行动的行动计划、责任人及完成时间。由质量保证部门人员负责跟踪改进行动的执行,必要时提供阶段性报告。企业产品质量回顾的总结报告的复印件应分发至相关部门(必要时)。质量回顾报告原件应由 QA 进行存档,该记录应永久保存。

八、投诉管理要求

中国 GMP(2010 版)明确规定,企业应建立产品投诉的操作程序,明确投诉管理的相关人员、调查和记录等的要求。其他国家或地区对产品投诉也都有相应的规定,具体要求基本一致。具体有:

(1)有程序规定的投诉的处理,同时规定相关责任人/部门;

(2)有统一的投诉调查记录表,记录内容充分,调查报告、答复报告按要求归档;

(3)投诉调查和与客户的沟通是否及时与透明,投诉关闭是否适当;

(4)对投诉引起的纠正措施和预防措施有记录并执行,评估纠正措施和预防措施的可行性和充分性;

(5)对投诉进行回顾和趋势分析;

（6）参与质量相关的投诉，应当有质量部门参与。如果投诉处理负责人不是质量受权人，所有投诉、调查的信息应向质量受权人通报。如果出现重大质量问题，是否及时报告相应药品监督管理部门。

九、药品不良反应的含义

药品不良反应是指合格药品在正常用法用量下出现的与用药目的无关的或意外的有害反应，包括药物的副作用、毒副作用、继发反应、撤药反应、后遗反应、药物依赖、过敏反应、特异质反应、致癌作用、致畸作用、致突变作用等类型。

十、我国法律对药品生产企业上报不良反应的规定

《中华人民共和国药品管理法》第十二条规定：国家建立药物警戒制度，对药品不良反应及其他与用药有关的有害反应进行监测、识别、评估和控制。药品生产企业必须经常考察本单位所生产的药品质量、疗效和反应。发现可能与用药有关的严重不良反应，必须及时向当地省、自治区、直辖市人民政府药品监督管理部门和卫生行政部门报告。

《药品不良反应报告和监测管理办法》有多个条文对药品生产企业上报不良反应进行了法律规定。

（1）药品生产企业应当建立药品不良反应报告和监测管理制度，设立专门机构并配备专职人员，承担本单位的药品不良反应报告和监测工作。

（2）采取有效措施收集本企业所生产药品的市场反馈信息，发现可能与本企业所生产药品有关的不良反应应详细记录，进行调查、分析、评价、处理，药品生产企业应当通过国家药品不良反应监测信息网络报告；不具备在线报告条件的，应当通过纸质报表报所在地药品不良反应监测机构，由所在地药品不良反应监测机构代为在线报告。报告内容应当真实、完整、准确。

（3）药品生产企业应当对本企业生产药品的不良反应报告和监测资料进行定期汇总分析，汇总国内外安全性信息，进行风险和效益评估，撰写定期安全性更新报告。定期安全性更新报告的撰写规范由国家药品不良反应监测中心负责制定。

（4）药品生产企业获知或者发现药品群体不良事件后，应当立即通过电话或者传真等方式报所在地的县级药品监督管理部门、卫生行政部门和药品不良反应监测机构，必要时可以越级报告。

（5）对所生产药品的国外不良反应报道进行跟踪，结合本企业所收集的资料，对所生产药品的不良反应发生情况进行分析、研究，根据结果在生产工艺、包装、说明书等有关药品质量标准等方面提出改进意见，并按规定上报，以提高药品的安全性和有效性。

(6)积极配合各级药品监督管理部门、卫生主管部门和药品不良反应监测机构做好有关品种的调查、分析和评价工作；

(7)开展药品不良反应报告和监测的教育和培训工作。

十一、药品召回的含义

药品召回，是指药品上市许可持有人（以下称持有人）按照规定的程序收回已上市的存在质量问题或者其他安全隐患药品，并采取相应措施，及时控制风险、消除隐患的活动。

十二、药品召回的分类

根据召回活动发起主体的不同，药品召回分为主动召回和责令召回两类。

主动召回：药品生产企业通过信息收集分析，调查评估，根据事件的严重程度，在没有官方强制的前提下主动对存在安全隐患的药品作出召回安排。

责令召回：药品监督管理部门通过调查评估，认为某品牌某批次药品存在潜在安全隐患，企业应当召回而未主动召回的药品，发出通知责令企业召回药品。

根据产品的安全隐患、危害的严重程度，药品召回分为以下三级：

一级召回：使用该产品可能引起严重健康危害的；

二级召回：使用该产品可能引起暂时的或者可逆的健康危害的；

三级召回：使用该产品一般不会引起健康危害，但由于其他原因需要召回的。

各公司和企业可以根据实际情况及所生产的产品的具体特点，对不同级别的召回进行具体的有针对性的描述。

十三、召回管理要求

中国 GMP（1998 版）并未引入召回的概念，只是在"产品销售与收回"中提到了产品的收回；2007 年《药品召回管理办法》（局令第 29 号）发布，使我国对缺陷药品的管理做到有章可循；中国 GMP（2010 版）中对产品召回也有了明确的规定，标志着我国对制药行业药品召回行为的监管进入新的阶段。具体要求有：

(1)应建立召回系统（程序）和相关的记录表格；

(2)明确定义组成召回小组的人员及相关责任，指定专人负责召回行动的执行和协调；

(3)应当对有关药品的安全隐患进行调查和评估；

(4)有召回计划、召回记录及召回报告，包含对召回产品的接收、处理，销售产品和召回产品的数量平衡计算及进行的纠正和预防措施；

(5)保证履行及时报告药品监督管理部门的义务;

(6)对召回的记录应当长期保存;

(7)应对召回程序定期进行有效性评估或演练,以便召回程序的迅速启动。

十四、自检的含义和意义

自检(也叫内部审计)是企业自我发现缺陷并主动采取措施进行改进的一系列活动。企业通过组织自检,可以及时发现缺陷和隐患,主动防范质量风险的发生,确保产品质量稳定可靠,并避免违规事件的发生和发展。一个有效的自检系统,包括:自检程序、自检计划、自检人员的资格确认、检查记录、自检报告、CAPA等。

十五、自检要求

(1)定期进行。企业应根据其质量体系各要素运行的有效性和合规性的具体情况,确定自检频次,一般不少于每年一次。如果频繁发生重大缺陷,应及时启动自检程序,或缩短自检间隔时间。

(2)符合性。从法规的角度来说,自检是要发现不符合法规的缺陷。但对于企业而言,自检也要发现不符合内部程序,或发现影响其运行绩效的不足。

(3)CAPA。对自检中发现的缺陷,要采取有效的纠正措施和预防措施,这也是自检的目的所在。

(4)计划性和全面性。企业进行自检,要预先进行详细的策划和计划,要覆盖质量体系的各个方面,要有足够的覆盖面和深度。一次有效的自检活动,能够通过自检中发现的缺陷,全面评估质量管理体系真实的运行状态,并进而通过采取纠正措施和预防措施使质量管理体系运行绩效提高到一个新的水平。

(5)独立性。为了切实发现运行中的缺陷,确保自检的有效性,自检人员应独立地进行检查而不受各种非客观因素的干扰。自检人员需经过必要的培训、考核,具有一定的经验,能够对自己负责的事项具有主观的判断。一般情况下,自检人员不能检查本部门。

(6)对自检过程中的检查事项要进行完整的记录,以确保能够通过此记录可以追溯到发现的问题事项。自检过程中的记录应按质量记录进行管理。

 课后作业

一、选择题

二、填空题

1. 药品生产企业对投诉应进行（　　　）和趋势分析。

2. 发现群体不良反应,应立即向所在地的省、自治区、直辖市（　　　）、卫生厅（局）以及（　　　）报告。

3. 根据召回活动发起主体的不同,药品召回分为（　　　）和（　　　）两类。

4. 召回是药品生产企业按照规定的程序收回已（　　　）的存在（　　　）的药品。

5. 自检也叫（　　　）,是企业自我发现（　　　）并主动采取措施进行（　　　）的一系列活动。

三、简答题

1. 产品质量回顾的目的是什么?

2. 药品不良反应的含义是什么?

3. 产品质量回顾职责分配和流程是什么?

4. 药品召回的含义是什么?

模块三　体外诊断试剂生产企业质量管理

项目一　认识体外诊断试剂生产企业相关法规规定

⚙ 项目介绍

　　本项目主要学习体外诊断试剂注册管理和生产企业生产管理相关规定。通过完成 3 个教学任务，能知晓体外诊断试剂的含义、批准文号以及在日常生产、经营管理上与药品的区别。通过任务 1 中活动 1 和任务 2 的案例学习，同学们能深刻体会知法守法的具体意义，通过任务 1 中活动 2 的实践，同学们能根据批准文号正确区分药品和体外诊断试剂。

⭐ 思维导图

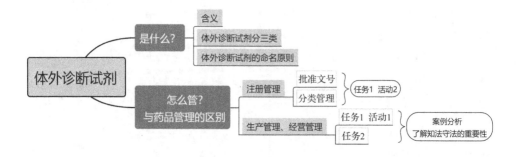

教学视频

任务 1 认识体外诊断试剂的注册管理

任务目标

• 了解体外诊断试剂的含义、产品分类和命名原则,熟悉体外诊断试剂批准文号的格式及其含义;

• 能判断体外诊断试剂与药品在经营管理上的区别;

• 具备团结合作的协作意识、知法守法的法规意识。

课程思政

通过任务 1 中活动 1 的案例分析,引导学生思考体外诊断试剂管理虽然有别于药品管理,但国家对体外诊断试剂也有相应的管理要求,从业者在经营体外诊断试剂时也要做到知法守法。

活动内容

活动 1 在掌握体外诊断试剂注册管理办法的基础上对案例 1 进行正确的分析评述。

【案例 1】 2007 年 5 月 29 日,某市食品药品监管执法人员在日常监督检查时,发现辖区内一家持有《医疗器械经营企业许可证》的企业经营了一批按药品管理的体外诊断试剂。经调查,该企业未取得《药品经营许可证》。而对于持有《医疗器械经营企业许可证》而未取得《药品经营许可证》的企业经营按药品管理的诊断试剂的行为,执法人员在处理时产生了以下两种不同意见:

第一种意见认为,该企业未取得《药品经营许可证》,属于无证经营药品的行为,违反了《药品管理法》相关规定,应依据《药品管理法》予以处罚。

第二种意见认为,体外诊断试剂具有技术更新快、低温储存效期短、规格项目繁杂、总量需求小,一定要有相关专业的技术人员来经营等特点。目前医疗机构使用的体外诊断试剂品种多、用量少,而药品经营批发企业一般又不愿经营药品类诊断试剂。鉴于以上情况,为保证生产单位物流畅通,确保医疗机构检验工作的正常开展,对于现持有《医疗器械经营企业许可证》并允许经营诊断试剂的,暂可经营按药品管理的诊断试剂。也有日常检查中发现,有些外包装盒标示"仅供研究、不用于临床诊断"字样的试剂被销售到二级甚至三级医疗机构,进而被医疗机构用于临床。

表 3-1 案例分析

分析主题	结果评述
(1)《医疗器械管理办法》	
(2)《药品管理法》	
(3)为什么会出现这样的问题的焦点所在?	
(4)如何合理地来进行解决和完善	

评述:这是一起目前各地普遍遇到的涉及体外诊断试剂经营管理的案件。作为体外诊断试剂经营企业按要求应当同时具备《药品经营许可证》和《医疗器械经营企业许可证》。但是申请《药品经营许可证》的门槛较高,例如,对场地的要求,药品经营企业需要具备数百甚至上千平方米的营业场所和仓库,而对于医疗器械经营企业,有个百多平方米就足够了;对质量管理人员的要求,药品经营企业需要有执业药师,而对于医疗器械经营企业,一般只要有相关专业人员就行,顶多要求有大专以上学历或者中级以上职称;药品经营企业还要通过 GSP 认证,而对于医疗器械经营企业,没有这方面的要求。因此多数体外诊断试剂经营企业受经营规模所限,只是申办了《医疗器械经营企业许可证》。另外,诊断试剂品种繁多,相对于其他药品而言,体外诊断试剂销量小、利润低,许多药品经营企业不愿经营。而体外诊断试剂经营企业为保证经营品种的齐全,确保医疗机构检验工作的正常开展,一般把按药品管理的诊断试剂纳入自己的经营范围,已是目前较为普遍的现象。

对于无药品经营许可证经营按药品管理的诊断试剂行为的处理,各地药监部门有不同的做法。有的药监部门对这种行为坚决制止,直接按无证经营药品进行处罚;有的药监部门对这种行为进行细分,对均不具备《药品经营许可证》和《医疗器械经营企业许可证》的,按无证经营药品行为进行处罚,而对于仅持有《医疗器械经营企业许可证》经营按药品管理的诊断试剂的企业不予处罚。

信赖保护特许经营。涉及信赖保护原则的应用问题,应以保护行政相对人的合法权不受侵害为原则,对此类问题加以处理。信赖保护原则是指在现代法治国家中,基于保护人民正当权益的考虑,行政主体对其在行政过程中形成的可预期的行为、承诺、规则、惯例、状态等因素,必须遵守信用,不得随意变更,否则将承担相应的法律责任,如因重大公共利益需要变更时也必须作出相应的补救安排。关于信赖保护问题,在执法实践中常常应用。例如,国家食品药品监督管理总局于2005 年 5 月 26 日公布了第一批不需申请《医疗器械经营企业许可证》的第二类医疗器械产品名录的通知（国食药监市 2005239 号），允许 7 大类 13 个品种的二类医疗器械放开经营，该政策的公布实施对发展经济有其积极意义，尽管与现行法规不符，但应该是有效的，这涉及政府机关信誉问题，是维护行政机关形象的重要举措。

综上所述，对现持有《医疗器械经营企业许可证》的企业可给予"特许经营"的过渡办法经营按药品管理的诊断试剂。即以药监部门通知申办人向拟办企业所在地的省、自治区、直辖市药品监督管理部门提出筹建申请之日为限；通知前持有《医疗器械经营企业许可证》的，其经营范围涉及诊断试剂的企业暂可经营按药品管理在注册证有效期内的诊断试剂，并可从具有合法资格的企业购进有批准文号或经批准注册的按药品管理的诊断试剂；通知后持有《医疗器械经营企业许可证》，其经营范围涉及诊断试剂的企业暂可经营已购进的按药品管理在注册证有效期内的诊断试剂，至有效期届满。但在通知之日后不可再购进按药品管理的诊断试剂。这种做法符合信赖保护原则。

活动 2　老师提供系列体外诊断试剂批准文号，让同学们说出批准文号是否正确，并说出批准文号中各个数字和相关文字的含义。

知识链接

一、体外诊断试剂的定义

体外诊断试剂，是指按医疗器械管理的体外诊断试剂，包括在疾病的预测、预防、诊断、治疗监测、预后观察和健康状态评价的过程中，用于人体样本体外检测的试剂、试剂盒、校准品、质控品等产品，可以单独使用，也可以与仪器、器具、设备或者系统组合使用。

二、体外诊断试剂分哪三类？

体外诊断试剂根据风险程度由低到高，管理类别依次分为第一类、第二类和第三类。

第一类体外诊断试剂是指具有较低的个人风险，没有公共健康风险，实行常规管理可以保证其安全、有效的体外诊断试剂，通常为检验辅助试剂。

第二类体外诊断试剂是指具有中等的个人风险和/或公共健康风险，检验结果通常是几个决定因素之一，出现错误的结果不会危及生命或导致重大残疾，需要严格控制管理以保证其安全、有效的体外诊断试剂。

第三类体外诊断试剂是指具有较高的个人风险和/或公共健康风险，为临床诊断提供关键的信息，出现错误的结果会对个人和/或公共健康安全造成严重威胁，需要采取特别措施严格控制管理以保证其安全、有效的体外诊断试剂。

三、体外诊断试剂分类判定规则

体外诊断试剂的分类应当根据如下规则进行判定。

(一)第一类体外诊断试剂

(1)不用于微生物鉴别或药敏试验的微生物培养基,以及仅用于细胞增殖培养,不具备对细胞的选择、诱导、分化功能,且培养的细胞用于体外诊断的细胞培养基;

(2)样本处理用产品,如溶血剂、稀释液、染色液、核酸提取试剂等;

(3)反应体系通用试剂,如缓冲液、底物液、增强液等。

(二)第二类体外诊断试剂

除已明确为第一类、第三类的体外诊断试剂,其他为第二类体外诊断试剂,主要包括:

(1)用于蛋白质检测的试剂;

(2)用于糖类检测的试剂;

(3)用于激素检测的试剂;

(4)用于酶类检测的试剂;

(5)用于酯类检测的试剂;

(6)用于维生素检测的试剂;

(7)用于无机离子检测的试剂;

(8)用于药物及药物代谢物检测的试剂;

(9)用于自身抗体检测的试剂;

(10)用于微生物鉴别或者药敏试验的试剂,以及用于细胞增殖培养,对细胞具有选择、诱导、分化功能,且培养的细胞用于体外诊断的细胞培养基;

(11)用于变态反应(过敏原)检测的试剂;

(12)用于其他生理、生化或者免疫功能指标检测的试剂。

(三)第三类体外诊断试剂

(1)与致病性病原体抗原、抗体以及核酸等检测相关的试剂;

(2)与血型、组织配型相关的试剂;

(3)与人类基因检测相关的试剂;

(4)与遗传性疾病检测相关的试剂;

(5)与麻醉药品、精神药品、医疗用毒性药品检测相关的试剂;

(6)与治疗药物作用靶点检测相关的试剂和伴随诊断用试剂;

伴随诊断用试剂是用于评价相关医疗产品安全有效性的工具,主要用于在治疗前和/或治疗中识别出最有可能从相关医疗产品获益的患者和因治疗而可能导致严重不良反应风险增加的患者。用于药物及药物代谢物检测的试剂不属于伴随诊断用试剂。

(7)与肿瘤筛查、诊断、辅助诊断、分期等相关的试剂。

三、国家对体外诊断试剂如何实行分类注册管理？

第一类体外诊断试剂实行产品备案管理。第二类、第三类体外诊断试剂实行产品注册管理。

境内第一类体外诊断试剂备案，备案人向设区的市级负责药品监督管理的部门提交备案资料。

境内第二类体外诊断试剂由省、自治区、直辖市药品监督管理部门审查，批准后发给医疗器械注册证。

境内第三类体外诊断试剂由国家药品监督管理局审查，批准后发给医疗器械注册证。

进口第一类体外诊断试剂备案，备案人向国家药品监督管理局提交备案资料。

进口第二类、第三类体外诊断试剂由国家药品监督管理局审查，批准后发给医疗器械注册证。

四、体外诊断试剂命名有什么原则？

体外诊断试剂的命名应当遵循以下原则：

(1)体外诊断试剂的产品名称一般由三部分组成。第一部分：被测物质的名称；第二部分：用途，如测定试剂盒、质控品等；第三部分：方法或者原理，如磁微粒化学发光免疫分析法、荧光 PCR 法、荧光原位杂交法等，本部分应当在括号中列出。

(2)如果被测物组分较多或者有其他特殊情况，可以采用与产品相关的适应证名称或者其他替代名称。

(3)第一类产品和校准品、质控品，依据其预期用途进行命名。

五、医疗器械注册证格式

医疗器械注册证格式由国家药品监督管理局统一制定。

注册证编号的编排方式为：

$$\times 1 械注 \times 2 \times \times \times \times 3 \times 4 \times \times 5 \times \times \times \times 6$$

其中：

×1为注册审批部门所在地的简称：

境内第三类体外诊断试剂、进口第二类、第三类体外诊断试剂为"国"字；

境内第二类体外诊断试剂为注册审批部门所在地省、自治区、直辖市简称；

×2为注册形式：

"准"字适用于境内体外诊断试剂；

"进"字适用于进口体外诊断试剂；

"许"字适用于香港、澳门、台湾地区的体外诊断试剂；

×××3为首次注册年份；

×4为产品管理类别；

××5为产品分类编码；

××××6为首次注册流水号。

延续注册的，××××3和××××6数字不变。产品管理类别调整的，应当重新编号。

六、第一类医疗器械备案编号的编排方式

第一类医疗器械备案编号的编排方式为：

×1械备××××2××××3

其中：

×1为备案部门所在地的简称：

进口第一类体外诊断试剂为"国"字；

境内第一类体外诊断试剂为备案部门所在地省、自治区、直辖市简称加所在地设区的市级行政区域的简称(无相应设区的市级行政区域时，仅为省、自治区、直辖市的简称)；

××××2为备案年份；

××××3为备案流水号。

任务 2 了解体外诊断试剂生产企业质量管理要求

任务目标

- 了解体外诊断试剂生产企业质量管理要求；
- 能判断体外诊断试剂与药品在生产管理上的区别；

• 具备团结合作的协作意识、知法守法的法规意识。

课程思政

通过任务 2 中活动 1 的案例分析，引导学生思考体外诊断试剂虽然有别于药品管理，但国家对体外诊断试剂生产企业在生产管理上也有相应的管理要求，从业者在生产体外诊断试剂时一定要做到知法守法。

活动内容

活动 1 阅读案例材料，在学习体外诊断试剂生产企业生产管理相关法规的基础上完成表格中相关内容的填写。

【案例 1】国家药品监督管理局组织对某公司进行飞行检查，发现该企业质量管理体系主要存在以下缺陷：

1. 机构和人员方面

该企业专职检验人员无岗位任命文件规定。不符合《医疗器械生产质量管理规范》和《医疗器械生产质量管理规范附录体外诊断试剂》（以下简称《规范》）中应当具有相应的质量检验机构或专职检验人员的要求。

2. 生产管理方面

该企业批记录的作业指导书中记录已称量物料的编号和重量，但天平使用登记表中的记录内容仅记录了一次使用内容为物料名称缩写，无物料编号、称重重量等具体信息，批记录信息与设备使用记录不具有关联性，不能清晰地追溯产品生产过程，不符合《规范》中生产记录应当满足可追溯的要求。

3. 质量控制方面

该企业 γ-谷氨酰基转移酶检测试剂的检验规程发布日期为 2013 年 2 月 17 日，检验项目未覆盖产品技术要求技术指标，未体现指标要求，且检验方法与产品技术要求不一致，如灵敏度、线性范围检验方法、缺少线性偏差要求等；批检验记录与规程一致。规程中使用的检验仪器未包含在产品已批准说明书和产品技术要求的适用仪器中，与产品技术要求不符。不符合《规范》中应当根据强制性标准以及经注册或者备案的产品技术要求制定产品的检验规程的要求。

4. 不良事件监测、分析和改进方面

该企业《管理评审控制程序》规定，出现质量事故与质量问题等情况应增加管理评审，查看 2018 年评审报告，针对国家监督抽验谷氨酰基转移酶测定试剂盒不合格情况，未开展管理评审。现场仅见一次管理评审记录，未按照程序开展设计开发、质量控制、采购、人力资源等方面的管理评审。不符合《规范》中应当定期开展

管理评审,对质量管理体系进行评价和审核,以确保其持续的适宜性、充分性和有效性的要求。

表 3-2　案例分析

分析主题	存在的问题	违反什么规定
(1)机构和人员方面		
(2)生产管理方面		
(3)质量控制方面		
(4)不良事件监测、分析和改进方面		

知识链接

2015 年 7 月 10 日,国家食品药品监督管理总局(CFDA)发布《医疗器械生产质量管理规范附录——体外诊断试剂》,并规定于 2015 年 10 月 1 日起施行。具体内容如下:

一、人员

(1)体外诊断试剂生产、技术和质量管理人员应当具有医学、检验学、生物学、免疫学或药学等与所生产产品相关的专业知识,并具有相应的实践经验,以确保具备在生产、质量管理中履行职责的能力。

(2)凡在洁净室(区)工作的人员应当定期进行卫生和微生物学基础知识、洁净作业等方面培训。临时进入洁净室(区)的人员,应当对其进行指导和监督。

(3)从事体外诊断试剂生产的全体人员,包括清洁、维修等人员均应当根据其产品和所从事的生产操作进行专业和安全防护培训。

(4)应当建立对人员的清洁要求,制定洁净室(区)工作人员卫生守则。人员进入洁净室(区)应当按照程序进行净化,并穿戴工作帽、口罩、洁净工作服、工作鞋。裸手接触产品的操作人员每隔一定时间应当对手再次进行消毒。裸手消毒剂的种类应当定期更换。

(5)应当制定人员健康要求,建立人员健康档案。直接接触物料和产品的操作人员每年至少体检一次。患有传染性和感染性疾病的人员不得从事直接接触产品的工作。

(6)应当明确人员服装要求,制定洁净和无菌工作服的管理规定。工作服及其质量应当与生产操作的要求及操作区的洁净度级别相适应,其式样和穿着方式应当能够满足保护产品和人员的要求。洁净工作服和无菌工作服不得脱落纤维和颗粒性物质,无菌工作服应当能够包盖全部头发、胡须及脚部,并能阻留人体脱落物。

二、厂房与设施

(1)应当有整洁的生产环境。厂区的地面、路面周围环境及运输等不应对产品的生产造成污染。行政区、生活区和辅助区的总体布局合理,不得对生产区有不良影响。厂区应当远离有污染的空气和水等污染源的区域。

(2)生产厂房应当设置防尘、防止昆虫和其他动物进入的设施。洁净室(区)的门、窗及安全门应当密闭,洁净室(区)的门应当向洁净度高的方向开启。

(3)应当根据体外诊断试剂的生产过程控制,确定在相应级别的洁净室(区)内进行生产的过程,避免生产中的污染。空气洁净级别不同的洁净室(区)之间的静压差应当大于 5 帕,洁净室(区)与室外大气的静压差应大于 10 帕,并应当有指示压差的装置。相同级别洁净室间的压差梯度应当合理。

(4)酶联免疫吸附试验试剂、免疫荧光试剂、免疫发光试剂、聚合酶链反应(PCR)试剂、金标试剂、干化学法试剂、细胞培养基、校准品与质控品、酶类、抗原、抗体和其他活性类组分的配制及分装等产品的配液、包被、分装、点膜、干燥、切割、贴膜以及内包装等,生产区域应当不低于 100,000 级洁净度级别。

(5)阴性或阳性血清、质粒或血液制品等的处理操作,生产区域应当不低于10,000 级洁净度级别,并应当与相邻区域保持相对负压。

(6)无菌物料等分装处理操作,操作区域应当符合局部 100 级洁净度级别。

(7)普通类化学试剂的生产应当在清洁环境中进行。

(8)洁净室(区)空气洁净度级别应当符合表 3-3 规定。

表 3-3　洁净室(区)空气洁净度级别

洁净度级别	尘粒最大允许数/m³		微生物最大允许数	
	$\geqslant 0.5\,\mu m$	$\geqslant 5\,\mu m$		
100 级	3,500	0	浮游菌/m³	沉降菌/皿
10,000 级	350,000	2,000	100	3
100,000 级	3,500,000	20,000	500	10

(9)洁净室(区)应当按照体外诊断试剂的生产工艺流程及所要求的空气洁净度级别进行合理布局,人流、物流走向应当合理。同一洁净室(区)内或相邻洁净室(区)间的生产操作不得互相交叉污染。

(10)进入洁净室(区)的管道、进回风口布局应当合理,水、电、气输送线路与墙体接口处应当可靠密封,照明灯具不得悬吊。

(11)洁净室(区)的温度和相对湿度应当与产品生产工艺要求相适应。无特殊要求时,温度应当控制在 18~28℃,相对湿度控制在 45%~65%。

(12)洁净室(区)和非洁净室(区)之间应有缓冲设施。

(13)洁净室(区)的内表面(墙面、地面、天棚、操作台等)应当平整光滑、无裂缝、接口严密、无颗粒物脱落,避免积尘,并便于清洁处理和消毒。

(14)洁净室(区)的空气如循环使用应当采取有效措施避免污染和交叉污染。

(15)洁净室(区)内的水池、地漏应安装防止倒灌的装置,避免对环境和物料造成污染。100 级的洁净室(区)内不得设置地漏。

(16)产尘操作间应当保持相对负压或采取有效措施,防止粉尘扩散,避免交叉污染。

(17)对具有污染性、传染性和高生物活性的物料应当在受控条件下进行处理,避免造成传染、污染或泄漏等。

(18)生产激素类、操作有致病性病原体或芽孢菌制品的,应当使用单独的空气净化系统,与相邻区域保持负压,排出的空气不能循环使用。

(19)进行危险度二级及以上的病原体操作应当配备生物安全柜,空气应当进行过滤处理后方可排出。应当对过滤器的性能进行定期检查以保证其有效性。使用病原体类检测试剂的阳性血清应当有相应的防护措施。

(20)对于特殊的高致病性病原体的采集、制备,应当按照有关部门颁布的行业标准,如人间传染病微生物名录、微生物和生物医学实验室生物安全通用准则、实验室生物安全通用要求等相关规定,配备相应的生物安全设施。

(21)生产聚合酶链反应(PCR)试剂的,其生产和检验应当在独立的建筑物或空间内进行,保证空气不直接联通,防止扩增时形成的气溶胶造成交叉污染。其生产和质检的器具不得混用,用后应严格清洗和消毒。

(22)洁净室(区)内的人数应当与洁净室(区)面积相适应。

(23)对生产环境没有空气净化要求的体外诊断试剂,应当在清洁环境内进行生产。清洁条件的基本要求:要有防尘、通风、防止昆虫或其他动物以及异物混入等措施;人流、物流分开,人员进入生产车间前应当有换鞋、更衣、佩戴口罩和帽子、洗手、手消毒等清洁措施;生产场地的地面应当便于清洁,墙、顶部应平整、光滑,无颗粒物脱落;操作台应当光滑、平整、无缝隙、耐腐蚀,便于清洗、消毒;应当对生产区域进行定期清洁、清洗和消毒;应当根据生产要求对生产车间的温湿度进行控制。

(24)易燃、易爆、有毒、有害、具有污染性或传染性、具有生物活性或来源于生物体的物料的管理应当符合国家相关规定。所涉及的物料应当列出清单,专区存放、专人保管和发放,并制定相应的防护规程。

(25)动物室应当在隔离良好的建筑体内,与生产、质检区分开,不得对生产造成污染。

三、设备

(1)洁净室(区)空气净化系统应当经过确认并保持连续运行,维持相应的洁净度级别,并在一定周期后进行再确认。若停机后再次开启空气净化系统,应当进行必要的测试或验证,以确认仍能达到规定的洁净度级别要求。

(2)应当确定所需要的工艺用水。当生产过程中使用工艺用水时,应当配备相应的制水设备,并有防止污染的措施,用量较大时应当通过管道输送至洁净室(区)的用水点。工艺用水应当满足产品质量的要求。

(3)应当制定工艺用水的管理文件,工艺用水的储罐和输送管道应当满足所生产的产品对于水质的要求,并定期清洗、消毒。

(4)配料罐容器与设备连接的主要固定管道应当标明内存的物料名称、流向,定期清洗和维护,并标明设备运行状态。

(5)与物料或产品直接接触的设备、容器具及管道表面应当光洁、平整、无颗粒物质脱落、无毒、耐腐蚀,不与物料或产品发生化学反应和粘连,易于清洁处理和消毒或灭菌。

(6)需要冷藏、冷冻的原料、半成品、成品,应当配备相应的冷藏、冷冻储存设备,并按规定监测设备运行状况、记录储存温度。

四、设计开发

(1)研制条件,包括配合使用的设备、仪器和试剂应当满足研究所需,研制所用的设备、仪器和试剂应当保存使用记录。

(2)研制过程中主要原料、中间体、重要辅料应当明确来源,其数量、使用量及其剩余量应当保存记录。

(3)工艺研究、技术要求/分析性能研究、稳定性研究、检验、临床试验/评价(包括预实验)研究、参考值研究等各个阶段的样品数量、贮存条件、留样、使用或销毁情况应当保存记录,样品试制量应当满足从事研究所需要的数量。

五、采购

外购的标准品、校准品、质控品、生产用或质控用血液的采购应满足可追溯要求。应当由企业或提供机构测定病原微生物及明确定值范围;应当对其来源地、定值范围、灭活状态、数量、保存、使用状态等信息有明确记录,并由专人负责。

六、生产管理

(1)洁净室(区)内使用的压缩空气等工艺用气均应当经过净化处理。与产品使用表面直接接触的气体,其对产品的影响程度应当进行验证和控制,以适应所生产产品的要求。

(2)生产设备、容器具等应当符合洁净环境控制和工艺文件的要求。

(3)应当按照物料的性状和储存要求进行分类存放管理,应当明确规定中间品的储存条件和期限。物料应当在规定的使用期限内,按照先进先出的原则使用。无规定使用期限的,应当根据物料的稳定性数据确定储存期限。储存期内发现储存条件变化且可能影响产品质量时,应及时进行复验。

(4)进入洁净室(区)的物品应当按程序进行净化处理。

(5)在生产过程中,应当建立产品标识和生产状态标识控制程序,对现场各类物料和生产区域、设备、管路的状态进行识别和管理。

(6)应当对每批产品中关键物料进行物料平衡核查。如有显著差异,必须查明原因,在得出合理解释、确认无潜在质量事故后,方可按正常产品处理。

(7)应当制定批号管理制度,对主要物料、中间品和成品按规定进行批号管理,并保存和提供可追溯的记录。同一试剂盒内各组分批号不同时应当尽量将生产日期接近的组分进行组合,在每个组分的容器上均标明各自的批号和有效期。整个试剂盒的有效期应当以最先到有效期的组分的有效期为准。

(8)不同品种产品的生产应当做到有效隔离,以避免相互混淆和污染。有数条包装线同时进行包装时,应当采取隔离或其他有效防止混淆的措施。

(9)应当制定洁净室(区)的卫生管理文件,按照规定对洁净室(区)进行清洁处理和消毒,并做好记录。所用的消毒剂或消毒方法不得对设备、容器具、物料和产品造成污染。消毒剂品种应当定期更换,防止产生耐药菌株。

(10)生产设备所用的润滑剂、清洗剂均不得对产品造成污染。

(11)应当建立清场的管理规定。前一道工艺结束后或前一种产品生产结束后必须进行清场,确认合格后才可以入场进行其他生产,并保存清场记录。相关的配制和分装器具必须专用,使用后进行清洗、干燥等洁净处理。

(12)应当建立可追溯性程序并形成文件,应当规定可追溯的范围、程度、标识和记录。记录应当包括生产过程所用的原材料、生产过程、生产设备、操作人员和生产环境等内容。

(13)生产一定周期后,应当对关键项目进行再验证。当影响产品质量的主要因素,如工艺、质量控制方法、主要原辅料、主要生产设备等需要开展重新验证的条件发生改变时,应当进行相关内容的重新验证。应当根据不同产品特性提出验证的时间。

(14)生产车间连续停产一年以上的,重新组织生产前应当对生产环境及设施设备、主要原辅材料、关键工序、检验设备及质量控制方法等重新进行验证。连续停产不足一年的,如有必要,也应当重新对生产环境和设施设备进行验证。

(15)应当对生产用需要灭活的血清或血浆建立灭活处理的操作规程,并按照操作规程的要求,对生产用灭活前后的血清或血浆状态进行明显的区分和标识。

(16)生产中的废液、废物等应当进行无害化处理,并符合相关的环保要求。

七、质量控制

(1)应当建立校准品、参考品量值溯源程序。对每批生产的校准品、参考品进行赋值。

(2)生产和检验用的菌毒种应当标明来源,验收、储存、保管、使用、销毁应执行国家有关医学微生物菌种保管的规定和病原微生物实验室生物安全管理条例。应当建立生产用菌毒种的原始种子批、主代种子批和工作种子批系统。

(3)生产用细胞应当建立原始细胞库、主代细胞库、工作细胞库。应当建立细胞库档案资料和细胞操作日志。自行制备抗原或抗体,应当对所用原料的来源和性质有详细的记录并可追溯。

(4)应当对检验过程中使用的标准品、校准品、质控品建立台账及使用记录。应当记录其来源、批号、效期、溯源途径、主要技术指标、保存状态等信息,按照规定进行复验并保存记录。

(5)留样应当在规定条件下储存。应当建立留样台账,及时记录留样检验信息,留样检验报告应当注明留样批号、效期、检验日期、检验人、检验结果等。留样期满后应当对留样检验报告进行汇总、分析并归档。

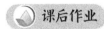课后作业

一、选择题

二、填空题

1. 第一类体外诊断试剂实行产品（　　　）管理。第二类、第三类体外诊断试剂实行产品（　　　）管理。

2. 易燃、易爆、有毒、有害、具有（　　　）或（　　　）、具有（　　　）或来源于（　　　）的物料的管理应当符合国家相关规定。

3. 进行危险度（　　　）的病原体操作应当配备生物安全柜，空气应当进行（　　　）后方可排出。使用病原体类检测试剂的（　　　）应当有防护措施。

4. 生产和检验用的菌毒种应当标明来源，（　　　）、（　　　）、（　　　）、（　　　）销毁应执行国家有关医学微生物菌种保管的规定和病原微生物实验室生物安全管理条例。

5. 生产用细胞应当建立（　　　）细胞库、（　　　）细胞库、（　　　）细胞库。应当建立细胞库档案资料和细胞操作日志。自行制备（　　　）或（　　　），应对所用原料的来源和性质有详细的记录并可（　　　）。

三、简答题

1. 体外诊断试剂的含义是什么？

2. 体外诊断试剂命名有什么原则？

3. 对生产环境没有空气净化要求的体外诊断试剂，应当在清洁环境内进行生产。清洁条件的基本要求是什么？

附录 1　选择题综合测试

附录 2　各项目填空题和简答题答案

模块一、药品生产质量管理基础知识

项目一、药品的分类与识别

填空题答案

1.（炮制后）

2.（两年）

3.（国食健注 G＋4 位年代号＋4 位顺序号）

4.（滋补）、（珍贵）、（濒危野生）、（保健）、（预防性）、（避孕）、（增强）、（果味）、（泡腾剂）

5.（五）、（六）

简答题答案

1.什么是药品批准文号？国产药品和进口药品的批准文号表示方式是什么？

答：药品批准文号是药品监督管理部门对特定生产企业按法定标准、生产工艺和生产条件对某一药品的法律认可凭证，每个生产企业的每个品种都有一个特定的批准文号。

境内生产药品批准文号格式为：国药准字 H(Z、S)＋四位年号＋四位顺序号。中国香港、澳门和台湾地区生产药品批准文号格式为：国药准字 H(Z、S)C＋四位年号＋四位顺序号。境外生产药品批准文号格式为：国药准字 H(Z、S)J＋四位年号＋四位顺序号。其中，H 代表化学药，Z 代表中药，S 代表生物制品。

2.哪些情形不得作为医疗机构制剂申报？

答：有下列情形之一的，不得作为医疗机构制剂：

(1)含有未经国务院药品监督管理部门批准的活性成分的品种；

(2)已批准活性成分用于未经批准适应证的化学药制剂；

(3)除变态反应原外的生物制品；

(4)中药注射剂；

(5)中药和化学药组成的复方制剂；

(6)医疗用毒性药品等。

项目二、假劣药品的识别

填空题答案

1.（药用要求）、（注册审批）

2.（内标签）、（外标签）、（国家药品监督管理局）

3.（说明书）、（说明书）

4.（处方药）、（非处方药）、（颜色）

5.（商品）、（通用）、（通用）、（通用名称）、（二分之一）

6.（特殊）、（标签）

简答题答案

1.假药的概念，哪些情况下视为假药？

答：有下列情形之一的，为假药：

(1)药品所含成分与国家药品标准规定的成分不符；

(2)以非药品冒充药品或者以他种药品冒充此种药品；

(3)变质的药品；

(4)药品所标明的适应证或者功能主治超出规定范围。

2.劣药的概念，哪些情况下视为劣药？

答：(1)药品成分的含量不符合国家药品标准；

(2)被污染的药品；

(3)未标明或者更改有效期的药品；

(4)未注明或者更改产品批号的药品；

(5)超过有效期的药品；

(6)擅自添加防腐剂、辅料的药品；

(7)其他不符合药品标准的药品。

项目三、认识药品记录与数据管理

填空题答案

1.（实际用途）、（使用）

2.(版本)、(无效版本)

3.(直接)

4.(清晰可辨)、(理由)

5.(损坏)

简答题答案

1.数据可由哪几种情况产生?

答:(1)人工观测后填写在纸质记录中的数据。

(2)仪器、设备或计算机化系统产生的数据。

(3)采用摄影、摄像技术获取的客观数据。

(4)由原始数据衍生或取得的信息。

2.数据管理系统应当具备安全保障措施确保数据的安全。包括但不限于哪些常见的措施?

答:(1)经授权许可人员才可以进行数据存储或处理及进入档案室等区域。

(2)用户名仅授权给有业务需要且经授权批准的员工。

(3)用户通过其唯一的用户名和密码登录进入系统。

(4)有规程和培训保证当用户不使用系统时退出系统或锁屏。

(5)无操作时,系统在设定的时间内自动退出或锁屏。

(6)用户密码应当在预定的期间内更换。应当建立程序或在系统中设定时间点提醒用户更改密码,并禁止该用户用已使用过的密码登录该系统。

模块二、药品生产企业质量管理

项目一、认识理解 GMP

填空题答案

1.(药品生产质量管理规范)

2.(国际性)、(国家性)、(行业性)

3.(生产)、(安全)、(有效)、(均一)

4.(14)、(313)

5.(污染)、(交叉污染)、(混淆)、(差错)

简答题答案：

1.药品 GMP 的三大要素是什么？

答：⑴将人为的差错控制在最低限度；⑵防止对药品的污染；⑶建立严格的质量保证体系，确保产品质量。

2.新版 GMP 在产品质量管理上有哪些变化？

答：(1)质量管理中要引入风险管理，强调在实施 GMP 中以科学和风险为基础。(2)质量管理体系的新理念。新版 GMP 明确要求制药企业应当建立全面、系统、严密的质量管理体系，并且必须配备足够的资源，包括人力资源和管理制度来保证质量体系的有效运行。

3.GMP 的主导思想是什么？

答：任何药品质量的形成是生产出来的，而不是检验出来的，因此，必须强调预防为主，在生产过程中建立质量保证体系，实行全面质量管理，确保药品质量。GMP 强调的是过程控制，实际上是把传统的药品控制方法"成品检验"的重心向前移动，确保药品生产过程符合规范要求。

项目二、认识药品生产企业的人员和卫生管理

填空题答案

1.(质量管理)、(以人为本)

2.(QA)

3.(独立履行职责)

4.人员培训

5.(人)

简答题答案

1.简述药品生产企业人员培训原则。

答：(1)战略原则

(2)层次原则

(3)实用原则

(4)全员原则

2.简述如何进行药品生产企业人员卫生管理。

答案：(1)人员卫生健康档案的建立。

(2)工作服装的卫生，包括式样及颜色、穿戴、清洗周期、清洗方法和要求等。

(3)个人卫生，包括手的卫生、身体其他部位的卫生。

(4)人员卫生的培训。

项目三、认识药品生产企业的文件管理

填空题答案

1.(生产)、(管理)、(记录)

2.(批生产记录)、(生产历史)(质量)

3.(记录)、(生产操作人员)

4.(标准)、(记录(凭证))

5.(SOP)、(标准操作步骤)、(要求)、(指导)、(规范)

简答题答案

1.制药企业的标准类文件有哪些,请写出具体含义并分别举例说明。

答:制药企业的标准类文件根据标准的不同可分为:(1)技术标准文件,是由国家、地方行业及企业所颁布和制订的技术性规范、准则、规定、办法、标准和程序等书面要求。如药典规定的注射用水质量标准等。(2)管理标准文件,是指企业为了行使生产计划、指标、控制等管理职能,使之标准化、规范化而规定的制度、规定、标准、办法等书面要求。如操作人员卫生制度、原辅料的取样制度等。(3)工作标准文件,是指以人或人群的工作为对象,对工作范围、职责、权限以及工作内容考核等所提出的规定、标准、程序等书面要求。如岗位责任制度、标准操作程序等。

2.简述 GMP 对记录的基本要求。

答:GMP 规定,与 GMP 有关的每项活动均应当有记录,以保证产品生产、质量控制和质量保证等活动可以追溯。记录应当留有填写数据的足够空格,记录应当及时填写,内容真实,字迹清晰、易读、不易擦除。记录应保护清洁,不得撕毁和任意涂改。记录填写的任何更改都应当签注姓名和日期,并使原有信息仍清晰可辨,必要时应当说明更改的理由。记录如需重新誊写,则原有记录不得销毁,应当作为重新誊写记录的附件保存。

3.GMP 规定的批生产记录包括哪些内容?

答:批生产记录的内容应当包括:①产品名称、规格、批号;②生产以及中间工序开始、结束的日期和时间;③每一生产工序的负责人签名;④生产步骤操作人员的签名;必要时还应当有操作(如称量)复核人员的签名;⑤每一原辅料的批号以及实际称量的数量(包括投入的回收或返工处理产品的批号及数量);⑥相关生产操作或活动、工艺参数及控制范围,以及所用主要生产设备的编号;⑦中间控制结果的记录以及操作人员的签名;⑧不同生产工序所得产量及必要物料平衡计算;⑨对特殊问题或异常事件的记录,包括对偏离工艺规程的偏差情况的详细说明或调查

报告,并经签字批准。

项目四、检查和管理药品生产企业的硬件设施

填空题答案:

1.(污染)、(交叉污染)、(特性)、(工艺流程)、(洁净度级别)

2.(品种)、(生产操作要求)、(外部环境状况)

3.(口服液体)、(固体制剂)、(腔道用药)、(表皮外用药品)、(D)、(标准)、(特性)、(微生物)

4.(不合格)、(退货)、(召回)

5.(润滑剂)、(冷却剂)、(食用级)、(润滑剂)

简答题答案

1.在制药生产中哪些药品生产阶段需要在 C 级洁净区内进行?

答:(1)体外免疫诊断试剂的阳性血清的分装、抗原与抗体的分装。

(2)最终灭菌的无菌制剂:产品灌装(或灌封);高污染风险产品的配制和过滤;眼用制剂、无菌软膏剂、无菌混悬剂等的配制、灌装(或灌封);直接接触药品的包装材料和器具最终清洗后的处理。

(3)非最终灭菌的无菌制剂:灌装前可除菌过滤的药液或产品的配制;产品的过滤。

2.在制药生产中哪些药品生产阶段需要在 B 级背景下 A 级洁净区内进行?

答:(1)非最终灭菌的无菌制剂:处于未完全密封状态下产品的操作和转运,如产品灌装(或灌封)、分装、压塞、轧盖等;灌装前无法除菌过滤的药液或产品的配制;直接接触药品的包装材料、器具灭菌后的装配以及处于未完全密封状态下的转运和存放;无菌原料药的粉碎、过筛、混合、分装。

(2)生物制品:灌装前不经除菌过滤的制品其配制、合并等。

3.制药设备都应该有设备状态卡,一般设备状态卡可以分为几种? 分别表示什么含义?

答:(1)维修,指正在或待修理的设备;

(2)备用,指处于完好状态、随时等待进行生产操作的设备;

(3)运行,指设备正处于使用状态;

(4)封存,指处于闲置状态的设备。

4.一般物料状态卡可以分为几种? 分别表示什么含义?

(1)待验黄色,其中印有"待验"字样。代表此物料未经检验不得发放使用。

(2)合格绿色,其中印有"合格"字样。代表此物料检验合格,可以流入下道工序,成品可发出的状态。

(3)不合格红色,其中印有"不合格"字样。代表此物料检验不合格,不可流入下道工序或出厂的状态。

项目五、认识药品生产企业的物料管理

填空题答案

1.(接收)、(成品生产)、(待验)

2.(有效期)、(复验期)、(复验)

3.(识别)、(名称)、(批号)

4.(预先批准)、(质量风险)、(预定的操作规程)、(记录)、(最早批次)、(生产日期)

5.(制剂产品)、(不合格的制剂中间产品)、(待包装产品)、(成品)

简答题答案

1.物料管理的关键是什么?

答:物料管理的关键在于:

(1)建立物料管理系统,使物料流向明晰,具有可追溯性。

(2)制定物料管理制度,使物料的验收,存放,使用,有章可循。

(3)加强仓储管理,确保物料质量。

2.质量管理部门要对供货单位进行质量审计,供货单位应具备的条件是什么?

答:供货单位应具备的条件是:

(1)有生产许可证;

(2)厂房设施与设备能力符合物料生产和质量要求;

(3)生产过程与质量保证体系完善;

(4)产品包装符合要求,质量稳定,信誉良好。经质管部门审计合格后,建立供货单位档案并由专人管理。

项目六、认识药品生产企业的生产管理

填空题答案

1.(生产)

2.(质量管理)

3.(有与即将生产的产品无关的物料)

4.(物料平衡计算)

5.(同一台总混设备一次混合)

6.（主管人员及质量管理部门）

7.（无潜在质量风险）

8.（乙醇、苯酚、甲酚皂、新洁尔灭等）

9.（产品名称）、（批号）、（生产工序）

10.（混淆）、（差错）、（污染或交叉污染）

简答题答案

1.请描述药品生产中批次管理的意义。

答："批"的含义：在规定限度内具有同一性质和质量，并在同一生产周期中生产出来的一定数量的药品。生产者按照此原则计划和组织生产、编制批号，并形成生产记录。确定批量是为了实现在规定限度内批质量的均匀性，强调的是批产品数量或批生产周期对批质量均匀性的影响。确定批号是为了实现批产品生产过程的可追溯性，强调的是批生产过程中可能影响批产品质量的各个环节的控制情况即生产过程对质量的影响。合理的批量是保证批质量均匀性的必要前提，在一定程度上反映了国家对药品质量控制的基本要求。合理编制的生产批号是实现批产品历史可追溯性的必要手段，在一定程度上反映出生产者的质量方针和质量控制水平。

2.请描述生产过程中物料平衡管理的意义。

答：物料平衡管理是防止工艺差错、物料混淆和低限投料的重要手段，能及时发现生产过程中潜在的异常情况或差错，判断每个生产工序是否正常。收率是一种反映生产工序物料利用率的关键经济技术指标。物料平衡是产品或物料实际产量及收集到的损耗量和理论产量或理论投料量之间的比较。生产过程中，可以比较实际收率（或物料平衡值）同理论值的差异，及时发现工序物料异常。

项目七、认识制药企业验证管理

填空题答案

1.（前验证）

2.（制定用户需求说明）

3.（工厂验收测试（FAT））、（现场验收测试（SAT））

4.（质量管理负责人）

5.（6）

简答题答案

1.验证是如何进行分类的？

答:前验证、同步验证、回顾性验证、再验证。

2.简述制药企业验证程序。

答:制药企业内部的验证一般步骤(或程序)为:提出验证要求、建立验证组织、提出验证项目、制定验证方案、验证方案的审批、组织实施、验证报告、验证报告的审批,发放验证证书、验证文件归档。

项目八、认识药品生产企业变更、偏差管理

填空题答案

1.(变更控制系统)

2.(报告)、(记录)、(调查)、(处理)、(纠正措施)、(记录)

3.(三个)

4.(微小变更)、(一般变更)、(重大变更)

5.(均已修改)

简答题答案

1.简述变更控制管理程序。

答:(1)变更申请;(2)变更分类、编号、登记;(3)变更质量风险评估;(4)变更的审核及批准;(5)变更的实施;(6)变更实施的追踪;(7)变更效果评估;(8)变更关闭。

2.偏差造成损失和风险?

答:(1)对病人的风险;(2)报废;(3)返工;(4)客户满意度下降;(5)法律风险。

项目九、认识药品生产企业质量控制实验室管理

填空题答案

1.(至药品有效期后一年)

2.(样品名称)、(批号)、(取样日期)、(取自哪一包装容器)、(取样人)

3.(检验方法应当经过验证或确认)

4.(建立检验结果超标调查的操作规程)。

5.(法定标准)、(企业标准)、(国家药典)、(行业标准)、(地方标准)

6.(性状)、(鉴别)、(检查)、(含量测定)

简答题答案

1.GMP 对实验室的一般要求有哪些?

答:GMP 对实验室的一般要求包括:质量控制实验室总体描述、取样与留样、物料及产品的检验、委托检验的管理、质量标准、试剂及试液的管理、标准品及对照品的管理、实验室设备和分析仪器的管理、实验室结果调查、原始数据的管理、制药用水、药品生产环境和人员及制药用气体的质量监测等内容。

2.什么是药品质量标准?药品质量标准可以分为哪几类?

答:药品质量标准是国家对药品质量及检验方法所作的技术规定,是药品生产、经营、使用、检验和监督管理部门共同遵循的法定依据。

药品质量标准分为法定标准和企业标准两种。法定标准又分为国家药典、行业标准和地方标准。药品生产一律以药典为准,未收入药典的药品以行业标准为准,未收入行业标准的以地方标准为准。无法定标准和达不到法定标准的药品不准生产、销售和使用。

项目十、认识药品生产企业风险管理

填空题答案

1.(前瞻或者回顾);

2.(风险识别)、(风险分析)、(风险评定);

3.(质量管理负责人);

4.(风险启动)、(风险评估)、(风险控制)、(风险沟通)、(风险审核和回顾);

5.(可能性及后果严重性)。

简答题答案

1.请罗列风险识别常用的工具。

答:流程图、头脑风暴、鱼骨图、失败模式和影响分析、故障树形图分析、危害分析和关键控制点等。

2.简述质量风险评估过程。

答:进行质量风险管理过程中,对用于支持风险决策的信息进行组织的过程:(1)风险辨识:分辨和识别产生质量风险的因素,可以通过一些信息的系统收集、参考和运用来获得。这些信息可能包括历史数据、理论分析、意见以及利益共享方的考虑。(2)风险分析、评价:对已经辨识的风险因素采用定性或定量的方法进行分析,评估风险发生的可能性和严重程度;根据分析结果,权衡利益、风险和资源,选择应对策略。

3.FMEA 工具中 RPN 计算方式及风险等级的判断标准是什么?

答:失效模式与影响分析(FMEA)由三个因素组成:风险的严重性(S)、风险发生的可能性(P)、风险的可测性(D)。风险的严重性(S):主要针对如果发生潜在的严重性,严重程度分若干个等级,用数字代替等级,等级越高数字越大。风险的可能性(P):测定风险发生的可能性,分为若干个等级,用数字代替等级,等级越高数字越大。风险的可测性(D):识别风险的能力或措施,分为若干个等级:用数字代替等级,等级越高数字越小。

风险级别评判标准:风险优先系数(RPN)计算公式,即 RPN=严重性(S)×可能性(P)×可测性(D)结果:系数越大、风险水平越高。根据 RPN 值的范围判定为:风险水平为高、中、低。

4.HACCP 工具地使用共有哪几步?

答:HACCP 共有 7 步,该工具的应用需基于对过程或产品有深刻的理解。①列出过程每一步的潜在危害,进行危害分析和控制;②确定主要控制点;③对主要控制点建立可接受限度;④对主要控制点建立监测系统;⑤确定出现偏差时的正确行动;⑥建立系统以确定 HACCP 被有效执行;⑦确定所建立的系统被持续维持。

5.经过 FMEA 评估后的高风险事项应如何处理?

答:经过 FMEA 评估后的高风险事项,应启动纠正措施,根据 RPN 的结果决定顺序,同时纠正措施的重点应放在等级高的、致命的和严重度高的项目,制定措施计划和采取措施。改进后的风险再评估改进措施实施一段时间后,进行回顾性分析,对各改进失效模式的严重度 S、频度 O、探测度 D 等指标再评估,计算 RPN值,评价各潜在失效模式的风险是否降低到可以接受的水平;若不是,将继续进行相应的改进措施。

项目十一、认识药品生产企业其他质量保证措施

填空题答案

1.(回顾)

2.(药品监督管理局)、(药品不良反应监测中心)

3.(主动召回)、(责令召回)

4.(上市销售)、(安全隐患)

5.(内部审计)、(缺陷)、(改进)

简答题答案:

1.产品质量回顾的目的是什么?

答:药品生产企业开展产品质量回顾的目的,是通过每年定期对药品生产企业

生产的所有药品按品种进行分类后,开展产品质量汇总和回顾分析,以确认其工艺和流程稳定可靠程度,以及原辅料、成品现行质量标准的适用性,及时发现出现的不良趋势,从而确定出对产品及工艺、控制过程进行改进的必要性和改进的方法。

2.药品不良反应的含义是什么?

答:药品不良反应是指合格药品在正常用法用量下出现的与用药目的无关的或意外的有害反应,包括药物的副作用、毒副作用、继发反应、撤药反应、后遗反应、药物依赖、过敏反应、特异质反应、致癌作用、致畸作用、致突变作用等类型。

3.产品质量回顾职责分配和流程是什么?

答:(1)质量保证部门(QA)负责产品质量回顾规程的起草、修订、审核、培训,组织实施质量回顾,并对质量回顾的执行情况进行监督。

(2)QA 负责制定产品质量回顾计划,建立产品质量回顾计划,并指定任务责任人。

(3)各相关部门指定负责人协助提供本部门质量回顾相关信息或文件,包括生产、检验、变更、验证、上市申请等,并保证其数据的真实性,必要时需要对本部门提供数据进行趋势分析。

(4)QA 负责整理收集的信息,对数据(事件)进行趋势分析,异常数据(事件)分析,必要时组织相关部门进行进一步讨论,制定改进和预防行动质量管理体系计划,包括每个措施的责任人,计划完成日期,并做出质量回顾报告结论,起草质量回顾报告。

(5)质量部门负责人组织包括生产、质量控制、质量保证、工程等各部门负责人对产品质量回顾总结报告进行审核,并确认结论的真实性和有效性,必要时进行讨论。

(6)QA 将批准的产品质量回顾总结报告的复印件分发至各相关部门。

(7)各相关部门按产品质量回顾报告中制定的改进和预防性措施或其他再验证措施及完成时间,按时有效地完成。

(8)QA 负责跟踪措施的执行情况,并将其执行情况汇总在下次产品质量回顾报告中。必要时,将整改措施的执行情况向相关部门负责人进行定期通报。在公司每年的内审中,应该对之前的产品质量回顾的完成情况进行检查。

4.药品召回的含义是什么?

答:药品召回,是指药品上市可持有人(以下称持有人)按照规定的程序收回已上市的存在质量问题或者其他安全隐患药品,并采取相应措施,及时控制风险、消除隐患的活动。

模块三、体外诊断试剂生产企业质量管理

项目一、认识体外诊断试剂生产企业相关法规规定

填空题答案

1.(备案)、(注册)

2.(污染性)、(传染性)、(生物活性)、(生物体)

3.(二级及以上)、(过滤处理)、(阳性血清)

4.(验收)、(储存)、(保管)、(使用)

5.(原始)、(主代)、(工作)、(抗原)、(抗体)、(追溯)

简答题答案

1.体外诊断试剂的含义是什么?

答:体外诊断试剂,是指按医疗器械管理的体外诊断试剂,包括在疾病的预测、预防、诊断、治疗监测、预后观察和健康状态评价的过程中,用于人体样本体外检测的试剂、试剂盒、校准品、质控品等产品,可以单独使用,也可以与仪器、器具、设备或者系统组合使用。

2.体外诊断试剂命名有什么原则?

答:体外诊断试剂的命名应当遵循以下原则:

(1)体外诊断试剂的产品名称一般由三部分组成。第一部分:被测物质的名称;第二部分:用途,如测定试剂盒、质控品等;第三部分:方法或者原理,如磁微粒化学发光免疫分析法、荧光 PCR 法、荧光原位杂交法等,本部分应当在括号中列出。

(2)如果被测物组分较多或者有其他特殊情况,可以采用与产品相关的适应证名称或者其他替代名称。

(3)第一类产品和校准品、质控品,依据其预期用途进行命名。

3.对生产环境没有空气净化要求的体外诊断试剂,应当在清洁环境内进行生产。清洁条件的基本要求是什么?

答:对生产环境没有空气净化要求的体外诊断试剂,应当在清洁环境内进行生产。清洁条件的基本要求是:要有防尘、通风、防止昆虫或其他动物以及异物混入等措施;人流、物流分开,人员进入生产车间前应当有换鞋、更衣、佩戴口罩和帽子、洗手、手消毒等清洁措施;生产场地的地面应当便于清洁,墙、顶部应平整、光滑,无颗粒物脱落;操作台应当光滑、平整、无缝隙、耐腐蚀,便于清洗、消毒;应当对生产区域进行定期清洁、清洗和消毒;应当根据生产要求对生产车间的温湿度进行控制。

附录3 《药品生产质量管理规范》
（2010年修订）

药品生产质量管理规范（2010年修订）（2011年1月17日卫生部令第79号公布自2011年3月1日起施行）

第一章 总 则

第一条 为规范药品生产质量管理，根据《中华人民共和国药品管理法》、《中华人民共和国药品管理法实施条例》，制定本规范。

第二条 企业应当建立药品质量管理体系。该体系应当涵盖影响药品质量的所有因素，包括确保药品质量符合预定用途的有组织、有计划的全部活动。

第三条 本规范作为质量管理体系的一部分，是药品生产管理和质量控制的基本要求，旨在最大限度地降低药品生产过程中污染、交叉污染以及混淆、差错等风险，确保持续稳定地生产出符合预定用途和注册要求的药品。

第四条 企业应当严格执行本规范，坚持诚实守信，禁止任何虚假、欺骗行为。

第二章 质量管理

第一节 原 则

第五条 企业应当建立符合药品质量管理要求的质量目标，将药品注册的有关安全、有效和质量可控的所有要求，系统地贯彻到药品生产、控制及产品放行、贮存、发运的全过程中，确保所生产的药品符合预定用途和注册要求。

第六条 企业高层管理人员应当确保实现既定的质量目标，不同层次的人员以及供应商、经销商应当共同参与并承担各自的责任。

第七条 企业应当配备足够的、符合要求的人员、厂房、设施和设备，为实现质量目标提供必要的条件。

第二节 质量保证

第八条 质量保证是质量管理体系的一部分。企业必须建立质量保证系统，同时建立完整的文件体系，以保证系统有效运行。

第九条　质量保证系统应当确保:

(一)药品的设计与研发体现本规范的要求;

(二)生产管理和质量控制活动符合本规范的要求;

(三)管理职责明确;

(四)采购和使用的原辅料和包装材料正确无误;

(五)中间产品得到有效控制;

(六)确认、验证的实施;

(七)严格按照规程进行生产、检查、检验和复核;

(八)每批产品经质量受权人批准后方可放行;

(九)在贮存、发运和随后的各种操作过程中有保证药品质量的适当措施;

(十)按照自检操作规程,定期检查评估质量保证系统的有效性和适用性。

第十条　药品生产质量管理的基本要求:

(一)制定生产工艺,系统地回顾并证明其可持续稳定地生产出符合要求的产品;

(二)生产工艺及其重大变更均经过验证;

(三)配备所需的资源,至少包括:

1.具有适当的资质并经培训合格的人员;

2.足够的厂房和空间;

3.适用的设备和维修保障;

4.正确的原辅料、包装材料和标签;

5.经批准的工艺规程和操作规程;

6.适当的贮运条件。

(四)应当使用准确、易懂的语言制定操作规程;

(五)操作人员经过培训,能够按照操作规程正确操作;

(六)生产全过程应当有记录,偏差均经过调查并记录;

(七)批记录和发运记录应当能够追溯批产品的完整历史,并妥善保存、便于查阅;

(八)降低药品发运过程中的质量风险;

(九)建立药品召回系统,确保能够召回任何一批已发运销售的产品;

(十)调查导致药品投诉和质量缺陷的原因,并采取措施,防止类似质量缺陷再次发生。

第三节　质量控制

第十一条　质量控制包括相应的组织机构、文件系统以及取样、检验等,确保物料或产品在放行前完成必要的检验,确认其质量符合要求。

第十二条　质量控制的基本要求:

（一）应当配备适当的设施、设备、仪器和经过培训的人员,有效、可靠地完成所有质量控制的相关活动;

（二）应当有批准的操作规程,用于原辅料、包装材料、中间产品、待包装产品和成品的取样、检查、检验以及产品的稳定性考察,必要时进行环境监测,以确保符合本规范的要求;

（三）由经授权的人员按照规定的方法对原辅料、包装材料、中间产品、待包装产品和成品取样;

（四）检验方法应当经过验证或确认;

（五）取样、检查、检验应当有记录,偏差应当经过调查并记录;

（六）物料、中间产品、待包装产品和成品必须按照质量标准进行检查和检验,并有记录;

（七）物料和最终包装的成品应当有足够的留样,以备必要的检查或检验;除最终包装容器过大的成品外,成品的留样包装应当与最终包装相同。

第四节　质量风险管理

第十三条　质量风险管理是在整个产品生命周期中采用前瞻或回顾的方式,对质量风险进行评估、控制、沟通、审核的系统过程。

第十四条　应当根据科学知识及经验对质量风险进行评估,以保证产品质量。

第十五条　质量风险管理过程所采用的方法、措施、形式及形成的文件应当与存在风险的级别相适应。

第三章　机构与人员

第一节　原　则

第十六条　企业应当建立与药品生产相适应的管理机构,并有组织机构图。

企业应当设立独立的质量管理部门,履行质量保证和质量控制的职责。质量管理部门可以分别设立质量保证部门和质量控制部门。

第十七条　质量管理部门应当参与所有与质量有关的活动,负责审核所有与本规范有关的文件。质量管理部门人员不得将职责委托给其他部门的人员。

第十八条　企业应当配备足够数量并具有适当资质(含学历、培训和实践经验)的管理和操作人员,应当明确规定每个部门和每个岗位的职责。岗位职责不得遗漏,交叉的职责应当有明确规定。每个人所承担的职责不应当过多。

所有人员应当明确并理解自己的职责,熟悉与其职责相关的要求,并接受必要的培训,包括上岗前培训和继续培训。

第十九条　职责通常不得委托给他人。确需委托的,其职责可委托给具有相当资质的指定人员。

第二节　关键人员

第二十条　关键人员应当为企业的全职人员,至少应当包括企业负责人、生产管理负责人、质量管理负责人和质量受权人。

质量管理负责人和生产管理负责人不得互相兼任。质量管理负责人和质量受权人可以兼任。应当制定操作规程确保质量受权人独立履行职责,不受企业负责人和其他人员的干扰。

第二十一条　企业负责人

企业负责人是药品质量的主要责任人,全面负责企业日常管理。为确保企业实现质量目标并按照本规范要求生产药品,企业负责人应当负责提供必要的资源,合理计划、组织和协调,保证质量管理部门独立履行其职责。

第二十二条　生产管理负责人

(一)资质:

生产管理负责人应当至少具有药学或相关专业本科学历(或中级专业技术职称或执业药师资格),具有至少三年从事药品生产和质量管理的实践经验,其中至少有一年的药品生产管理经验,接受过与所生产产品相关的专业知识培训。

(二)主要职责:

1.确保药品按照批准的工艺规程生产、贮存,以保证药品质量;

2.确保严格执行与生产操作相关的各种操作规程;

3.确保批生产记录和批包装记录经过指定人员审核并送交质量管理部门;

4.确保厂房和设备的维护保养,以保持其良好的运行状态;

5.确保完成各种必要的验证工作;

6.确保生产相关人员经过必要的上岗前培训和继续培训,并根据实际需要调整培训内容。

第二十三条　质量管理负责人

(一)资质:

质量管理负责人应当至少具有药学或相关专业本科学历(或中级专业技术职称或执业药师资格),具有至少五年从事药品生产和质量管理的实践经验,其中至少一年的药品质量管理经验,接受过与所生产产品相关的专业知识培训。

(二)主要职责:

1.确保原辅料、包装材料、中间产品、待包装产品和成品符合经注册批准的要求和质量标准;

2.确保在产品放行前完成对批记录的审核;

3.确保完成所有必要的检验;

4.批准质量标准、取样方法、检验方法和其他质量管理的操作规程;

5.审核和批准所有与质量有关的变更;

6.确保所有重大偏差和检验结果超标已经过调查并得到及时处理；

7.批准并监督委托检验；

8.监督厂房和设备的维护，以保持其良好的运行状态；

9.确保完成各种必要的确认或验证工作，审核和批准确认或验证方案和报告；

10.确保完成自检；

11.评估和批准物料供应商；

12.确保所有与产品质量有关的投诉已经过调查，并得到及时、正确的处理；

13.确保完成产品的持续稳定性考察计划，提供稳定性考察的数据；

14.确保完成产品质量回顾分析；

15.确保质量控制和质量保证人员都已经过必要的上岗前培训和继续培训，并根据实际需要调整培训内容。

第二十四条　生产管理负责人和质量管理负责人通常有下列共同的职责：

（一）审核和批准产品的工艺规程、操作规程等文件；

（二）监督厂区卫生状况；

（三）确保关键设备经过确认；

（四）确保完成生产工艺验证；

（五）确保企业所有相关人员都已经过必要的上岗前培训和继续培训，并根据实际需要调整培训内容；

（六）批准并监督委托生产；

（七）确定和监控物料和产品的贮存条件；

（八）保存记录；

（九）监督本规范执行状况；

（十）监控影响产品质量的因素。

第二十五条　质量受权人

（一）资质：

质量受权人应当至少具有药学或相关专业本科学历（或中级专业技术职称或执业药师资格），具有至少五年从事药品生产和质量管理的实践经验，从事过药品生产过程控制和质量检验工作。

质量受权人应当具有必要的专业理论知识，并经过与产品放行有关的培训，方能独立履行其职责。

（二）主要职责：

1.参与企业质量体系建立、内部自检、外部质量审计、验证以及药品不良反应报告、产品召回等质量管理活动；

2.承担产品放行的职责，确保每批已放行产品的生产、检验均符合相关法规、药品注册要求和质量标准；

3.在产品放行前，质量受权人必须按照上述第2项的要求出具产品放行审核记录,并纳入批记录。

第三节　培　训

第二十六条　企业应当指定部门或专人负责培训管理工作,应当有经生产管理负责人或质量管理负责人审核或批准的培训方案或计划,培训记录应当予以保存。

第二十七条　与药品生产、质量有关的所有人员都应当经过培训,培训的内容应当与岗位的要求相适应。除进行本规范理论和实践的培训外,还应当有相关法规、相应岗位的职责、技能的培训,并定期评估培训的实际效果。

第二十八条　高风险操作区(如:高活性、高毒性、传染性、高致敏性物料的生产区)的工作人员应当接受专门的培训。

第四节　人员卫生

第二十九条　所有人员都应当接受卫生要求的培训,企业应当建立人员卫生操作规程,最大限度地降低人员对药品生产造成污染的风险。

第三十条　人员卫生操作规程应当包括与健康、卫生习惯及人员着装相关的内容。生产区和质量控制区的人员应当正确理解相关的人员卫生操作规程。企业应当采取措施确保人员卫生操作规程的执行。

第三十一条　企业应当对人员健康进行管理,并建立健康档案。直接接触药品的生产人员上岗前应当接受健康检查,以后每年至少进行一次健康检查。

第三十二条　企业应当采取适当措施,避免体表有伤口、患有传染病或其他可能污染药品疾病的人员从事直接接触药品的生产。

第三十三条　参观人员和未经培训的人员不得进入生产区和质量控制区,特殊情况确需进入的,应当事先对个人卫生、更衣等事项进行指导。

第三十四条　任何进入生产区的人员均应当按照规定更衣。工作服的选材、式样及穿戴方式应当与所从事的工作和空气洁净度级别要求相适应。

第三十五条　进入洁净生产区的人员不得化妆和佩戴饰物。

第三十六条　生产区、仓储区应当禁止吸烟和饮食,禁止存放食品、饮料、香烟和个人用药品等非生产用物品。

第三十七条　操作人员应当避免裸手直接接触药品、与药品直接接触的包装材料和设备表面。

第四章　厂房与设施

第一节　原　则

第三十八条　厂房的选址、设计、布局、建造、改造和维护必须符合药品生产要求,应当能够最大限度地避免污染、交叉污染、混淆和差错,便于清洁、操作和维护。

第三十九条　应当根据厂房及生产防护措施综合考虑选址,厂房所处的环境应当能够最大限度地降低物料或产品遭受污染的风险。

第四十条　企业应当有整洁的生产环境;厂区的地面、路面及运输等不应当对药品的生产造成污染;生产、行政、生活和辅助区的总体布局应当合理,不得互相妨碍;厂区和厂房内的人、物流走向应当合理。

第四十一条　应当对厂房进行适当维护,并确保维修活动不影响药品的质量。应当按照详细的书面操作规程对厂房进行清洁或必要的消毒。

第四十二条　厂房应当有适当的照明、温度、湿度和通风,确保生产和贮存的产品质量以及相关设备性能不会直接或间接地受到影响。

第四十三条　厂房、设施的设计和安装应当能够有效防止昆虫或其他动物进入。应当采取必要的措施,避免所使用的灭鼠药、杀虫剂、烟熏剂等对设备、物料、产品造成污染。

第四十四条　应当采取适当措施,防止未经批准人员的进入。生产、贮存和质量控制区不应当作为非本区工作人员的直接通道。

第四十五条　应当保存厂房、公用设施、固定管道建造或改造后的竣工图纸。

第二节　生产区

第四十六条　为降低污染和交叉污染的风险,厂房、生产设施和设备应当根据所生产药品的特性、工艺流程及相应洁净度级别要求合理设计、布局和使用,并符合下列要求:

(一)应当综合考虑药品的特性、工艺和预定用途等因素,确定厂房、生产设施和设备多产品共用的可行性,并有相应评估报告;

(二)生产特殊性质的药品,如高致敏性药品(如青霉素类)或生物制品(如卡介苗或其他用活性微生物制备而成的药品),必须采用专用和独立的厂房、生产设施和设备。青霉素类药品产尘量大的操作区域应当保持相对负压,排至室外的废气应当经过净化处理并符合要求,排风口应当远离其他空气净化系统的进风口;

(三)生产 β-内酰胺结构类药品、性激素类避孕药品必须使用专用设施(如独立的空气净化系统)和设备,并与其他药品生产区严格分开;

(四)生产某些激素类、细胞毒性类、高活性化学药品应当使用专用设施(如独立的空气净化系统)和设备;特殊情况下,如采取特别防护措施并经过必要的验证,上述药品制剂则可通过阶段性生产方式共用同一生产设施和设备;

(五)用于上述第(二)、(三)、(四)项的空气净化系统,其排风应当经过净化处理;

(六)药品生产厂房不得用于生产对药品质量有不利影响的非药用产品。

第四十七条　生产区和贮存区应当有足够的空间,确保有序地存放设备、物料、中间产品、待包装产品和成品，避免不同产品或物料的混淆、交叉污染，避免生产或质量控制操作发生遗漏或差错。

　　第四十八条　应当根据药品品种、生产操作要求及外部环境状况等配置空调净化系统，使生产区有效通风，并有温度、湿度控制和空气净化过滤，保证药品的生产环境符合要求。

　　洁净区与非洁净区之间、不同级别洁净区之间的压差应当不低于 10 帕斯卡。必要时，相同洁净度级别的不同功能区域（操作间）之间也应当保持适当的压差梯度。

　　口服液体和固体制剂、腔道用药（含直肠用药）、表皮外用药品等非无菌制剂生产的暴露工序区域及其直接接触药品的包装材料最终处理的暴露工序区域，应当参照"无菌药品"附录中 D 级洁净区的要求设置，企业可根据产品的标准和特性对该区域采取适当的微生物监控措施。

　　第四十九条　洁净区的内表面（墙壁、地面、天棚）应当平整光滑、无裂缝、接口严密、无颗粒物脱落，避免积尘，便于有效清洁，必要时应当进行消毒。

　　第五十条　各种管道、照明设施、风口和其他公用设施的设计和安装应当避免出现不易清洁的部位，应当尽可能在生产区外部对其进行维护。

　　第五十一条　排水设施应当大小适宜，并安装防止倒灌的装置。应当尽可能避免明沟排水；不可避免时，明沟宜浅，以方便清洁和消毒。

　　第五十二条　制剂的原辅料称量通常应当在专门设计的称量室内进行。

　　第五十三条　产尘操作间（如干燥物料或产品的取样、称量、混合、包装等操作间）应当保持相对负压或采取专门的措施，防止粉尘扩散、避免交叉污染并便于清洁。

　　第五十四条　用于药品包装的厂房或区域应当合理设计和布局，以避免混淆或交叉污染。如同一区域内有数条包装线，应当有隔离措施。

　　第五十五条　生产区应当有适度的照明，目视操作区域的照明应当满足操作要求。

　　第五十六条　生产区内可设中间控制区域，但中间控制操作不得给药品带来质量风险。

第三节　仓储区

　　第五十七条　仓储区应当有足够的空间，确保有序存放待验、合格、不合格、退货或召回的原辅料、包装材料、中间产品、待包装产品和成品等各类物料和产品。

　　第五十八条　仓储区的设计和建造应当确保良好的仓储条件，并有通风和照明设施。仓储区应当能够满足物料或产品的贮存条件（如温湿度、避光）和安全贮存的要求，并进行检查和监控。

　　第五十九条　高活性的物料或产品以及印刷包装材料应当贮存于安全的

区域。

第六十条 接收、发放和发运区域应当能够保护物料、产品免受外界天气（如雨、雪）的影响。接收区的布局和设施应当能够确保到货物料在进入仓储区前可对外包装进行必要的清洁。

第六十一条 如采用单独的隔离区域贮存待验物料，待验区应当有醒目的标识，且只限于经批准的人员出入。

不合格、退货或召回的物料或产品应当隔离存放。

如果采用其他方法替代物理隔离，则该方法应当具有同等的安全性。

第六十二条 通常应当有单独的物料取样区。取样区的空气洁净度级别应当与生产要求一致。如在其他区域或采用其他方式取样，应当能够防止污染或交叉污染。

第四节 质量控制区

第六十三条 质量控制实验室通常应当与生产区分开。生物检定、微生物和放射性同位素的实验室还应当彼此分开。

第六十四条 实验室的设计应当确保其适用于预定的用途，并能够避免混淆和交叉污染，应当有足够的区域用于样品处置、留样和稳定性考察样品的存放以及记录的保存。

第六十五条 必要时，应当设置专门的仪器室，使灵敏度高的仪器免受静电、震动、潮湿或其他外界因素的干扰。

第六十六条 处理生物样品或放射性样品等特殊物品的实验室应当符合国家的有关要求。

第六十七条 实验动物房应当与其他区域严格分开，其设计、建造应当符合国家有关规定，并设有独立的空气处理设施以及动物的专用通道。

第五节 辅助区

第六十八条 休息室的设置不应当对生产区、仓储区和质量控制区造成不良影响。

第六十九条 更衣室和盥洗室应当方便人员进出，并与使用人数相适应。盥洗室不得与生产区和仓储区直接相通。

第七十条 维修间应当尽可能远离生产区。存放在洁净区内的维修用备件和工具，应当放置在专门的房间或工具柜中。

第五章 设 备

第一节 原 则

第七十一条 设备的设计、选型、安装、改造和维护必须符合预定用途，应当尽可能降低产生污染、交叉污染、混淆和差错的风险,便于操作、清洁、维护,以及必要时进行的消毒或灭菌。

第七十二条 应当建立设备使用、清洁、维护和维修的操作规程,并保存相应的操作记录。

第七十三条 应当建立并保存设备采购、安装、确认的文件和记录。

第二节 设计和安装

第七十四条 生产设备不得对药品质量产生任何不利影响。与药品直接接触的生产设备表面应当平整、光洁、易清洗或消毒、耐腐蚀,不得与药品发生化学反应、吸附药品或向药品中释放物质。

第七十五条 应当配备有适当量程和精度的衡器、量具、仪器和仪表。

第七十六条 应当选择适当的清洗、清洁设备,并防止这类设备成为污染源。

第七十七条 设备所用的润滑剂、冷却剂等不得对药品或容器造成污染,应当尽可能使用食用级或级别相当的润滑剂。

第七十八条 生产用模具的采购、验收、保管、维护、发放及报废应当制定相应操作规程,设专人专柜保管,并有相应记录。

第三节 维护和维修

第七十九条 设备的维护和维修不得影响产品质量。

第八十条 应当制定设备的预防性维护计划和操作规程,设备的维护和维修应当有相应的记录。

第八十一条 经改造或重大维修的设备应当进行再确认,符合要求后方可用于生产。

第四节 使用和清洁

第八十二条 主要生产和检验设备都应当有明确的操作规程。

第八十三条 生产设备应当在确认的参数范围内使用。

第八十四条 应当按照详细规定的操作规程清洁生产设备。

生产设备清洁的操作规程应当规定具体而完整的清洁方法、清洁用设备或工具、清洁剂的名称和配制方法、去除前一批次标识的方法、保护已清洁设备在使用前免受污染的方法、已清洁设备最长的保存时限、使用前检查设备清洁状况的方法,使操作者能以可重现的、有效的方式对各类设备进行清洁。

如需拆装设备,还应当规定设备拆装的顺序和方法;如需对设备消毒或灭菌,还应当规定消毒或灭菌的具体方法、消毒剂的名称和配制方法。必要时,还应当规定设备生产结束至清洁前所允许的最长间隔时限。

第八十五条 已清洁的生产设备应当在清洁、干燥的条件下存放。

第八十六条　用于药品生产或检验的设备和仪器,应当有使用日志,记录内容包括使用、清洁、维护和维修情况以及日期、时间、所生产及检验的药品名称、规格和批号等。

第八十七条　生产设备应当有明显的状态标识,标明设备编号和内容物(如名称、规格、批号);没有内容物的应当标明清洁状态。

第八十八条　不合格的设备如有可能应当搬出生产和质量控制区,未搬出前,应当有醒目的状态标识。

第八十九条　主要固定管道应当标明内容物名称和流向。

第五节　校　准

第九十条　应当按照操作规程和校准计划定期对生产和检验用衡器、量具、仪表、记录和控制设备以及仪器进行校准和检查,并保存相关记录。校准的量程范围应当涵盖实际生产和检验的使用范围。

第九十一条　应当确保生产和检验使用的关键衡器、量具、仪表、记录和控制设备以及仪器经过校准,所得出的数据准确、可靠。

第九十二条　应当使用计量标准器具进行校准,且所用计量标准器具应当符合国家有关规定。校准记录应当标明所用计量标准器具的名称、编号、校准有效期和计量合格证明编号,确保记录的可追溯性。

第九十三条　衡器、量具、仪表、用于记录和控制的设备以及仪器应当有明显的标识,标明其校准有效期。

第九十四条　不得使用未经校准、超过校准有效期、失准的衡器、量具、仪表以及用于记录和控制的设备、仪器。

第九十五条　在生产、包装、仓储过程中使用自动或电子设备的,应当按照操作规程定期进行校准和检查,确保其操作功能正常。校准和检查应当有相应的记录。

第六节　制药用水

第九十六条　制药用水应当适合其用途,并符合《中华人民共和国药典》的质量标准及相关要求。制药用水至少应当采用饮用水。

第九十七条　水处理设备及其输送系统的设计、安装、运行和维护应当确保制药用水达到设定的质量标准。水处理设备的运行不得超出其设计能力。

第九十八条　纯化水、注射用水储罐和输送管道所用材料应当无毒、耐腐蚀;储罐的通气口应当安装不脱落纤维的疏水性除菌滤器;管道的设计和安装应当避免死角、盲管。

第九十九条　纯化水、注射用水的制备、贮存和分配应当能够防止微生物的滋生。纯化水可采用循环,注射用水可采用70℃以上保温循环。

第一百条　应当对制药用水及原水的水质进行定期监测，并有相应的记录。

第一百零一条　应当按照操作规程对纯化水、注射用水管道进行清洗消毒，并有相关记录。发现制药用水微生物污染达到警戒限度、纠偏限度时应当按照操作规程处理。

第六章　物料与产品

第一节　原　则

第一百零二条　药品生产所用的原辅料、与药品直接接触的包装材料应当符合相应的质量标准。药品上直接印字所用油墨应当符合食用标准要求。

进口原辅料应当符合国家相关的进口管理规定。

第一百零三条　应当建立物料和产品的操作规程，确保物料和产品的正确接收、贮存、发放、使用和发运，防止污染、交叉污染、混淆和差错。

物料和产品的处理应当按照操作规程或工艺规程执行，并有记录。

第一百零四条　物料供应商的确定及变更应当进行质量评估，并经质量管理部门批准后方可采购。

第一百零五条　物料和产品的运输应当能够满足其保证质量的要求，对运输有特殊要求的，其运输条件应当予以确认。

第一百零六条　原辅料、与药品直接接触的包装材料和印刷包装材料的接收应当有操作规程，所有到货物料均应当检查，以确保与订单一致，并确认供应商已经质量管理部门批准。

物料的外包装应当有标签，并注明规定的信息。必要时，还应当进行清洁，发现外包装损坏或其他可能影响物料质量的问题，应当向质量管理部门报告并进行调查和记录。

每次接收均应当有记录，内容包括：

（一）交货单和包装容器上所注物料的名称；

（二）企业内部所用物料名称和（或）代码；

（三）接收日期；

（四）供应商和生产商（如不同）的名称；

（五）供应商和生产商（如不同）标识的批号；

（六）接收总量和包装容器数量；

（七）接收后企业指定的批号或流水号；

（八）有关说明（如包装状况）。

第一百零七条　物料接收和成品生产后应当及时按照待验管理，直至放行。

第一百零八条　物料和产品应当根据其性质有序分批贮存和周转，发放及发运应当符合先进先出和近效期先出的原则。

第一百零九条 使用计算机化仓储管理的,应当有相应的操作规程,防止因系统故障、停机等特殊情况而造成物料和产品的混淆和差错。

使用完全计算机化仓储管理系统进行识别的,物料、产品等相关信息可不必以书面可读的方式标出。

第二节 原辅料

第一百一十条 应当制定相应的操作规程,采取核对或检验等适当措施,确认每一包装内的原辅料正确无误。

第一百一十一条 一次接收数个批次的物料,应当按批取样、检验、放行。

第一百一十二条 仓储区内的原辅料应当有适当的标识,并至少标明下述内容:

(一)指定的物料名称和企业内部的物料代码;

(二)企业接收时设定的批号;

(三)物料质量状态(如待验、合格、不合格、已取样);

(四)有效期或复验期。

第一百一十三条 只有经质量管理部门批准放行并在有效期或复验期内的原辅料方可使用。

第一百一十四条 原辅料应当按照有效期或复验期贮存。贮存期内,如发现对质量有不良影响的特殊情况,应当进行复验。

第一百一十五条 应当由指定人员按照操作规程进行配料,核对物料后,精确称量或计量,并作好标识。

第一百一十六条 配制的每一物料及其重量或体积应当由他人独立进行复核,并有复核记录。

第一百一十七条 用于同一批药品生产的所有配料应当集中存放,并作好标识。

第三节 中间产品和待包装产品

第一百一十八条 中间产品和待包装产品应当在适当的条件下贮存。

第一百一十九条 中间产品和待包装产品应当有明确的标识,并至少标明下述内容:

(一)产品名称和企业内部的产品代码;

(二)产品批号;

(三)数量或重量(如毛重、净重等);

(四)生产工序(必要时);

(五)产品质量状态(必要时,如待验、合格、不合格、已取样)。

第四节　包装材料

第一百二十条　与药品直接接触的包装材料和印刷包装材料的管理和控制要求与原辅料相同。

第一百二十一条　包装材料应当由专人按照操作规程发放,并采取措施避免混淆和差错,确保用于药品生产的包装材料正确无误。

第一百二十二条　应当建立印刷包装材料设计、审核、批准的操作规程,确保印刷包装材料印制的内容与药品监督管理部门核准的一致,并建立专门的文档,保存经签名批准的印刷包装材料原版实样。

第一百二十三条　印刷包装材料的版本变更时,应当采取措施,确保产品所用印刷包装材料的版本正确无误。宜收回作废的旧版印刷模版并予以销毁。

第一百二十四条　印刷包装材料应当设置专门区域妥善存放,未经批准人员不得进入。切割式标签或其他散装印刷包装材料应当分别置于密闭容器内储运,以防混淆。

第一百二十五条　印刷包装材料应当由专人保管,并按照操作规程和需求量发放。

第一百二十六条　每批或每次发放的与药品直接接触的包装材料或印刷包装材料,均应当有识别标志,标明所用产品的名称和批号。

第一百二十七条　过期或废弃的印刷包装材料应当予以销毁并记录。

第五节　成　品

第一百二十八条　成品放行前应当待验贮存。

第一百二十九条　成品的贮存条件应当符合药品注册批准的要求。

第六节　特殊管理的物料和产品

第一百三十条　麻醉药品、精神药品、医疗用毒性药品(包括药材)、放射性药品、药品类易制毒化学品及易燃、易爆和其他危险品的验收、贮存、管理应当执行国家有关的规定。

第七节　其　他

第一百三十一条　不合格的物料、中间产品、待包装产品和成品的每个包装容器上均应当有清晰醒目的标志,并在隔离区内妥善保存。

第一百三十二条　不合格的物料、中间产品、待包装产品和成品的处理应当经质量管理负责人批准,并有记录。

第一百三十三条　产品回收需经预先批准,并对相关的质量风险进行充分评估,根据评估结论决定是否回收。回收应当按照预定的操作规程进行,并有相应记录。回收处理后的产品应当按照回收处理中最早批次产品的生产日期确定有效期。

第一百三十四条　制剂产品不得进行重新加工。不合格的制剂中间产品、待包装产品和成品一般不得进行返工。只有不影响产品质量、符合相应质量标准,且根据预定、经批准的操作规程以及对相关风险充分评估后,才允许返工处理。返工应当有相应记录。

第一百三十五条　对返工或重新加工或回收合并后生产的成品,质量管理部门应当考虑需要进行额外相关项目的检验和稳定性考察。

第一百三十六条　企业应当建立药品退货的操作规程,并有相应的记录,内容至少应当包括:产品名称、批号、规格、数量、退货单位及地址、退货原因及日期、最终处理意见。

同一产品同一批号不同渠道的退货应当分别记录、存放和处理。

第一百三十七条　只有经检查、检验和调查,有证据证明退货质量未受影响,且经质量管理部门根据操作规程评价后,方可考虑将退货重新包装、重新发运销售。评价考虑的因素至少应当包括药品的性质、所需的贮存条件、药品的现状、历史,以及发运与退货之间的间隔时间等因素。不符合贮存和运输要求的退货,应当在质量管理部门监督下予以销毁。对退货质量存有怀疑时,不得重新发运。

对退货进行回收处理的,回收后的产品应当符合预定的质量标准和第一百三十三条的要求。

退货处理的过程和结果应当有相应记录。

第七章　确认与验证

第一百三十八条　企业应当确定需要进行的确认或验证工作,以证明有关操作的关键要素能够得到有效控制。确认或验证的范围和程度应当经过风险评估来确定。

第一百三十九条　企业的厂房、设施、设备和检验仪器应当经过确认,应当采用经过验证的生产工艺、操作规程和检验方法进行生产、操作和检验,并保持持续的验证状态。

第一百四十条　应当建立确认与验证的文件和记录,并能以文件和记录证明达到以下预定的目标:

(一)设计确认应当证明厂房、设施、设备的设计符合预定用途和本规范要求;

(二)安装确认应当证明厂房、设施、设备的建造和安装符合设计标准;

(三)运行确认应当证明厂房、设施、设备的运行符合设计标准;

(四)性能确认应当证明厂房、设施、设备在正常操作方法和工艺条件下能够持续符合标准;

(五)工艺验证应当证明一个生产工艺按照规定的工艺参数能够持续生产出符

合预定用途和注册要求的产品。

第一百四十一条 采用新的生产处方或生产工艺前,应当验证其常规生产的适用性。生产工艺在使用规定的原辅料和设备条件下,应当能够始终生产出符合预定用途和注册要求的产品。

第一百四十二条 当影响产品质量的主要因素,如原辅料、与药品直接接触的包装材料、生产设备、生产环境(或厂房)、生产工艺、检验方法等发生变更时,应当进行确认或验证。必要时,还应当经药品监督管理部门批准。

第一百四十三条 清洁方法应当经过验证,证实其清洁的效果,以有效防止污染和交叉污染。清洁验证应当综合考虑设备使用情况、所使用的清洁剂和消毒剂、取样方法和位置以及相应的取样回收率、残留物的性质和限度、残留物检验方法的灵敏度等因素。

第一百四十四条 确认和验证不是一次性的行为。首次确认或验证后,应当根据产品质量回顾分析情况进行再确认或再验证。关键的生产工艺和操作规程应当定期进行再验证,确保其能够达到预期结果。

第一百四十五条 企业应当制定验证总计划,以文件形式说明确认与验证工作的关键信息。

第一百四十六条 验证总计划或其他相关文件中应当作出规定,确保厂房、设施、设备、检验仪器、生产工艺、操作规程和检验方法等能够保持持续稳定。

第一百四十七条 应当根据确认或验证的对象制定确认或验证方案,并经审核、批准。确认或验证方案应当明确职责。

第一百四十八条 确认或验证应当按照预先确定和批准的方案实施,并有记录。确认或验证工作完成后,应当写出报告,并经审核、批准。确认或验证的结果和结论(包括评价和建议)应当有记录并存档。

第一百四十九条 应当根据验证的结果确认工艺规程和操作规程。

第八章　文件管理

第一节　原　则

第一百五十条 文件是质量保证系统的基本要素。企业必须有内容正确的书面质量标准、生产处方和工艺规程、操作规程以及记录等文件。

第一百五十一条 企业应当建立文件管理的操作规程,系统地设计、制定、审核、批准和发放文件。与本规范有关的文件应当经质量管理部门的审核。

第一百五十二条 文件的内容应当与药品生产许可、药品注册等相关要求一致,并有助于追溯每批产品的历史情况。

第一百五十三条 文件的起草、修订、审核、批准、替换或撤销、复制、保管和销毁等应当按照操作规程管理,并有相应的文件分发、撤销、复制、销毁记录。

第一百五十四条　文件的起草、修订、审核、批准均应当由适当的人员签名并注明日期。

第一百五十五条　文件应当标明题目、种类、目的以及文件编号和版本号。文字应当确切、清晰、易懂，不能模棱两可。

第一百五十六条　文件应当分类存放、条理分明，便于查阅。

第一百五十七条　原版文件复制时，不得产生任何差错；复制的文件应当清晰可辨。

第一百五十八条　文件应当定期审核、修订；文件修订后，应当按照规定管理，防止旧版文件的误用。分发、使用的文件应当为批准的现行文本，已撤销的或旧版文件除留档备查外，不得在工作现场出现。

第一百五十九条　与本规范有关的每项活动均应当有记录，以保证产品生产、质量控制和质量保证等活动可以追溯。记录应当留有填写数据的足够空格。记录应当及时填写，内容真实，字迹清晰、易读，不易擦除。

第一百六十条　应当尽可能采用生产和检验设备自动打印的记录、图谱和曲线图等，并标明产品或样品的名称、批号和记录设备的信息，操作人应当签注姓名和日期。

第一百六十一条　记录应当保持清洁，不得撕毁和任意涂改。记录填写的任何更改都应当签注姓名和日期，并使原有信息仍清晰可辨，必要时，应当说明更改的理由。记录如需重新誊写，则原有记录不得销毁，应当作为重新誊写记录的附件保存。

第一百六十二条　每批药品应当有批记录，包括批生产记录、批包装记录、批检验记录和药品放行审核记录等与本批产品有关的记录。批记录应当由质量管理部门负责管理，至少保存至药品有效期后一年。

质量标准、工艺规程、操作规程、稳定性考察、确认、验证、变更等其他重要文件应当长期保存。

第一百六十三条　如使用电子数据处理系统、照相技术或其他可靠方式记录数据资料，应当有所用系统的操作规程；记录的准确性应当经过核对。

使用电子数据处理系统的，只有经授权的人员方可输入或更改数据，更改和删除情况应当有记录；应当使用密码或其他方式来控制系统的登录；关键数据输入后，应当由他人独立进行复核。

用电子方法保存的批记录，应当采用磁带、缩微胶卷、纸质副本或其他方法进行备份，以确保记录的安全，且数据资料在保存期内便于查阅。

第二节　质量标准

第一百六十四条　物料和成品应当有经批准的现行质量标准；必要时，中间产品或待包装产品也应当有质量标准。

第一百六十五条　物料的质量标准一般应当包括:

(一)物料的基本信息:

1.企业统一指定的物料名称和内部使用的物料代码;

2.质量标准的依据;

3.经批准的供应商;

4.印刷包装材料的实样或样稿。

(二)取样、检验方法或相关操作规程编号;

(三)定性和定量的限度要求;

(四)贮存条件和注意事项;

(五)有效期或复验期。

第一百六十六条　外购或外销的中间产品和待包装产品应当有质量标准;如果中间产品的检验结果用于成品的质量评价,则应当制定与成品质量标准相对应的中间产品质量标准。

第一百六十七条　成品的质量标准应当包括:

(一)产品名称以及产品代码;

(二)对应的产品处方编号(如有);

(三)产品规格和包装形式;

(四)取样、检验方法或相关操作规程编号;

(五)定性和定量的限度要求;

(六)贮存条件和注意事项;

(七)有效期。

第三节　工艺规程

第一百六十八条　每种药品的每个生产批量均应当有经企业批准的工艺规程,不同药品规格的每种包装形式均应当有各自的包装操作要求。工艺规程的制定应当以注册批准的工艺为依据。

第一百六十九条　工艺规程不得任意更改。如需更改,应当按照相关的操作规程修订、审核、批准。

第一百七十条　制剂的工艺规程的内容至少应当包括:

(一)生产处方:

1.产品名称和产品代码;

2.产品剂型、规格和批量;

3.所用原辅料清单(包括生产过程中使用,但不在成品中出现的物料),阐明每一物料的指定名称、代码和用量;如原辅料的用量需要折算时,还应当说明计算方法。

(二)生产操作要求:

1.对生产场所和所用设备的说明(如操作间的位置和编号、洁净度级别、必要的温湿度要求、设备型号和编号等);

2.关键设备的准备(如清洗、组装、校准、灭菌等)所采用的方法或相应操作规程编号;

3.详细的生产步骤和工艺参数说明(如物料的核对、预处理、加入物料的顺序、混合时间、温度等);

4.所有中间控制方法及标准;

5.预期的最终产量限度,必要时,还应当说明中间产品的产量限度,以及物料平衡的计算方法和限度;

6.待包装产品的贮存要求,包括容器、标签及特殊贮存条件;

7.需要说明的注意事项。

(三)包装操作要求:

1.以最终包装容器中产品的数量、重量或体积表示的包装形式;

2.所需全部包装材料的完整清单,包括包装材料的名称、数量、规格、类型以及与质量标准有关的每一包装材料的代码;

3.印刷包装材料的实样或复制品,并标明产品批号、有效期打印位置;

4.需要说明的注意事项,包括对生产区和设备进行的检查,在包装操作开始前,确认包装生产线的清场已经完成等;

5.包装操作步骤的说明,包括重要的辅助性操作和所用设备的注意事项、包装材料使用前的核对;

6.中间控制的详细操作,包括取样方法及标准;

7.待包装产品、印刷包装材料的物料平衡计算方法和限度。

第四节　批生产记录

第一百七十一条　每批产品均应当有相应的批生产记录,可追溯该批产品的生产历史以及与质量有关的情况。

第一百七十二条　批生产记录应当依据现行批准的工艺规程的相关内容制定。记录的设计应当避免填写差错。批生产记录的每一页应当标注产品的名称、规格和批号。

第一百七十三条　原版空白的批生产记录应当经生产管理负责人和质量管理负责人审核和批准。批生产记录的复制和发放均应当按照操作规程进行控制并有记录,每批产品的生产只能发放一份原版空白批生产记录的复制件。

第一百七十四条　在生产过程中,进行每项操作时应当及时记录,操作结束后,应当由生产操作人员确认并签注姓名和日期。

第一百七十五条　批生产记录的内容应当包括:

(一)产品名称、规格、批号;

（二）生产以及中间工序开始、结束的日期和时间；

（三）每一生产工序的负责人签名；

（四）生产步骤操作人员的签名；必要时，还应当有操作（如称量）复核人员的签名；

（五）每一原辅料的批号以及实际称量的数量（包括投入的回收或返工处理产品的批号及数量）；

（六）相关生产操作或活动、工艺参数及控制范围，以及所用主要生产设备的编号；

（七）中间控制结果的记录以及操作人员的签名；

（八）不同生产工序所得产量及必要时的物料平衡计算；

（九）对特殊问题或异常事件的记录，包括对偏离工艺规程的偏差情况的详细说明或调查报告，并经签字批准。

第五节　批包装记录

第一百七十六条　每批产品或每批中部分产品的包装，都应当有批包装记录，以便追溯该批产品包装操作以及与质量有关的情况。

第一百七十七条　批包装记录应当依据工艺规程中与包装相关的内容制定。记录的设计应当注意避免填写差错。批包装记录的每一页均应当标注所包装产品的名称、规格、包装形式和批号。

第一百七十八条　批包装记录应当有待包装产品的批号、数量以及成品的批号和计划数量。原版空白的批包装记录的审核、批准、复制和发放的要求与原版空白的批生产记录相同。

第一百七十九条　在包装过程中，进行每项操作时应当及时记录，操作结束后，应当由包装操作人员确认并签注姓名和日期。

第一百八十条　批包装记录的内容包括：

（一）产品名称、规格、包装形式、批号、生产日期和有效期；

（二）包装操作日期和时间；

（三）包装操作负责人签名；

（四）包装工序的操作人员签名；

（五）每一包装材料的名称、批号和实际使用的数量；

（六）根据工艺规程所进行的检查记录，包括中间控制结果；

（七）包装操作的详细情况，包括所用设备及包装生产线的编号；

（八）所用印刷包装材料的实样，并印有批号、有效期及其他打印内容；不易随批包装记录归档的印刷包装材料可采用印有上述内容的复制品；

（九）对特殊问题或异常事件的记录，包括对偏离工艺规程的偏差情况的详细说明或调查报告，并经签字批准；

（十）所有印刷包装材料和待包装产品的名称、代码，以及发放、使用、销毁或退库的数量、实际产量以及物料平衡检查。

第六节　操作规程和记录

第一百八十一条　操作规程的内容应当包括：题目、编号、版本号、颁发部门、生效日期、分发部门以及制定人、审核人、批准人的签名并注明日期，标题、正文及变更历史。

第一百八十二条　厂房、设备、物料、文件和记录应当有编号（或代码），并制定编制编号（或代码）的操作规程，确保编号（或代码）的唯一性。

第一百八十三条　下述活动也应当有相应的操作规程，其过程和结果应当有记录：

（一）确认和验证；

（二）设备的装配和校准；

（三）厂房和设备的维护、清洁和消毒；

（四）培训、更衣及卫生等与人员相关的事宜；

（五）环境监测；

（六）虫害控制；

（七）变更控制；

（八）偏差处理；

（九）投诉；

（十）药品召回；

（十一）退货。

第九章　生产管理

第一节　原　则

第一百八十四条　所有药品的生产和包装均应当按照批准的工艺规程和操作规程进行操作并有相关记录，以确保药品达到规定的质量标准，并符合药品生产许可和注册批准的要求。

第一百八十五条　应当建立划分产品生产批次的操作规程，生产批次的划分应当能够确保同一批次产品质量和特性的均一性。

第一百八十六条　应当建立编制药品批号和确定生产日期的操作规程。每批药品均应当编制唯一的批号。除另有法定要求外，生产日期不得迟于产品成型或灌装（封）前经最后混合的操作开始日期，不得以产品包装日期作为生产日期。

第一百八十七条　每批产品应当检查产量和物料平衡，确保物料平衡符合设定的限度。如有差异，必须查明原因，确认无潜在质量风险后，方可按照正常产品处理。

第一百八十八条 不得在同一生产操作间同时进行不同品种和规格药品的生产操作,除非没有发生混淆或交叉污染的可能。

第一百八十九条 在生产的每一阶段,应当保护产品和物料免受微生物和其他污染。

第一百九十条 在干燥物料或产品,尤其是高活性、高毒性或高致敏性物料或产品的生产过程中,应当采取特殊措施,防止粉尘的产生和扩散。

第一百九十一条 生产期间使用的所有物料、中间产品或待包装产品的容器及主要设备、必要的操作室应当贴签标识或以其他方式标明生产中的产品或物料名称、规格和批号,如有必要,还应当标明生产工序。

第一百九十二条 容器、设备或设施所用标识应当清晰明了,标识的格式应当经企业相关部门批准。除在标识上使用文字说明外,还可采用不同的颜色区分被标识物的状态(如待验、合格、不合格或已清洁等)。

第一百九十三条 应当检查产品从一个区域输送至另一个区域的管道和其他设备连接,确保连接正确无误。

第一百九十四条 每次生产结束后应当进行清场,确保设备和工作场所没有遗留与本次生产有关的物料、产品和文件。下次生产开始前,应当对前次清场情况进行确认。

第一百九十五条 应当尽可能避免出现任何偏离工艺规程或操作规程的偏差。一旦出现偏差,应当按照偏差处理操作规程执行。

第一百九十六条 生产厂房应当仅限于经批准的人员出入。

第二节　防止生产过程中的污染和交叉污染

第一百九十七条 生产过程中应当尽可能采取措施,防止污染和交叉污染,如:

(一)在分隔的区域内生产不同品种的药品;

(二)采用阶段性生产方式;

(三)设置必要的气锁间和排风;空气洁净度级别不同的区域应当有压差控制;

(四)应当降低未经处理或未经充分处理的空气再次进入生产区导致污染的风险;

(五)在易产生交叉污染的生产区内,操作人员应当穿戴该区域专用的防护服;

(六)采用经过验证或已知有效的清洁和去污染操作规程进行设备清洁;必要时,应当对与物料直接接触的设备表面的残留物进行检测;

(七)采用密闭系统生产;

(八)干燥设备的进风应当有空气过滤器,排风应当有防止空气倒流装置;

(九)生产和清洁过程中应当避免使用易碎、易脱屑、易发霉器具;使用筛网时,

应当有防止因筛网断裂而造成污染的措施;

（十）液体制剂的配制、过滤、灌封、灭菌等工序应当在规定时间内完成;

（十一）软膏剂、乳膏剂、凝胶剂等半固体制剂以及栓剂的中间产品应当规定贮存期和贮存条件。

第一百九十八条　应当定期检查防止污染和交叉污染的措施并评估其适用性和有效性。

第三节　生产操作

第一百九十九条　生产开始前应当进行检查,确保设备和工作场所没有上批遗留的产品、文件或与本批产品生产无关的物料,设备处于已清洁及待用状态。检查结果应当有记录。

生产操作前,还应当核对物料或中间产品的名称、代码、批号和标识,确保生产所用物料或中间产品正确且符合要求。

第二百条　应当进行中间控制和必要的环境监测,并予以记录。

第二百零一条　每批药品的每一生产阶段完成后必须由生产操作人员清场,并填写清场记录。清场记录内容包括:操作间编号、产品名称、批号、生产工序、清场日期、检查项目及结果、清场负责人及复核人签名。清场记录应当纳入批生产记录。

第四节　包装操作

第二百零二条　包装操作规程应当规定降低污染和交叉污染、混淆或差错风险的措施。

第二百零三条　包装开始前应当进行检查,确保工作场所、包装生产线、印刷机及其他设备已处于清洁或待用状态,无上批遗留的产品、文件或与本批产品包装无关的物料。检查结果应当有记录。

第二百零四条　包装操作前,还应当检查所领用的包装材料正确无误,核对待包装产品和所用包装材料的名称、规格、数量、质量状态,且与工艺规程相符。

第二百零五条　每一包装操作场所或包装生产线,应当有标识标明包装中的产品名称、规格、批号和批量的生产状态。

第二百零六条　有数条包装线同时进行包装时,应当采取隔离或其他有效防止污染、交叉污染或混淆的措施。

第二百零七条　待用分装容器在分装前应当保持清洁,避免容器中有玻璃碎屑、金属颗粒等污染物。

第二百零八条　产品分装、封口后应当及时贴签。未能及时贴签时,应当按照相关的操作规程操作,避免发生混淆或贴错标签等差错。

第二百零九条　单独打印或包装过程中在线打印的信息(如产品批号或有效

期)均应当进行检查,确保其正确无误,并予以记录。如手工打印,应当增加检查频次。

第二百一十条 使用切割式标签或在包装线以外单独打印标签,应当采取专门措施,防止混淆。

第二百一十一条 应当对电子读码机、标签计数器或其他类似装置的功能进行检查,确保其准确运行。检查应当有记录。

第二百一十二条 包装材料上印刷或模压的内容应当清晰,不易褪色和擦除。

第二百一十三条 包装期间,产品的中间控制检查应当至少包括下述内容:

(一)包装外观;

(二)包装是否完整;

(三)产品和包装材料是否正确;

(四)打印信息是否正确;

(五)在线监控装置的功能是否正常。

样品从包装生产线取走后不应当再返还,以防止产品混淆或污染。

第二百一十四条 因包装过程产生异常情况而需要重新包装产品的,必须经专门检查、调查并由指定人员批准。重新包装应当有详细记录。

第二百一十五条 在物料平衡检查中,发现待包装产品、印刷包装材料以及成品数量有显著差异时,应当进行调查,未得出结论前,成品不得放行。

第二百一十六条 包装结束时,已打印批号的剩余包装材料应当由专人负责全部计数销毁,并有记录。如将未打印批号的印刷包装材料退库,应当按照操作规程执行。

第十章 质量控制与质量保证

第一节 质量控制实验室管理

第二百一十七条 质量控制实验室的人员、设施、设备应当与产品性质和生产规模相适应。

企业通常不得进行委托检验,确需委托检验的,应当按照第十一章中委托检验部分的规定,委托外部实验室进行检验,但应当在检验报告中予以说明。

第二百一十八条 质量控制负责人应当具有足够的管理实验室的资质和经验,可以管理同一企业的一个或多个实验室。

第二百一十九条 质量控制实验室的检验人员应当具有相关专业中专或高中以上学历,并经过与所从事的检验操作相关的实践培训且通过考核。

第二百二十条 质量控制实验室应当配备药典、标准图谱等必要的工具书,以及标准品或对照品等相关的标准物质。

第二百二十一条　质量控制实验室的文件应当符合第八章的原则,并符合下列要求:

(一)质量控制实验室应当至少有下列详细文件:

1.质量标准;

2.取样操作规程和记录;

3.检验操作规程和记录(包括检验记录或实验室工作记事簿);

4.检验报告或证书;

5.必要的环境监测操作规程、记录和报告;

6.必要的检验方法验证报告和记录;

7.仪器校准和设备使用、清洁、维护的操作规程及记录。

(二)每批药品的检验记录应当包括中间产品、待包装产品和成品的质量检验记录,可追溯该批药品所有相关的质量检验情况;

(三)宜采用便于趋势分析的方法保存某些数据(如检验数据、环境监测数据、制药用水的微生物监测数据);

(四)除与批记录相关的资料信息外,还应当保存其他原始资料或记录,以方便查阅。

第二百二十二条　取样应当至少符合以下要求:

(一)质量管理部门的人员有权进入生产区和仓储区进行取样及调查;

(二)应当按照经批准的操作规程取样,操作规程应当详细规定:

1.经授权的取样人;

2.取样方法;

3.所用器具;

4.样品量;

5.分样的方法;

6.存放样品容器的类型和状态;

7.取样后剩余部分及样品的处置和标识;

8.取样注意事项,包括为降低取样过程产生的各种风险所采取的预防措施,尤其是无菌或有害物料的取样以及防止取样过程中污染和交叉污染的注意事项;

9.贮存条件;

10.取样器具的清洁方法和贮存要求。

(三)取样方法应当科学、合理,以保证样品的代表性;

(四)留样应当能够代表被取样批次的产品或物料,也可抽取其他样品来监控生产过程中最重要的环节(如生产的开始或结束);

(五)样品的容器应当贴有标签,注明样品名称、批号、取样日期、取自哪一包装容器、取样人等信息;

(六)样品应当按照规定的贮存要求保存。

第二百二十三条　物料和不同生产阶段产品的检验应当至少符合以下要求：

(一)企业应当确保药品按照注册批准的方法进行全项检验；

(二)符合下列情形之一的,应当对检验方法进行验证：

1.采用新的检验方法；

2.检验方法需变更的；

3.采用《中华人民共和国药典》及其他法定标准未收载的检验方法；

4.法规规定的其他需要验证的检验方法。

(三)对不需要进行验证的检验方法,企业应当对检验方法进行确认,以确保检验数据准确、可靠；

(四)检验应当有书面操作规程,规定所用方法、仪器和设备,检验操作规程的内容应当与经确认或验证的检验方法一致；

(五)检验应当有可追溯的记录并应当复核,确保结果与记录一致。所有计算均应当严格核对；

(六)检验记录应当至少包括以下内容：

1.产品或物料的名称、剂型、规格、批号或供货批号,必要时注明供应商和生产商(如不同)的名称或来源；

2.依据的质量标准和检验操作规程；

3.检验所用的仪器或设备的型号和编号；

4.检验所用的试液和培养基的配制批号、对照品或标准品的来源和批号；

5.检验所用动物的相关信息；

6.检验过程,包括对照品溶液的配制、各项具体的检验操作、必要的环境温湿度；

7.检验结果,包括观察情况、计算和图谱或曲线图,以及依据的检验报告编号；

8.检验日期；

9.检验人员的签名和日期；

10.检验、计算复核人员的签名和日期。

(七)所有中间控制(包括生产人员所进行的中间控制),均应当按照经质量管理部门批准的方法进行,检验应当有记录；

(八)应当对实验室容量分析用玻璃仪器、试剂、试液、对照品以及培养基进行质量检查；

(九)必要时应当将检验用实验动物在使用前进行检验或隔离检疫。饲养和管理应当符合相关的实验动物管理规定。动物应当有标识,并应当保存使用的历史记录。

第二百二十四条　质量控制实验室应当建立检验结果超标调查的操作规程。任何检验结果超标都必须按照操作规程进行完整的调查,并有相应的记录。

第二百二十五条　企业按规定保存的、用于药品质量追溯或调查的物料、产品样品为留样。用于产品稳定性考察的样品不属于留样。

留样应当至少符合以下要求：

(一)应当按照操作规程对留样进行管理；

(二)留样应当能够代表被取样批次的物料或产品；

(三)成品的留样：

1.每批药品均应当有留样；如果一批药品分成数次进行包装，则每次包装至少应当保留一件最小市售包装的成品；

2.留样的包装形式应当与药品市售包装形式相同，原料药的留样如无法采用市售包装形式的，可采用模拟包装；

3.每批药品的留样数量一般至少应当能够确保按照注册批准的质量标准完成两次全检(无菌检查和热源检查等除外)；

4.如果不影响留样的包装完整性，保存期间内至少应当每年对留样进行一次目检观察，如有异常，应当进行彻底调查并采取相应的处理措施；

5.留样观察应当有记录；

6.留样应当按照注册批准的贮存条件至少保存至药品有效期后一年；

7.如企业终止药品生产或关闭的，应当将留样转交受权单位保存，并告知当地药品监督管理部门，以便在必要时可随时取得留样。

(四)物料的留样：

1.制剂生产用每批原辅料和与药品直接接触的包装材料均应当有留样。与药品直接接触的包装材料(如输液瓶)，如成品已有留样，可不必单独留样；

2.物料的留样量应当至少满足鉴别的需要；

3.除稳定性较差的原辅料外，用于制剂生产的原辅料(不包括生产过程中使用的溶剂、气体或制药用水)和与药品直接接触的包装材料的留样应当至少保存至产品放行后两年。如果物料的有效期较短，则留样时间可相应缩短；

4.物料的留样应当按照规定的条件贮存，必要时还应当适当包装密封。

第二百二十六条　试剂、试液、培养基和检定菌的管理应当至少符合以下要求：

(一)试剂和培养基应当从可靠的供应商处采购，必要时应当对供应商进行评估；

(二)应当有接收试剂、试液、培养基的记录，必要时，应当在试剂、试液、培养基的容器上标注接收日期；

(三)应当按照相关规定或使用说明配制、贮存和使用试剂、试液和培养基。特殊情况下，在接收或使用前，还应当对试剂进行鉴别或其他检验；

(四)试液和已配制的培养基应当标注配制批号、配制日期和配制人员姓名，并有配制(包括灭菌)记录。不稳定的试剂、试液和培养基应当标注有效期及特殊贮

存条件。标准液、滴定液还应当标注最后一次标化的日期和校正因子,并有标化记录;

(五)配制的培养基应当进行适用性检查,并有相关记录。应当有培养基使用记录;

(六)应当有检验所需的各种检定菌,并建立检定菌保存、传代、使用、销毁的操作规程和相应记录;

(七)检定菌应当有适当的标识,内容至少包括菌种名称、编号、代次、传代日期、传代操作人;

(八)检定菌应当按照规定的条件贮存,贮存的方式和时间不应当对检定菌的生长特性有不利影响。

第二百二十七条 标准品或对照品的管理应当至少符合以下要求:

(一)标准品或对照品应当按照规定贮存和使用;

(二)标准品或对照品应当有适当的标识,内容至少包括名称、批号、制备日期(如有)、有效期(如有)、首次开启日期、含量或效价、贮存条件;

(三)企业如需自制工作标准品或对照品,应当建立工作标准品或对照品的质量标准以及制备、鉴别、检验、批准和贮存的操作规程,每批工作标准品或对照品应当用法定标准品或对照品进行标化,并确定有效期,还应当通过定期标化证明工作标准品或对照品的效价或含量在有效期内保持稳定。标化的过程和结果应当有相应的记录。

第二节 物料和产品放行

第二百二十八条 应当分别建立物料和产品批准放行的操作规程,明确批准放行的标准、职责,并有相应的记录。

第二百二十九条 物料的放行应当至少符合以下要求:

(一)物料的质量评价内容应当至少包括生产商的检验报告、物料包装完整性和密封性的检查情况和检验结果;

(二)物料的质量评价应当有明确的结论,如批准放行、不合格或其他决定;

(三)物料应当由指定人员签名批准放行。

第二百三十条 产品的放行应当至少符合以下要求:

(一)在批准放行前,应当对每批药品进行质量评价,保证药品及其生产应当符合注册和本规范要求,并确认以下各项内容:

1.主要生产工艺和检验方法经过验证;

2.已完成所有必需的检查、检验,并综合考虑实际生产条件和生产记录;

3.所有必需的生产和质量控制均已完成并经相关主管人员签名;

4.变更已按照相关规程处理完毕,需要经药品监督管理部门批准的变更已得到批准;

5.对变更或偏差已完成所有必要的取样、检查、检验和审核；

6.所有与该批产品有关的偏差均已有明确的解释或说明，或者已经过彻底调查和适当处理；如偏差还涉及其他批次产品，应当一并处理。

（二）药品的质量评价应当有明确的结论，如批准放行、不合格或其他决定；

（三）每批药品均应当由质量受权人签名批准放行；

（四）疫苗类制品、血液制品、用于血源筛查的体外诊断试剂以及国家食品药品监督管理局规定的其他生物制品放行前还应当取得批签发合格证明。

第三节　持续稳定性考察

第二百三十一条　持续稳定性考察的目的是在有效期内监控已上市药品的质量，以发现药品与生产相关的稳定性问题（如杂质含量或溶出度特性的变化），并确定药品能够在标示的贮存条件下，符合质量标准的各项要求。

第二百三十二条　持续稳定性考察主要针对市售包装药品，但也需兼顾待包装产品。例如，当待包装产品在完成包装前，或从生产厂运输到包装厂，还需要长期贮存时，应当在相应的环境条件下，评估其对包装后产品稳定性的影响。此外，还应当考虑对贮存时间较长的中间产品进行考察。

第二百三十三条　持续稳定性考察应当有考察方案，结果应当有报告。用于持续稳定性考察的设备（尤其是稳定性试验设备或设施）应当按照第七章和第五章的要求进行确认和维护。

第二百三十四条　持续稳定性考察的时间应当涵盖药品有效期，考察方案应当至少包括以下内容：

（一）每种规格、每个生产批量药品的考察批次数；

（二）相关的物理、化学、微生物和生物学检验方法，可考虑采用稳定性考察专属的检验方法；

（三）检验方法依据；

（四）合格标准；

（五）容器密封系统的描述；

（六）试验间隔时间（测试时间点）；

（七）贮存条件（应当采用与药品标示贮存条件相对应的《中华人民共和国药典》规定的长期稳定性试验标准条件）；

（八）检验项目，如检验项目少于成品质量标准所包含的项目，应当说明理由。

第二百三十五条　考察批次数和检验频次应当能够获得足够的数据，以供趋势分析。通常情况下，每种规格、每种内包装形式的药品，至少每年应当考察一个批次，除非当年没有生产。

第二百三十六条　某些情况下，持续稳定性考察中应当额外增加批次数，如重大变更或生产和包装有重大偏差的药品应当列入稳定性考察。此外，重新加工、返工或回收的批次,也应当考虑列入考察,除非已经过验证和稳定性考察。

第二百三十七条　关键人员,尤其是质量受权人,应当了解持续稳定性考察的结果。当持续稳定性考察不在待包装产品和成品的生产企业进行时,则相关各方之间应当有书面协议,且均应当保存持续稳定性考察的结果以供药品监督管理部门审查。

第二百三十八条　应当对不符合质量标准的结果或重要的异常趋势进行调查。对任何已确认的不符合质量标准的结果或重大不良趋势,企业都应当考虑是否可能对已上市药品造成影响,必要时应当实施召回,调查结果以及采取的措施应当报告当地药品监督管理部门。

第二百三十九条　应当根据所获得的全部数据资料,包括考察的阶段性结论,撰写总结报告并保存。应当定期审核总结报告。

第四节　变更控制

第二百四十条　企业应当建立变更控制系统,对所有影响产品质量的变更进行评估和管理。需要经药品监督管理部门批准的变更应当在得到批准后方可实施。

第二百四十一条　应当建立操作规程,规定原辅料、包装材料、质量标准、检验方法、操作规程、厂房、设施、设备、仪器、生产工艺和计算机软件变更的申请、评估、审核、批准和实施。质量管理部门应当指定专人负责变更控制。

第二百四十二条　变更都应当评估其对产品质量的潜在影响。企业可以根据变更的性质、范围、对产品质量潜在影响的程度将变更分类(如主要、次要变更)。判断变更所需的验证、额外的检验以及稳定性考察应当有科学依据。

第二百四十三条　与产品质量有关的变更由申请部门提出后,应当经评估、制定实施计划并明确实施职责,最终由质量管理部门审核批准。变更实施应当有相应的完整记录。

第二百四十四条　改变原辅料、与药品直接接触的包装材料、生产工艺、主要生产设备以及其他影响药品质量的主要因素时,还应当对变更实施后最初至少三个批次的药品质量进行评估。如果变更可能影响药品的有效期,则质量评估还应当包括对变更实施后生产的药品进行稳定性考察。

第二百四十五条　变更实施时,应当确保与变更相关的文件均已修订。

第二百四十六条　质量管理部门应当保存所有变更的文件和记录。

第五节　偏差处理

第二百四十七条　各部门负责人应当确保所有人员正确执行生产工艺、质量标准、检验方法和操作规程,防止偏差的产生。

第二百四十八条　企业应当建立偏差处理的操作规程,规定偏差的报告、记录、调查、处理以及所采取的纠正措施,并有相应的记录。

第二百四十九条　任何偏差都应当评估其对产品质量的潜在影响。企业可以根据偏差的性质、范围、对产品质量潜在影响的程度将偏差分类(如重大、次要偏差),对重大偏差的评估还应当考虑是否需要对产品进行额外的检验以及对产品有效期的影响,必要时,应当对涉及重大偏差的产品进行稳定性考察。

第二百五十条　任何偏离生产工艺、物料平衡限度、质量标准、检验方法、操作规程等的情况均应当有记录,并立即报告主管人员及质量管理部门,应当有清楚的说明,重大偏差应当由质量管理部门会同其他部门进行彻底调查,并有调查报告。偏差调查报告应当由质量管理部门的指定人员审核并签字。

企业还应当采取预防措施有效防止类似偏差的再次发生。

第二百五十一条　质量管理部门应当负责偏差的分类,保存偏差调查、处理的文件和记录。

第六节　纠正措施和预防措施

第二百五十二条　企业应当建立纠正措施和预防措施系统,对投诉、召回、偏差、自检或外部检查结果、工艺性能和质量监测趋势等进行调查并采取纠正和预防措施。调查的深度和形式应当与风险的级别相适应。纠正措施和预防措施系统应当能够增进对产品和工艺的理解,改进产品和工艺。

第二百五十三条　企业应当建立实施纠正和预防措施的操作规程,内容至少包括:

(一)对投诉、召回、偏差、自检或外部检查结果、工艺性能和质量监测趋势以及其他来源的质量数据进行分析,确定已有和潜在的质量问题。必要时,应当采用适当的统计学方法;

(二)调查与产品、工艺和质量保证系统有关的原因;

(三)确定所需采取的纠正和预防措施,防止问题的再次发生;

(四)评估纠正和预防措施的合理性、有效性和充分性;

(五)对实施纠正和预防措施过程中所有发生的变更应当予以记录;

(六)确保相关信息已传递到质量受权人和预防问题再次发生的直接负责人;

(七)确保相关信息及其纠正和预防措施已通过高层管理人员的评审。

第二百五十四条　实施纠正和预防措施应当有文件记录,并由质量管理部门保存。

第七节　供应商的评估和批准

第二百五十五条　质量管理部门应当对所有生产用物料的供应商进行质量评估,会同有关部门对主要物料供应商(尤其是生产商)的质量体系进行现场质量审计,并对质量评估不符合要求的供应商行使否决权。

　　主要物料的确定应当综合考虑企业所生产的药品质量风险、物料用量以及物料对药品质量的影响程度等因素。

　　企业法定代表人、企业负责人及其他部门的人员不得干扰或妨碍质量管理部门对物料供应商独立作出质量评估。

　　第二百五十六条　应当建立物料供应商评估和批准的操作规程,明确供应商的资质、选择的原则、质量评估方式、评估标准、物料供应商批准的程序。

　　如质量评估需采用现场质量审计方式的,还应当明确审计内容、周期、审计人员的组成及资质。需采用样品小批量试生产的,还应当明确生产批量、生产工艺、产品质量标准、稳定性考察方案。

　　第二百五十七条　质量管理部门应当指定专人负责物料供应商质量评估和现场质量审计,分发经批准的合格供应商名单。被指定的人员应当具有相关的法规和专业知识,具有足够的质量评估和现场质量审计的实践经验。

　　第二百五十八条　现场质量审计应当核实供应商资质证明文件和检验报告的真实性,核实是否具备检验条件。应当对其人员机构、厂房设施和设备、物料管理、生产工艺流程和生产管理、质量控制实验室的设备、仪器、文件管理等进行检查,以全面评估其质量保证系统。现场质量审计应当有报告。

　　第二百五十九条　必要时,应当对主要物料供应商提供的样品进行小批量试生产,并对试生产的药品进行稳定性考查。

　　第二百六十条　质量管理部门对物料供应商的评估至少应当包括:供应商的资质证明文件、质量标准、检验报告、企业对物料样品的检验数据和报告。如进行现场质量审计和样品小批量试生产的,还应当包括现场质量审计报告,以及小试产品的质量检验报告和稳定性考察报告。

　　第二百六十一条　改变物料供应商,应当对新的供应商进行质量评估;改变主要物料供应商的,还需要对产品进行相关的验证及稳定性考察。

　　第二百六十二条　质量管理部门应当向物料管理部门分发经批准的合格供应商名单,该名单内容至少包括物料名称、规格、质量标准、生产商名称和地址、经销商(如有)名称等,并及时更新。

　　第二百六十三条　质量管理部门应当与主要物料供应商签订质量协议,在协议中应当明确双方所承担的质量责任。

　　第二百六十四条　质量管理部门应当定期对物料供应商进行评估或现场质量审计,回顾分析物料质量检验结果、质量投诉和不合格处理记录。如物料出现质量问题或生产条件、工艺、质量标准和检验方法等可能影响质量的关键因素发生重大改变时,还应当尽快进行相关的现场质量审计。

　　第二百六十五条　企业应当对每家物料供应商建立质量档案,档案内容应当包括供应商的资质证明文件、质量协议、质量标准、样品检验数据和报告、供应商的检验报告、现场质量审计报告、产品稳定性考察报告、定期的质量回顾分析报告等。

第八节　产品质量回顾分析

第二百六十六条　应当按照操作规程,每年对所有生产的药品按品种进行产品质量回顾分析,以确认工艺稳定可靠,以及原辅料、成品现行质量标准的适用性,及时发现不良趋势,确定产品及工艺改进的方向。应当考虑以往回顾分析的历史数据,还应当对产品质量回顾分析的有效性进行自检。

当有合理的科学依据时,可按照产品的剂型分类进行质量回顾,如固体制剂、液体制剂和无菌制剂等。

回顾分析应当有报告。

企业至少应当对下列情形进行回顾分析:

(一)产品所用原辅料的所有变更,尤其是来自新供应商的原辅料;

(二)关键中间控制点及成品的检验结果;

(三)所有不符合质量标准的批次及其调查;

(四)所有重大偏差及相关的调查、所采取的整改措施和预防措施的有效性;

(五)生产工艺或检验方法等的所有变更;

(六)已批准或备案的药品注册所有变更;

(七)稳定性考察的结果及任何不良趋势;

(八)所有因质量原因造成的退货、投诉、召回及调查;

(九)与产品工艺或设备相关的纠正措施的执行情况和效果;

(十)新获批准和有变更的药品,按照注册要求上市后应当完成的工作情况;

(十一)相关设备和设施,如空调净化系统、水系统、压缩空气等的确认状态;

(十二)委托生产或检验的技术合同履行情况。

第二百六十七条　应当对回顾分析的结果进行评估,提出是否需要采取纠正和预防措施或进行再确认或再验证的评估意见及理由,并及时、有效地完成整改。

第二百六十八条　药品委托生产时,委托方和受托方之间应当有书面的技术协议,规定产品质量回顾分析中各方的责任,确保产品质量回顾分析按时进行并符合要求。

第九节　投诉与不良反应报告

第二百六十九条　应当建立药品不良反应报告和监测管理制度,设立专门机构并配备专职人员负责管理。

第二百七十条　应当主动收集药品不良反应,对不良反应应当详细记录、评价、调查和处理,及时采取措施控制可能存在的风险,并按照要求向药品监督管理部门报告。

第二百七十一条　应当建立操作规程,规定投诉登记、评价、调查和处理的程序,并规定因可能的产品缺陷发生投诉时所采取的措施,包括考虑是否有必要从市场召回药品。

第二百七十二条　应当有专人及足够的辅助人员负责进行质量投诉的调查和处理,所有投诉、调查的信息应当向质量受权人通报。

第二百七十三条　所有投诉都应当登记与审核,与产品质量缺陷有关的投诉,应当详细记录投诉的各个细节,并进行调查。

第二百七十四条　发现或怀疑某批药品存在缺陷,应当考虑检查其他批次的药品,查明其是否受到影响。

第二百七十五条　投诉调查和处理应当有记录,并注明所查相关批次产品的信息。

第二百七十六条　应当定期回顾分析投诉记录,以便发现需要警觉、重复出现以及可能需要从市场召回药品的问题,并采取相应措施。

第二百七十七条　企业出现生产失误、药品变质或其他重大质量问题,应当及时采取相应措施,必要时还应当向当地药品监督管理部门报告。

第十一章　委托生产与委托检验

第一节　原　则

第二百七十八条　为确保委托生产产品的质量和委托检验的准确性和可靠性,委托方和受托方必须签订书面合同,明确规定各方责任、委托生产或委托检验的内容及相关的技术事项。

第二百七十九条　委托生产或委托检验的所有活动,包括在技术或其他方面拟采取的任何变更,均应当符合药品生产许可和注册的有关要求。

第二节　委托方

第二百八十条　委托方应当对受托方进行评估,对受托方的条件、技术水平、质量管理情况进行现场考核,确认其具有完成受托工作的能力,并能保证符合本规范的要求。

第二百八十一条　委托方应当向受托方提供所有必要的资料,以使受托方能够按照药品注册和其他法定要求正确实施所委托的操作。

委托方应当使受托方充分了解与产品或操作相关的各种问题,包括产品或操作对受托方的环境、厂房、设备、人员及其他物料或产品可能造成的危害。

第二百八十二条　委托方应当对受托生产或检验的全过程进行监督。

第二百八十三条　委托方应当确保物料和产品符合相应的质量标准。

第三节　受托方

第二百八十四条　受托方必须具备足够的厂房、设备、知识和经验以及人员,满足委托方所委托的生产或检验工作的要求。

第二百八十五条　受托方应当确保所收到委托方提供的物料、中间产品和待包装产品适用于预定用途。

第二百八十六条　受托方不得从事对委托生产或检验的产品质量有不利影响的活动。

第四节　合　同

第二百八十七条　委托方与受托方之间签订的合同应当详细规定各自的产品生产和控制职责,其中的技术性条款应当由具有制药技术、检验专业知识和熟悉本规范的主管人员拟订。委托生产及检验的各项工作必须符合药品生产许可和药品注册的有关要求并经双方同意。

第二百八十八条　合同应当详细规定质量受权人批准放行每批药品的程序,确保每批产品都已按照药品注册的要求完成生产和检验。

第二百八十九条　合同应当规定何方负责物料的采购、检验、放行、生产和质量控制(包括中间控制),还应当规定何方负责取样和检验。

在委托检验的情况下,合同应当规定受托方是否在委托方的厂房内取样。

第二百九十条　合同应当规定由受托方保存的生产、检验和发运记录及样品,委托方应当能够随时调阅或检查;出现投诉、怀疑产品有质量缺陷或召回时,委托方应当能够方便地查阅所有与评价产品质量相关的记录。

第二百九十一条　合同应当明确规定委托方可以对受托方进行检查或现场质量审计。

第二百九十二条　委托检验合同应当明确受托方有义务接受药品监督管理部门检查。

第十二章　产品发运与召回

第一节　原　则

第二百九十三条　企业应当建立产品召回系统,必要时可迅速、有效地从市场召回任何一批存在安全隐患的产品。

第二百九十四条　因质量原因退货和召回的产品,均应当按照规定监督销毁,有证据证明退货产品质量未受影响的除外。

第二节　发　运

第二百九十五条　每批产品均应当有发运记录。根据发运记录,应当能够追查每批产品的销售情况,必要时应当能够及时全部追回,发运记录内容应当包括:产品名称、规格、批号、数量、收货单位和地址、联系方式、发货日期、运输方式等。

第二百九十六条　药品发运的零头包装只限两个批号为一个合箱,合箱外应当标明全部批号,并建立合箱记录。

第二百九十七条　发运记录应当至少保存至药品有效期后一年。

第三节　召　回

第二百九十八条　应当制定召回操作规程,确保召回工作的有效性。

第二百九十九条　应当指定专人负责组织协调召回工作,并配备足够数量的人员。产品召回负责人应当独立于销售和市场部门;如产品召回负责人不是质量受权人,则应当向质量受权人通报召回处理情况。

第三百条　召回应当能够随时启动,并迅速实施。

第三百零一条　因产品存在安全隐患决定从市场召回的,应当立即向当地药品监督管理部门报告。

第三百零二条　产品召回负责人应当能够迅速查阅到药品发运记录。

第三百零三条　已召回的产品应当有标识,并单独、妥善贮存,等待最终处理决定。

第三百零四条　召回的进展过程应当有记录,并有最终报告。产品发运数量、已召回数量以及数量平衡情况应当在报告中予以说明。

第三百零五条　应当定期对产品召回系统的有效性进行评估。

第十三章　自　检

第一节　原　则

第三百零六条　质量管理部门应当定期组织对企业进行自检,监控本规范的实施情况,评估企业是否符合本规范要求,并提出必要的纠正和预防措施。

第二节　自　检

第三百零七条　自检应当有计划,对机构与人员、厂房与设施、设备、物料与产品、确认与验证、文件管理、生产管理、质量控制与质量保证、委托生产与委托检验、产品发运与召回等项目定期进行检查。

第三百零八条　应当由企业指定人员进行独立、系统、全面的自检,也可由外部人员或专家进行独立的质量审计。

第三百零九条　自检应当有记录。自检完成后应当有自检报告,内容至少包括自检过程中观察到的所有情况、评价的结论以及提出纠正和预防措施的建议。自检情况应当报告企业高层管理人员。

第十四章　附　则

第三百一十条　本规范为药品生产质量管理的基本要求。对无菌药品、生物制品、血液制品等药品或生产质量管理活动的特殊要求,由国家食品药品监督管理局以附录方式另行制定。

第三百一十一条　企业可以采用经过验证的替代方法,达到本规范的要求。

第三百一十二条　本规范下列术语(按汉语拼音排序)的含义是:

(一)包装

待包装产品变成成品所需的所有操作步骤,包括分装、贴签等。但无菌生产工艺中产品的无菌灌装,以及最终灭菌产品的灌装等不视为包装。

(二)包装材料

药品包装所用的材料,包括与药品直接接触的包装材料和容器、印刷包装材料,但不包括发运用的外包装材料。

(三)操作规程

经批准用来指导设备操作、维护与清洁、验证、环境控制、取样和检验等药品生产活动的通用性文件,也称标准操作规程。

(四)产品

包括药品的中间产品、待包装产品和成品。

(五)产品生命周期

产品从最初的研发、上市直至退市的所有阶段。

(六)成品

已完成所有生产操作步骤和最终包装的产品。

(七)重新加工

将某一生产工序生产的不符合质量标准的一批中间产品或待包装产品的一部分或全部,采用不同的生产工艺进行再加工,以符合预定的质量标准。

(八)待包装产品

尚未进行包装但已完成所有其他加工工序的产品。

(九)待验

指原辅料、包装材料、中间产品、待包装产品或成品,采用物理手段或其他有效方式将其隔离或区分,在允许用于投料生产或上市销售之前贮存、等待作出放行决定的状态。

(十)发放

指生产过程中物料、中间产品、待包装产品、文件、生产用模具等在企业内部流转的一系列操作。

(十一)复验期

原辅料、包装材料贮存一定时间后,为确保其仍适用于预定用途,由企业确定的需重新检验的日期。

(十二)发运

指企业将产品发送到经销商或用户的一系列操作,包括配货、运输等。

（十三）返工

将某一生产工序生产的不符合质量标准的一批中间产品或待包装产品、成品的一部分或全部返回到之前的工序,采用相同的生产工艺进行再加工,以符合预定的质量标准。

（十四）放行

对一批物料或产品进行质量评价,作出批准使用或投放市场或其他决定的操作。

（十五）高层管理人员

在企业内部最高层指挥和控制企业、具有调动资源的权力和职责的人员。

（十六）工艺规程

为生产特定数量的成品而制定的一个或一套文件,包括生产处方、生产操作要求和包装操作要求,规定原辅料和包装材料的数量、工艺参数和条件、加工说明(包括中间控制)、注意事项等内容。

（十七）供应商

指物料、设备、仪器、试剂、服务等的提供方,如生产商、经销商等。

（十八）回收

在某一特定的生产阶段,将以前生产的一批或数批符合相应质量要求的产品的一部分或全部,加入到另一批次中的操作。

（十九）计算机化系统

用于报告或自动控制的集成系统,包括数据输入、电子处理和信息输出。

（二十）交叉污染

不同原料、辅料及产品之间发生的相互污染。

（二十一）校准

在规定条件下,确定测量、记录、控制仪器或系统的示值(尤指称量)或实物量具所代表的量值,与对应的参照标准量值之间关系的一系列活动。

（二十二）阶段性生产方式

指在共用生产区内,在一段时间内集中生产某一产品,再对相应的共用生产区、设施、设备、工器具等进行彻底清洁,更换生产另一种产品的方式。

（二十三）洁净区

需要对环境中尘粒及微生物数量进行控制的房间(区域),其建筑结构、装备及其使用应当能够减少该区域内污染物的引入、产生和滞留。

（二十四）警戒限度

系统的关键参数超出正常范围,但未达到纠偏限度,需要引起警觉,可能需要采取纠正措施的限度标准。

（二十五）纠偏限度

系统的关键参数超出可接受标准,需要进行调查并采取纠正措施的限度标准。

（二十六）检验结果超标

检验结果超出法定标准及企业制定标准的所有情形。

（二十七）批

经一个或若干加工过程生产的、具有预期均一质量和特性的一定数量的原辅料、包装材料或成品。为完成某些生产操作步骤，可能有必要将一批产品分成若干亚批，最终合并成为一个均一的批。在连续生产情况下，批必须与生产中具有预期均一特性的确定数量的产品相对应，批量可以是固定数量或固定时间段内生产的产品量。

例如：口服或外用的固体、半固体制剂在成型或分装前使用同一台混合设备一次混合所生产的均质产品为一批；口服或外用的液体制剂以灌装（封）前经最后混合的药液所生产的均质产品为一批。

（二十八）批号

用于识别一个特定批的具有唯一性的数字和（或）字母的组合。

（二十九）批记录

用于记述每批药品生产、质量检验和放行审核的所有文件和记录，可追溯所有与成品质量有关的历史信息。

（三十）气锁间

设置于两个或数个房间之间（如不同洁净度级别的房间之间）的具有两扇或多扇门的隔离空间。设置气锁间的目的是在人员或物料出入时，对气流进行控制。气锁间有人员气锁间和物料气锁间。

（三十一）企业

在本规范中如无特别说明，企业特指药品生产企业。

（三十二）确认

证明厂房、设施、设备能正确运行并可达到预期结果的一系列活动。

（三十三）退货

将药品退还给企业的活动。

（三十四）文件

本规范所指的文件包括质量标准、工艺规程、操作规程、记录、报告等。

（三十五）物料

指原料、辅料和包装材料等。

例如：化学药品制剂的原料是指原料药；生物制品的原料是指原材料；中药制剂的原料是指中药材、中药饮片和外购中药提取物；原料药的原料是指用于原料药生产的除包装材料以外的其他物料。

（三十六）物料平衡

产品或物料实际产量或实际用量及收集到的损耗之和与理论产量或理论用量之间的比较，并考虑可允许的偏差范围。

(三十七)污染

在生产、取样、包装或重新包装、贮存或运输等操作过程中,原辅料、中间产品、待包装产品、成品受到具有化学或微生物特性的杂质或异物的不利影响。

(三十八)验证

证明任何操作规程(或方法)、生产工艺或系统能够达到预期结果的一系列活动。

(三十九)印刷包装材料

指具有特定式样和印刷内容的包装材料,如印字铝箔、标签、说明书、纸盒等。

(四十)原辅料

除包装材料之外,药品生产中使用的任何物料。

(四十一)中间产品

指完成部分加工步骤的产品,尚需进一步加工方可成为待包装产品。

(四十二)中间控制

也称过程控制,指为确保产品符合有关标准,生产中对工艺过程加以监控,以便在必要时进行调节而做的各项检查。可将对环境或设备控制视作中间控制的一部分。

第三百一十三条 本规范自 2011 年 3 月 1 日起施行。按照《中华人民共和国药品管理法》第九条规定,具体实施办法和实施步骤由国家食品药品监督管理局规定。

附录4　最新法规库、案例库

法规库

案例库

备注:教学PPT、教材电子版等其他教学资源,请关注微信公众号《药材智慧教学平台》(GMP教学栏目),若本教材配套的题库答题数据需要导出请联系主编微信 rj13588867756。

参考文献

[1] 顾维军.制药工艺的验证[M].北京:中国质检出版社,2012.

[2] 国家食品药品监督管理总局.医疗器械生产质量管理规范(2014年)(国家食品药品监督管理总局第64号公告)

[3] 国家药品监督管理局.医疗机构制剂注册管理办法（征求意见稿）(2015年)

[4] 国家食品药品监督管理总局.保健食品注册与备案管理办法(2016年)(国家食品药品监督管理总局令第22号).

[5] 国家市场监督管理总局.药品注册管理办法(2020年)(国家市场监督管理总局令第27号).

[6] 国家市场监督管理总局.药品生产监督管理办法(2020年)(国家市场监督管理总局令第28号).

[7] 国家食品药品监督管理局药品安全监管司,国家食品药品监督管理局药品认证管理中心,国家食品药品监督管理局高级研修学院.药品生产质量管理规范(2010年修订)培训教材[M].天津:天津科学技术出版社,2011.

[8] 国家药品监督管理局.生物制品注册分类及申报资料要求(2020年)(国家药品监督管理局2020年第43号).

[9] 国家药品监督管理局.化学药品注册分类及申报资料要求(2020年)(国家药品监督管理局2020年第44号).

[10] 国家药品监督管理局.中药注册分类及申报资料要求(2020年)(国家药品监督管理局2020年第68号).

[11] 国家药品监督管理局.药品记录与数据管理要求(试行)(2020年)(国家药品监督管理局2020年第74号).

[12] 国家医疗保障局.基本医疗保险用药管理暂行办法(2020年)(国家医疗保障局令第1号).

[13] 国家市场监督管理总局.体外诊断试剂注册与备案管理办法(2021年)(国家市场监督管理总局令第48号).

[14] 国家药品监督管理局.药品上市后变更管理办法(试行)(2021年)(国家药品监督管理局2021年第8号).

[15] 国家市场监督管理总局.《市场监管总局关于加强保健食品标志管理的公告(征求意见稿)》(2022年).

[16] 国家市场监督管理总局.医疗器械生产监督管理办法(2022年)(国家市场监督管理总局令第53号).

[17] 国家食品药品监督管理局药品认证管理中心.药品GMP指南[S].北京:中国医药科技出版社,2011.

[18] 国家药品监督管理局.药品上市许可持有人落实药品质量安全主体责任监督管理规定(2022年)(国家药品监督管理局2022年第126号公告).

[19] 国家药品监督管理局.药品召回管理办法(2022年)(国家药品监督管理局2022年第92号).

[20] 国家药品监督管理局.中华人民共和国药品管理法实施条例(修订草案征求意见稿)(2022年)(索引号:FGWJ-2022-150).

[21] 国家医疗保障局.国家基本医疗保险、工伤保险和生育保险药品目录(2022年)(医保发〔2023〕5号).

[22] 国家药典委员会.中华人民共和国药典[S].北京:中国医药科技出版社,2020.

[23] 国家药品监督管理局.关于启用新版《进口药品注册证》等10种行政许可事项审批结果证明文件的公告(国家药品监督管理局2019第246号公告)(索引号:XZXK-2019-11219).

[24] 国家食品药品监督管理局.直接接触药品的包装材料和容器管理办法(2004年)(国家食品药品监督管理局令第13号).

[25] 国家食品药品监督管理局.药品说明书和标签管理规定(2006年)(国家食品药品监督管理局令第24号).[26] 全国人民代表大会常务委员会.中华人民共和国药品管理法(2019年)(第十三届全国人民代表大会常务委员会第十二次会议第二次修订).

[27] 卫生部.药品生产质量管理规范(2010年修订)(卫生部令第79号).

[28] 卫生部.药品不良反应报告和监测管理办法(2011年)(卫生部令第81号).

[29] 万仁甫.药事管理与法规[M].3版.北京:人民卫生出版社,2021.

[30] 王文洁,张亚红.药物检测技术[M].2版.北京:中国医药科技出版社,2021.

[31] 中华人民共和国国务院.中华人民共和国药品管理法实施条例(2016年)(中华人民共和国国务院令第360号).

[32] 中华人民共和国国家卫生健康委员会.国家基本药物目录(2018年版).

[33] 中华人民共和国国家卫生健康委员会.国家基本药物目录管理办法(修订草案)(2021年).